환경으로 보는 고대 중국

환경으로 보는 고대 중국

環境から解く古代中国

하라 모토코 지음

김경호·박은영 옮김

성균관대학교
출판부

목차

들어가며

이 책은 우리에게 비교적 잘 알려진 중국 고전의 배후에 어떤 이야기, 어떤 수수께끼가 숨어 있는지 환경이라는 관점에서 살펴보고 그것을 어떻게 풀어낼지 생각해 보려는 시도입니다.

왜 이런 것들을 생각했냐면 우선 지구 전체의 환경사를 한데 정리해 나가는 데 있어 중국사는 가장 특색 있는 '사료 제공자'가 되기 때문입니다.

4대 문명이라는 말은 종종 듣곤 합니다만, 이집트·메소포타미아·인도의 어느 곳도 고대 문명을 담당한 사람들은 역사의 무대로부터 사라졌습니다. 그뿐일까요, 이집트와 메소포타미아에서는 고대 문명의 유적지 그 자체가 사막화되고 있습니다. 그런데 중국에는 고대 문명을 구축한 사람들이 사용한 언어가 거의 동일한 문법으로 지금도 남아있습니다. 문자는 물론 변화하고 있지만, 전문적으로 학습하면 그것들이 현재의 어느 문자에 해당하는지 알아낼 수 있습니다. 그러므로 문자의 발생 이래 그것이 쓰여진 시대의 환경을 보여주는 데이터가 연속하여 남아 있다고 할 수 있습니다. 그리고 중국 대륙은 요즘 아무리 사막화의 위기가 닥친다고는 해도, 어쨌든 방대한 인구를 유지하고 있는 생활공간에서 최근에는 경제적으로도 재차 발전하기 시작했습니다. 이른바 중국 문명

환경으로 보는 고대 중국

은 유일하게 멸망하지 않은 고대 문명인 것입니다.

무엇보다 바다에 둘러싸여 아직도 7할 정도의 산림 면적을 가진 일본 열도에서 깨끗한 물을 충분하게 사용하며 살아가는 우리에게는 인구 유지와 같은 문제가 당연하게 생각될지도 모릅니다. 하지만 이것은 지구 전체의 역사로 보면 매우 드문 경우라고 말할 수 있습니다.

그렇다면 중국 대륙은 어째서 인간이 계속해서 거주할 수 있는 환경일 수 있었을까요.

또 한 가지 중국사 혹은 인류사의 '상식'인 것처럼 자주 볼 수 있는 기술이 몇 가지 있습니다. 예를 들면 '농업 생산력이 향상하여 잉여 물자가 생기자 빈부 차가 발생하고, 잉여를 교역하는 상업이 발전했다'라든가, '중국은 농경 민족의 나라인데 종종 유목민의 침입을 받았다'라든가, 그중에는 '인류는 모계제 사회로부터 부계제 사회로 변화했다'라는 이야기까지도 종종 볼 수 있습니다.

이러한 문제에 관해서는 현재 여러 각도에서 재검토가 진행되고 있습니다. 20세기 후반이 되어 중국에서 차례차례 발견된 새로운 출토자료가 종래의 '상식'을 바꿔 쓰고 있는 측면도 크지만, 그뿐만이 아닌 듯합니다. 서구 근대에서 성립한 '국민 국가'의 역사상으로서 그려져 온 것이 정말로 인류에게 '보편적'인 역사의 흐름이었던 것일까요. 오늘날 세계 각지에서 '국가'라는 틀과 마찰을 빚고 있는 인간 집단이 존재하는 것은 '평화'로운 일본에 살고 있어도 쉽게 알 수 있는 정보입니다. 그러한 '국가'를 형성하고 있지 않은 사람들의 역사는 어떻게 그리면 좋을까요. 또한 고대의 사람들이 교역한 것은 정말로 '잉여'였던 것일까요. 더욱이 한마디로 '남녀 차별'이라고 말하더라도 세계 각지에 다양한 차이가 있는데 그것은 어째서일까요. 최근의 역사 '다시 보기' 경향은 이러한 의문을 품은 사람들이 늘어난 것과도 관계가 있다고 생각합니다.

그리고 이와 같은 여러 문제를 냉정하게 재검토하기 위해서는 인류의 활동이 각각 어떠한 자연환경 속에서 이루어졌는지, 그 자연환경은 인류가 삶을 영위해 나가며 어떻게 변하였고, 그러한 변화는 이후 인류 역사에 어떠한 영향을 미쳤는지와 같은 기초적이고 당연한 관점, 곧 환경사의 시점으로부터 다시 검토하는 것이 유효한 것은 아닐까 생각하고 있습니다.

이러한 시점에서 역사를 보는 것은 사실 과거에도 뛰어난 역사 서술에서는 이루어지고 있습니다. 하지만 이러한 입장에서 성실하고 정직하게 역사적 현상을 조망해 나가면 실로 다양한 패턴이 출현한다는 점에서, 그리 간단하게 '보편적 법칙성' 등에 도달하기 어려운 것이 실상입니다. 그렇지만 어쩔 수 없습니다. 이러한 문제를 조급하지 않게 하나씩 하나씩 해결해 나가는 데도 전술한 지속적인 데이터를 얻을 수 있는 중국사라는 분야는 매우 풍부한 '힌트의 보고(寶庫)'라고 말할 수 있습니다.

한 가지 부언하면 '환경'이라는 말은 현재 일본에서 두 가지 용어의 번역어로 사용되는데, 환경사에 관해서도 'Environmental history'로 할지, 또는 'Ecological history'라고 할지 논의가 있습니다. 'Environment'는 인간을 에워싼 주변이라는 의미에서 환경을 생각할 때 주체는 어디까지나 인간에 있습니다. 'Ecology'는 생태로 번역되는 경우도 많듯이, 지구상(당분간은 그렇습니다. 언젠가 우주 공간으로도 확대되겠

환경으로 보는 고대 중국

지요) 모든 생물에 관해, 그 상호 관련을 객관적으로 정리하고 자연과학적으로 분석하는 견해입니다. 인간, 호모 사피엔스도 생물의 하나로서만 위치합니다. 그래서 중국에서는 최근 '생태 환경사'라는 절충적인 용어가 증가하고 있습니다.

저는 전자의 입장을 취하고 있습니다. Ecology의 사고는 데이터를 정리할 때 대단히 중요합니다. 그러나 이 입장을 끝까지 파고들어 엄밀하게 분석해 나가면 어느 지역, 어느 시대에 대해서도 거기서 전개된 Ecological history는 결국 같은 식생(植生)의 천이(遷移)나 토양의 열화(劣化), 나아가 질소 순환과 열량 수지의 유형에 이르고 맙니다. 그것은 이른바 당연한 것으로 에콜로지컬한 관점의 기반이 자연과학인 이상, 지점과 시계열에 상관없이 현상의 인과관계를 설명할 수 없다면 과학이라고는 말할 수 없습니다. 그렇지만 그와 같은 인과관계만을 개별의 역사 현상의 설명에 이용한다면, 어느 토지의 어느 시대의 사건을 취하더라도 결국 엿가락 자르듯이 역사를 서술하게 된다고 생각합니다.

실태로서의 각지의 인류사에는 다양한 패턴이 있었습니다. 자연환경 변화의 원리는 보편적이었더라도, 거기에 인간이 어떻게 관계했는지는 다양했기 때문입니다. 그래서 문자로 된 자료를 전제로 성립하는 역사학에서는 에콜로지컬한 분석으로 그것들을 바르게 해석한 후, 역사 현상의 서술로서는 역시 인간의 영위를 시점의 중심에 둔 Environmental history로서 기록해야 한다고 생각합니다.

이와 같은 마음으로 이 책을 썼습니다. 흥미를 갖고 읽어 주신다면 감사하겠습니다.

이 책에서 언급하는 주요 사적 위치 약도

돌궐(突厥)

거연택(居延澤)

하라호토

약수(弱水)

돈황(敦煌)

장액(張掖)

기련산(祁連山)

곤륜산맥(崑崙山脈)

서해(西海)

금주(金州)

경수(涇水)

扶風(부풍)

황하(黃河)

난주(蘭州)

옹(雍)

서견구(西犬丘)

천수(天水)

위수(渭水)

성도(成都)

임공(臨邛)

곤명(昆明)

환경으로 보는 고대 중국

말갈(靺鞨)

요서(遼西)   요동성(遼東城)

오원(五原)   어양(漁陽)
        북경(北京)
진   계(薊)   북평(北平)
(晋)   분수(汾水)
        태원(太原)   **은허(殷墟)**   발해(渤海)
낙수(洛水)   **태산(泰山)** 임치(臨淄)
        강(絳)   곡부(曲阜)   **한(漢)나라 시기의**
            등(滕)   냥야(琅邪)   **해곡선(海曲県)**
함양   성주(成周)   양(梁)
(咸陽)   **풍익(馮翊)**   정(鄭)   동해(東海)
        화산(華山) 상구(商丘)
호경   (낙양(洛陽)) 허(許)
장안 (鎬京)   남양(南陽)
(長安)

장사(長沙)

귀양(貴陽)

이 책에서 언급하는 주요 사적 위치 약도   13

【역자 일러두기】

* 중국 지명 표기는 한국식 한자 발음으로 표기하였다. 전근대 인물의 경우 역시 한자 발음
  으로 표기하였지만, 현재의 중국 인물(연구자)의 경우 중국어 발음으로 표기해 두었다.

* 본문 내용 중 독자의 이해를 위하여 보충 서술한 부분은 '역자'로 표기하였다.

* 자료 코너의 원문(인용문) 해석은 기본적으로 저자의 의도를 명확하게 하기 위해 저자의
  일본어역을 오류 없이 번역하는 것을 우선시하였다.

* 고대 중국을 설명하기 위하여 저자가 비유한 현대 일본의 상황에 대한 서술은 저자의 서술
  의도를 분명히 하기 위하여 그대로 번역해 두었다.

제1화

'상(象)'이라는 글자는 왜 생겼을까?

─ 은주 시기의 기후변동 ─

한자가 묘사하는
동물들

중국을 상징하는 동물이라고 하면 무엇을 생각할 수 있을까요. 판다일까요, 아니면 제왕의 상징인 용, 혹은 자주 언급되는 호랑이 같은 동물일까요. 그래도 코끼리라고 대답하는 분은 드물겠지요. 코끼리는 일본인에게는 인도나 타이 등의 밀림, 또는 아프리카의 사바나를 상징하는 동물, 열대의 동물이라는 이미지가 있습니다.

그렇다면 왜 '상(象)'이라는 한자가 있는 것일까요. 현재 해독되고 있는 중국에서 가장 오래된 문자인 갑골문에도 해당하는 글자가 있습니다. '자료 코너'를 봐주세요. 코가 길고 귀가 큰 코끼리의 모양을 잘 포착하고 있다고 생각되지 않나요. 상형문자인 '象'은 실로 뚜렷하게 코끼리의 형상을 본뜨고 있는 듯합니다.

이러한 갑골문이 대량으로 발견된 은 왕조 최후의 도읍 유적인 하남성(河南省) 안양시(安陽市) 소둔촌(小屯村)의 은허(殷墟)에서는 옥으로 된 코끼리 모형은 물론 실제 코끼리의 뼈도 출토되고 있습니다.

환경으로 보는 고대 중국

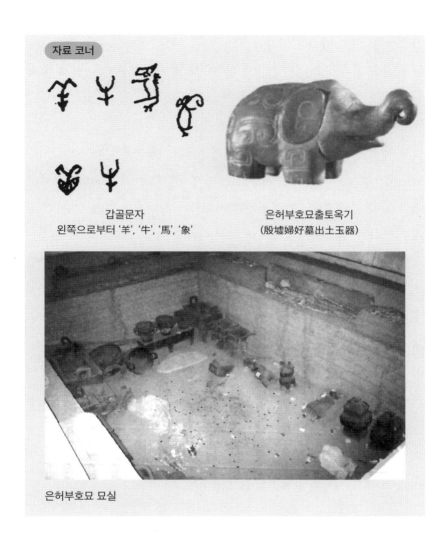

자료 코너

갑골문자
왼쪽으로부터 '羊', '牛', '馬', '象'

은허부호묘출토옥기
(殷墟婦好墓出土玉器)

은허부호묘 묘실

이에 비해 판다에 상응하는 문자는 지금까지는 발견·해독되어 있지 않습니다. 그렇다고는 해도 갑골문자 중에 아직 해독되지 않았다고 해야 할지, 그것이 무엇을 나타내고 있는지 이미 짐작조차 할 수 없는 문자는 수천 자도 넘게 남아있는 듯하므로, 사실은 판다에 해당하는 문자도 있을지 모릅니다. 그래도 현대 중국어에서 '대웅묘(大熊猫)'라고 세 글자로 표현한다는 점은 상형문자를 발전시켜 한자를 만들어 온 사람들이 '웅(熊)'자와 '묘(猫)'자를 만들고 난 후 판다와 조우했을 가능성이 높다는 말이 되겠지요. 그러므로 한자를 만든 사람들 사이에서 판다는 그다지 알려지지 않았던 것으로 여겨집니다. 현재 판다가 사천성(四川省)을 중심으로 중국 국내에서도 한정된 지역에서밖에 서식하지 않는 점은 잘 알려진 바이며, 갑골문자가 생겨난 것은 아마 은 왕조 무렵으로 은 왕조는 전술한 지금의 북경 근처의 은허 주변이나 하남성 정주시(鄭州市) 주변(정주 상대(商代) 유적이라고 불리는 흙을 다져 굳힌 성벽 유적이 남아있음) 등 황하 유역을 근거지로 하고 있었던 것 같습니다. 따라서 당시 화북의 황하 유역에 판다는 없었다고 생각하는 것이 자연스럽겠지요.

그렇다면 코끼리는 은허에 있었던 것일까요. 네, 그렇습니다. 코끼리만이 아닙니다. 현재는 타이나 베트남에서밖에 서식하지 않는 성수우(聖水牛, Bubalus mephistopheles)라는 열대의 독특한 수우의 뼈도, 적도 바로 아래 부근의 해양에 서식하는 대모(玳瑁, 파충류 바다거북과에 속한 종-역자) 등의 대형 거북의 등딱지도 많이 출토되고 있습니다.

환경으로 보는 고대 중국

온난했던 화북

요컨대 은허가 실제로 은왕(殷王)의 도읍이었을 무렵 화북은 지금보다도 따뜻했던 것입니다(또한 이 시대를 『사기(史記)』의 표기에 근거하여 '은대(殷代)' 라고 부르기도 하며, 중국에서는 은허가 당시 '대읍상(大邑商)'이라고 불렸던 일 등에 기초하여 '상대(商代)'로 부르는 경우가 많음).

이러한 중국의 기후변동에 관한 전문적인 연구는 주커전(竺可楨)이 1972년에 「중국 근오천년래 기후변천의 초보적인 연구(中國近五千年來氣候變遷的初步研究)」라는 논문을 발표했던 것이 최초라고 말할 수 있을 것입니다. 그 후 새로운 재료가 속속 출현해서 오늘날에는 매우 다양한 점을 알 수 있게 되었습니다. 대략적으로 말하면 은나라 이전은 대체로 따뜻했습니다. 지금부터 약 1만 년 전에 제4의 빙하기가 끝나고 서서히 따뜻해졌고, 8천 년 전쯤부터 대략 4천 년간 황하 유역은 온난했습니다. 하지만 지금부터 약 4천 년 전, 즉 기원전 2천 년경 한랭화·건조화가 발생했다고 보고 있습니다(최근 중국 고고학의 유적조사 결과에 따르면 낙양(洛陽)에서 정주에 걸쳐 황하 중류에 이천(伊川) 등 몇몇 하천이 흘러 들어가는 부근에 흩어져 있는 분지에서는 한랭기가 시작되기까지 얼마간 벼농사가 행해졌을 가능성이 높다고 함. 표 참조).

그러나 한랭화·건조화의 진전에 의해 벼농사는 어렵게 되었고, 식생(植生)도 수목이 감소하여 풀 종류 중심으로 변했던 것 같습니다.

현재의 정주에 있던 은왕이 은허로 거주지를 옮긴 것은 이 한랭화가 시작되었을 무렵에 해당합니다. 그리고 낙양·정주 부근에서 약간 북쪽의 은허 부근에서는 한랭화가 시작되었다고 해도 삼림은 한동안 남아 있었던 것으로 보입니다.

이렇게 말한 것은 '은의 왕이 수렵을 했다'라는 기록이 남아있기 때문입니다.

유적지	문화기(文化期)	벼	조	기장	밀	기타
숭산동록신밀분지신채유적 (崇山東麓新密盆地新砦遺跡)	용산문화기 (龍山文化期)	134	62	(62)		대두 (大豆), 리(李)
신채유적(新砦遺跡, 상동)	신채기(新砦期)	429	256	98		
낙양조각수유적 (洛陽早角樹遺跡)	이리두기 (二里頭期)	6	42	26	16	대두 (大豆) 21
이리두유적 (二里頭遺跡, 낙양(洛陽))	이리두기 (二里頭期)	3000	7000		10	대두 (大豆) 70

〈표 1〉 황하 중류 지역(낙양 주변) 신석기시대 : 재배식물 유존체(遺存體)의 검출 샘플 건수

환경으로 보는 고대 중국

은왕의 수렵 기록

은나라의 왕은 최고신 '제(帝)'(후세에 '상제(上帝)'라고 부르는 경우도 있음)의 자손으로 여겨져 여러 가지 사항에 관해서 거북의 등딱지나 소 등의 뼈에 점친 내용을 새겨 불에 굽고 생긴 균열의 형상에 따라 길흉을 판단했습니다. 그러한 점의 내용을 기록했던 문자가 갑골문자입니다. 전쟁이나 곡물 생산, 결혼 등의 길흉, 제사의 일정과 공물의 내용 등 다양한 모습을 볼 수 있습니다. 지금까지의 연구에서는 점을 치는 행동의 주최자(대부분의 경우 왕)가 누구인지에 따라 다섯 시기로 시대를 구분하고 있습니다. 실제로 점을 치는 사람은 별도로 있었던 것으로 보이며 정인(貞人)이라고 불립니다. 점문(占文, 복사(卜辭))에는 보통 지금도 동아시아 각지에서 사용하고 있는 십간(十干, 갑·을·병·정·무·기·경·신·임·계)과 십이지(十二支)를 써서 점친 날짜와 점을 보게 된 사정이 발생한 날짜를 기록합니다.

    지금도 남아있는 방대한 갑골문 중에서 왕의 수렵('전(田)'이라는 문자로 나타나는 경우가 많음. 제4화 참조)과 관계된 갑골을 통해 정치한 고증을

한 것이 마쓰마루 미치오(松丸道雄)의 「은허 복사 중 전렵지에 관해(殷墟卜辭中の田猎地について)」라는 논문입니다.

마쓰마루 미치오에 의하면 수렵에 관한 복사는 제1기에는 비교적 적고, 제4기와 5기에 급증한다고 합니다. 또한 그 내용을 조사하면 수렵을 실시하는 날이 제1기에서는 불특정했는데, 제2기가 되면 수렵하는 날을 을(乙)·무(戊)·신(辛) 중의 1~2일로 제한하는 '전렵일규제(田猎日規制)'가 발생한 것 같습니다. 그런데 제3기에서는 수렵 실시일에 임일(壬日)이 더해졌고, 더욱이 제5기에서는 을(乙)·정(丁)·무(戊)·신(辛)·임(壬)의 5일로 수렵일이 증가하였으며, 말기에는 기일(己日)과 경일(庚日)에까지 행해지게 되었다고도 서술하고 있습니다.

또한 제4기·제5기(마쓰마루의 설에서는 도합 약 백 년간이라고 함)의 수렵 관련 복사 중 수렵한 장소가 기록되어 있는 1330조를 분류하면 수렵이 이루어진 장소 96개소를 알 수 있는데, 그중 20회 이상의 수렵 기록이 있는 장소 14개 지점이 기록되어 있는 것만으로도 1014조를 점한다고 합니다.

이들 지명 가운데는 시마 구니오(島邦男) 등 종래의 갑골학자들이 산동성(山東省)과 하남성 서부 등 은허에서 먼 장소라고 여겨온 지명이 포함됩니다. 그러나 동일한 뼛조각에 여러 날에 걸쳐 단속적(斷続的)으로 수렵한 것을 기록한 것이 있고, 그중에는 2일 연속으로 다른 장소에서 수렵할 것을 점친 것이 있으므로, 이들 21개 지명은 각각의 거리가 하루 만에 갈 수 있는 장소라고 밝혀졌습니다. 나아가 그 외의 복사 분석을 통해 통상 은왕은 수렵지에서 수렵지로 이동했던 것이 아니라 수렵지와 왕궁을 하루에 왕복하였고, 다음날 또 다른 토지로 나갔다고 마쓰마루는 추정하였습니다. 결론적으로 빈번히 수렵이 행해졌던 이 토지들은 모두 은허에서 반경 20킬로미터 정도의 장소(지도의 ○ 주위 지역)였다고 보는 것이 마쓰마루의 연구입니다.

또한 이러한 지명으로 불리는 장소에 관해서 다음과 같은 문제도 검토

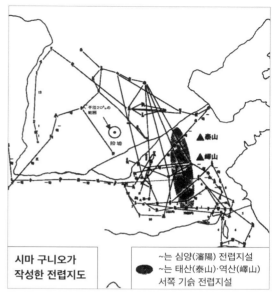

| 시마 구니오가 작성한 전렵지도 | ~는 심양(瀋陽) 전렵지설
~는 태산(泰山)·역산(嶧山)
서쪽 기슭 전렵지설 |

전렵지도

되고 있습니다. 예를 들어 '우방(盂方)'이라는 장소는 거기서 왕의 수렵이 행해졌다고 기록한 갑골이 있습니다('방(方)'이란 오늘날 사용하는 방향이라는 의미가 아니라 은왕과 적대하는 세력의 호칭. 동일한 세력이라도 관계가 양호할 때는 '○○伯'으로 표기하고, 적대할 때는 '○○方'으로 표기한 경우가 있음). 그런데 같은 시기의 다른 갑골에는 은이 '우방'과 교전했다는 기록도 있습니다. 이것은 멀리 떨어진 지역에 동일한 이름의 장소가 있었다고 추정하는 근거가 됩니다. 이와 관련된 문제로 전렵복사에 자주 나오는 '성(省)'이라는 문자로 표현되는 행위-구체적 동작으로서는 '보는' 것입니다만 -에 관한 논의가 있는데, '성(省)'은 그저 보는 것만이 아니라 순시·정벌과 밀접하게 관계된 주술적 의례라는 견해가 유력합니다. 조금 부연하

자면 세계 각지의 고대인들은 일본의 '구니미(国見)' 등의 지명도 있듯이 '보는' 행위에 영적·주술적 힘이 있다고 믿었던 것 같습니다. 이는 여러 민속·민족 연구에서도 종종 논해지고 있습니다. 중국 은나라의 경우 제(帝)의 자손인 왕(王)이 어떤 토지를 본다는 것은 그 땅의 지령(地靈)과 산천의 신들, 그 땅에 서식하는 동식물, 그 땅을 보유한 인간의 영 등등에 '왕(=제)'이 영향력과 지배력을 미치게 하는 행위로서 여겨지고 있었던 듯합니다. 수렵을 하여 획득물이 있다는 것은 수렵지의 신들로부터 사냥을 한 왕(=제)에게 공물(貢物)이 있었다고 이해되었습니다. 그래서 수렵의 성패 자체가 길흉을 나타내는 의미를 가지고 있었던 것입니다. 수렵과 채집이라는 활동은 자원(생식하고 있는 동식물)이 아무리 풍부해도 사냥하는 사람 및 채취하는 사람의 기량과 그때그때의 기상 등 여러 조건들에 따라 획득물의 많고 적음이 변동하겠지요. 그렇기 때문에 수렵·채집이 생활의 중심에 위치해 있던 시대·지역에서는 이러한 관념이 발생하기 쉬웠던 것입니다.

그래서 마쓰마루는 이들 왕궁 근처의 수렵지명에 관해 "은왕이 그 지배 질서하의 제족(諸族)·제방(諸方)의 이름을 자신의 읍 주변 전렵지에 명명하고, 그 땅에서 전렵을 행하는 것을 통해 그들 제족·제방 지배 유지와 존속을 꾀하고자 한 관념의 존재를 상정할 수 있을지 모른다"고 기술하였습니다. 마쓰마루 그 자신은 이 추론을 "물론 억측의 영역을 벗어나는 것은 아니"라고 겸손하게 말하지만, 이러한 견해는 성(省)의 문제까지도 감안하고 있는 탁견이라고 생각합니다. 최근 마쓰마루의 견해를 부연·발전시켜, 이러한 수렵지의 지명은 왕도

환경으로 보는 고대 중국

의 근처에 은에 복속한 제후·제족의 마을이 있었다는 것을 가리키는 것으로 은왕이 그 마을에서 빈번하게 전렵한 것은 영적 위압의 의례였다는 견해를 제기한 연구자가 히라세 다카오(平勢隆郎)입니다.

이러한 두 학설처럼 수렵이 당시의 정치지배와 국가 구조론에서 보면 어떠한 의미를 갖는가의 문제는 역사학에서 중요한 과제입니다만 이 책이 다루는 범위를 조금 벗어나기에 관심 있는 분들은 히라세의 저작을 읽어 주시기 바랍니다.

그렇다면 이러한 학설들을 환경사의 관점에서 보면 어떠한 것을 생각해낼 수 있을까요.

첫째로 추정할 수 있는 것은 오늘날 눈앞에 보리밭과 옥수수밭이 펼쳐진 은허 주변, 곧 자연의 삼림 등은 거의 없는 장소에 당시에는 100년 동안 2, 3일 간격으로 수렵을 해도 그때마다 다수의 수확이 있을(복사에는 사슴과 멧돼지, 물소에 가까운 동물 등이 수 마리 포획되었다는 기록이 남아 있음) 법한 삼림과 초원이 드넓게 펼쳐져 있었다고 말할 수 있는 상황입니다.

두 번째로 마쓰마루가 분석한 수렵일의 변동은 전체적인 추세로서 사냥의 획득량이 점차 감소하는 것을 보여주는 것은 아닐까 하는 점입니다. 당초 야생동물이 어느 정도라도 존재했던 시기에는 오직 왕의 사정에 따라 수렵하는 날(즉 수렵물을 희생 제물로서 제사를 거행하는 날과도 연동됨)을 임의로 결정했지만, 그렇게 되면 머지않아 남획할 우려가 있으므로 특정한 날로만 제한하게 되고, 더욱이 동물이 감소하자 특정한 날의 수렵만으로는 제사의 형식을 조정할 수 있을 만큼의 수렵물을 얻을 수 없게 되면서 자꾸 수렵일을 늘릴 수밖에 없었다는 식입니다.

경제구조에 관해서는 오래전부터 농경사회였는지 목축사회였는지에 대한 논의도 있었습니다. 근년에는 풍부한 출토 유물과 농업 관계 복사에 대한 연구가 진전함에 따라 농경사회설이 유력해지기는 했습니다만, 또 곡물 생산이 고도로 발전해 있었다는 것 자체는 의심할 여지가 없지만 실제로 은대의 산업구조에 관해 '농경인가, 목축인가'라는 양자택일의 기계적 논의가 타당한지 아닌지 다른 각도에서 재검토할 필요도 생기고 있습니다.

그것은 왕의 수렵이 상술했듯이 제사와 밀접하게 연결되어 있었던 점과 관련됩니다.

희생과 술

'주지육림(酒池肉林)'이라는 말은 잘 알고 계실 것이라고 생각합니다.

사마천이 『사기』에서 묘사하고 있는 은주 교체의 스토리는 은 왕조 최후의 왕인 '주왕(紂王)'이 '주지육림'이라는 말로 상징되는 부도덕하고 '사치스러운' 생활과 잔학무도한 정치를 행했기 때문에, 거기에 분노한 사람들이 '덕이 높은' 주(周) 문왕(文王)의 아들 무왕(武王)에게 가담하여 은이 멸망했다는 대강의 줄거리로 이루어져 있습니다. 그렇지만 이러한 지배자 개인의 자질만이 원인으로 커다란 사회변동이 발생했는지에 대해서는 의문입니다. 오래전 가이즈카 시게키(貝塚茂樹)는 은나라 최후의 왕인 '제신(帝辛)'(복사에서는 이와 같이 표기), 즉 '주왕'이 현재 산동반도 방면의 적대 세력과 한창 교전하고 있던 가운데 뛰어난 무기를 지니고 있었던 서쪽의 주나라 세력이 그 배후를 찌르고 군사적 우세를 점했다는 연구를 발표했습니다(「殷末周初の東方経略に就いて」). 이것은 충분히 설득력이 있는 학설이라고 생각합니다.

그러나 저는 조금 다른 측면에서 생각해 보고 싶습니다.

'주지육림'이라는 말은 구체적 정경으로서는 궁전 안에 술로 가득 채운 연못을 만들고, 주변에 심은 나무의 가지에 요즘 말로 하면 육포와 같은 말린 고기를 매달아, 그 사이를 나체 상태의 남녀 신하들을 달리게 한 것이라는 설명이 일반적으로 통용되고 있습니다. 또한 후세에 편집된 『상서(尙書)』라는 고대 정치백서집(천하에 대한 위정자의 선전문)의 형식을 취한 문헌에서도 은왕이 바친 술의 냄새와 고기를 굽는 비린내가 '천(天)'에 달하니 '천'이 이에 노하여 마침내 '천의 명(命)'을 고쳐 주(周)에게 명을 내렸다는(이것이 후세에 사용되는 '혁명(革命)'이라는 말의 원의) 이야기를 포함한 선전문이 몇 편이나 있습니다. 그렇지만 짐승의 고기를 획득하는 것은 앞서 서술하였듯이 은왕의 '직무'였던 수렵에 직결되는 것입니다.

은왕의 제의(祭儀)는 고기와 술을 올려야만 비로소 성립하는 것이었습니다. 세계 각지, 각 시대의 종교적 지배에 있어서 술 혹은 어떤 종류의 정신적 고양을 가져오는 약물이 주술적 지배에서 수행한 역할에 대해서는 잘 알려져 있습니다. 사람들을 일종의 트랜스포머 상태로 만들어 의식의 신비성을 증폭하는 장치입니다. 술은 그것에 취한 사람들을 앞에 두고 주술적·종교적 의식을 거행해 위정자의 권위를 더욱더 장엄하게 만들기 위한 필수 재료였던 것입니다. 그렇더라도 죽이나 밥(당시의 밥은 찰밥과 같은 것이지만)으로 해서 먹으면 며칠이나 지낼 수 있을 정도의 곡물을 발효시켜 하룻밤에 마셔버릴 수 있는 것이 술이지요. 낭비라고 하면 그렇게 말할 수 없는 것도 아닙니다.

그리고 은나라의 술에 관해서는 하북성의 은대 유적에서 야생의 것

　　　　　　　　　　　　　　　　환경으로 보는 고대 중국

을 포함한 여러 가지 과일, 복숭아와 앵두, 까마귀머루 등의 실물과 그것들로 맛을 낸 술이 출토되었습니다(唐云明,「河北商代農業考古槪述」). 이러한 과일은 물론 삼림이 없으면 얻을 수 없습니다. 술 자체는 곡물이 주원료였다고 해도 은 왕조의 지배에 불가결한 술이 당시 환경의 산물이었다는 점은 확실합니다. 그런데 한랭화의 진행은 수렵의 획득물뿐만 아니라 곡물과 과수의 생육에도 큰 영향을 미쳤겠지요. 술을 빚는 것도, 음주도 한랭화한 사회에서는 '사치스러운' 행위가 되었을 것이라고 생각합니다.

현재의 섬서성(陝西省) 부근을 근거지로 했던 주족(周族)은 한랭화·건조화의 영향을 은나라보다 일찍 받았을 것입니다. 그러므로 음주 비판·동물 희생 비판이라는 사고 자체는 주족이 그러한 환경 변화에 대응하여 새로 만들어낸 것이었을지도 모릅니다. 그런데 은나라를 멸망시킨 뒤 권력 교체를 확실하게 하려는 시기가 되면, '비판'에는 한층 중대한 의미가 발생했다고 생각됩니다. 그때까지 '제(帝)'의 자손으로서 신격을 믿어 의심치 않았고, 많은 인간집단이 추종하던 은왕을 쓰러뜨렸던 것이므로, 그 권위를 철저하게 폄하하고 은의 제사 의례가 무의미함을 선전하지 않으면 안 됩니다. 은의 부활을 막고 주나라의 지배 체제를 받아들이게 할 필요가 있습니다.

그리하여 '주지육림'의 고사는 주왕(紂王)의 부덕을 선전하고, 동시에 음주와 육식의 제한을 부드럽게 침투시켜 가기 위한 분위기 조성에 유용한 설화가 되었던 것이겠지요. 주족의 '혁명' 사상은 환경의 변화가 낳은 정치사상이었다고도 말할 수 있지 않을까요.

참고문헌

松丸道雄, 「殷墟卜辞中の田猟地について-殷代国家構造研究のために」(『東洋文化研究所紀要』31号, 1963)

白川静, 『甲骨文の世界』(平凡社, 『東洋文庫』204, 1972)

大西克也·宮本徹, 『アジアと漢字文化』(放送大学教育振興会, 2009)

天野元之助, 『中国社会経済史　殷周之部』(開明書院, 1979)

葉万松·周昆叔·方孝廉·趙春青·謝虎軍, 「皂角樹遺址古環境与古文化初歩研究」(『環境考古学』第2輯, 科学出版社, , 2000)

竺可禎, 「中国近五千年来気候変遷的初歩研究」(『考古学報』, 1972年 第1期 등)

史念海, 「歴史時期森林変遷的研究及有閑的一些問題」(『林史文集』第1輯, 1990)

唐云明, 「河北商代農業考古概述」(『農業考古』1982年 1期)

平勢隆郎, 『よみがえる文字と呪術の帝国：古代殷周王朝の素顔』(中公新書, 2001)

久慈大介, 「黄河下流域における初期王朝の形成─洛陽盆地の地理的′生態的環境」(学習院大学東洋文化研究叢書, 『黄河下流域の歴史と環境』, 東方書店, 2007)

제2화

'7월'이 노래하는 월동 준비

― 서주 시기의 황토고원 ―

『시경』 속의
"숫자풀이 노래"

『시경(詩經)』은 중국 고전 중의 고전으로 전승에서는 공자의 편찬으로
되어 있는데, 확실히 공자도 현재『시경』의 일부로 남아있는 시의 몇 편
인가를 공부했다는 기록이 있습니다. 하지만 구애의 노래나 버림받은 자
기 자신을 한탄하는 노래 등 연애시도 많은 현행의 텍스트가 공자님의
편찬물에 어울리지 않는다고 생각한 사람들도 있었으니, 그것을 무리하
게 '현인(賢人)을 찾는 글'이라든가 '악정을 풍자한 것'이라고 견강부회하
여 정치적·도덕적으로 해석한 주석이 정통으로 여겨져 오랜 세월이 지
나왔습니다. 남송(南宋)의 주희(朱熹, 1130-1200)는 연애시를 연애시로 읽
으려고 했습니다만, 본래의 정서를 솔직하게 읽게 된 것은 근대 이후라
고 말할 수 있겠지요.

　이『시경』 중에 가장 긴 것이 빈풍(豳風) '7월'이라는 시입니다. 긴
시이기는 합니다만 원문과 저의 번역을 자료 코너에서 소개하였습니다.
구성 방식(단락)은 정통적인 해석에 따르지만, 각 장의 첫머리에 로마숫

　　　　　　　　　　　　　　　환경으로 보는 고대 중국

자와 ★☆은 필자인 제가 붙인 것입니다(그 의미는 뒤에서 서술하겠음).

원문	번역문
七月	**7월**
[I] 七月流火 九月授衣	7월에 '불의 별(火の星)'이 숨으면, 9월에는 갈아입을 겨울옷을 준비하네
★　一之日觱發 二之日栗烈	1월(11월)에 찬바람이 세차게 불고, 2월(12월)에는 매서운 추위로 꽁꽁 얼어붙으니
無衣無褐 何以卒歲	옷도 털옷도 없다면, 어떻게 해를 넘기겠는가
★　三之日于耜 四之日舉趾	3월(1월)에 쟁기로 흙을 일구고, 4월(2월)에 힘껏 논을 갈면
同我婦子 饁彼南畝	아내와 자녀가 함께, 남쪽 밭으로 점심을 내오니
☆　田畯至喜	논의 신도 매우 기뻐하네
[II] 七月流火 九月授衣	7월에 '불의 별'이 숨으면, 9월에는 갈아입을 겨울옷을 준비하네
春日載陽 有鳴倉庚	봄은 화창하고 햇빛이 따뜻하니, 저쪽에서 종다리 울음소리도 들려오네
女執懿筐 遵彼微行	예쁘고 작은 바구니 손에 들고 저쪽 샛길을 따라
爰求柔桑 春日遲遲	뽕나무 어린잎을 따는데 봄날은 조금도 저물지 않네
采蘩祁祁 女心傷悲	쑥은 따도 무성하니, 여자의 마음은 서글퍼져
☆　殆及公子同歸	공자님과 함께 돌아가고 싶네
[III] 七月流火 八月萑葦	7월에 '불의 별'이 숨으면, 8월에는 억새와 갈대를 베네
蠶月條桑 取彼斧斨	잠월(蠶月)에는 뽕나무를, 도끼를 휘둘러 가지를 쳐서
以伐遠揚 猗彼女桑	멀리 뻗은 잎사귀 잘라내고, 어린 뽕나무는 나직이 구부려주네
七月鳴鵙 八月載績	7월에 때까치가 울면, 8월에는 이내 베를 짜고

載玄載黃 我朱孔陽	검고 누런 물을 들이며, 내가 물들인 붉은 색은 아름다우니
☆ 為公子裳	공자(公子)님이 입으실 바지를 지어 드리자
[IV] 四月秀葽 五月鳴蜩	4월에 강아지풀 열매가 나오고, 5월에는 매미가 우네
八月其穫 十月隕蘀	8월에 수확을 마치면, 10월에는 어지러이 깔린 마른 낙엽
★ 一之日于貉 取彼狐狸	1월에 오소리를 노리고, 여우와 너구리를 사냥해서
☆ 為公子裘	공자님의 갖옷을 만들 뿐
★ 二之日其同 載纘武功	2월에는 모두 모여 사냥을 나가, 무기를 들고 솜씨를 자랑하여
☆ 言私其豵 獻豜于公	작은 짐승은 우리 집에서 쓰고, 커다란 멧돼지는 헌상품으로 바치네
[V] 五月斯螽動股 六月莎雞振羽	5월에 메뚜기가 다리를 비비고, 6월에는 베짱이가 날개를 흔드네
七月在野 八月在宇	7월에 들판에 울고 있고, 8월에 처마 밑에 오며
九月在戶 十月蟋蟀	9월에는 문에 모습 드러내고, 10월 마침내 귀뚜라미는
入我牀下 穹窒熏鼠	우리 침상 아래로 들어오니, 구멍을 막아 연기로 쥐를 쫓고
塞向墐戶	창문을 막고 문에 흙을 바르네
★ 嗟我婦子 曰為改歲	아내와 자녀들이여 다 함께, '해가 바뀐다'고 외치고
入此室處	이 방에서 머물자
[VI] 六月食鬱及薁 七月亨葵及菽	6월에는 보리수(수유) 열매와 왕머루, 7월에는 아욱과 콩을 삶으며
八月剝棗 十月穫稻	8월에는 대추를 따고, 10월에는 벼를 거두어
為此春酒 以介眉壽	이것으로 빚은 봄의 술 마시며 장수를 기도하자
七月食瓜 八月斷壺 九月叔苴 采荼薪樗	7월에 오이를 먹었다면 8월에는 박을 베고 9월에 삼대(겨릅대)를 쪼개 두고 씀바귀와 장작과 붉나무를 베어

☆　食我農夫	우리 농부들을 먹이면
[VII] 九月築場圃 十月納禾稼	9월에 땅을 고르게 한 탈곡장, 10월에 수확을 하면
黍稷重穋 禾麻菽麥	기장에 차조, 늦벼, 올벼, 멥쌀, 삼, 콩, 보리
嗟我農夫 我稼既同	아 우리 농부 모두여 우리의 수확이 끝났으니
☆　上入執宮功	왕실에 바칠 수 있는지 확인하고
晝爾于茅 宵爾索綯	당신들 낮에는 띠풀을 베고, 밤에는 부지런히 새끼를 꼬아
亟其乘屋 其始播百穀	서둘러 지붕에 올라 수리를 하고, 곧 파종이 시작된다네
[VIII] ★ 二之日鑿冰沖沖	2월(12월)에는 탕탕 얼음을 깨고
★ 三之日納于凌陰	3월(1월)에 얼음 창고에 넣으면
★ 四之日其蚤 獻羔祭韭	4월(2월)에는 즉시 어린 양과 부추를 올려 제사하세
九月肅霜 十月滌場	9월에는 서리가 내리고 10월에는 탈곡장을 깨끗하게 하네
朋酒斯饗 曰殺羔羊	술을 늘어놓고 잔치를 열고 양과 어린 염소를 잡아서
☆　躋彼公堂	저 공당에 올라가
稱彼兕觥 萬壽無疆	뿔 술잔을 높이 들어 만수무강을 외치세

　　제목인 '7월'은 전설에서는 '하력(夏曆)', 곧 하 왕조의 역법(대개 현재의 태음력·농력에 가까움)으로 표현한 7월, 오늘날의 태음력으로 환산하면 대체로 9월경입니다. 도중에 몇 차례 나온 '일지일(一之日)', '이지일(二之日)'과 같은 표현은 이와는 다른 '주력(周曆)', 곧 주 왕조의 역법으로 '1월', '2월'을 표현한 것으로 여겨집니다. '주력'은 오늘날의 태음력과 거의 합치하므로, '하력'의 11월이 주력의 1월(세수(歲首)·정월)에 해당합니다. 고대 사회에서는 왕조가 바뀔 때마다 역법도 바뀌었다는 이야기가 전

현대의 탈곡장

해지고 있지요. 게다가 단순히 역법이 바뀐 것뿐만 아니라, 세수·정월
=1년의 시작도 1개월씩 물렸다는 이야기도 있습니다. 퍽 귀찮고 번거롭
지요. 이러한 이야기 자체가 후대에 날조되었다는 연구도 있습니다.

요컨대 이 시 한 편 속에 서로 다른 역법의 표현이 있는 것이지요.
그래서 번역 중에 부분적으로 ( )에 넣은 월의 명칭은 '7월'의 다른 부분
과 마찬가지로 '하력'의 표기를 보여준 것입니다.

자, 이 시를 읽어보니 그 토지에 살았던 사람들만의 1년간의 생활 구
석구석을 읊은 숫자풀이 노래 같은 분위기를 느낄 수 있지 않으신가요.
하지만 그런 것 치고는 역법은 복수로 기록되어 있고, 약간 관점도 흔들
리고 있네요. 첫째로 '아(我)'는 누구를 말하는 것일까요. '농부'가 아닌 사

람일까요. 그래도 어쩐지 '공(公)'이나 '공자(公子)'도 아닐 것 같습니다.

이러한 의문을 가졌던 저는 '공', '공자'와 같은 사회적 관계를 나타내는 말을 포함한 ☆로 표시한 구절을 과감히 없애봤습니다. 그리고 ★로 표시한 곳은 원래 '하력'을 사용한 어떤 문구가 있었다고 가정했습니다. 그러면 대강 글자 수도 고르게 열 구절씩으로 될 것 같네요. 일반적으로 민중의 노래는 지역과 장르를 불문하고 귀로 듣고 흥얼거려 기억하기 쉬운 단순한 멜로디의 반복에 맞추기 쉬운 정형적 음절의 조합이 많습니다. 문자로 읽어서 논리가 통하는가와 같은 것은 두 번째 문제인 것입니다. 다시 말해 이 시는 원래 오랜 세월에 걸쳐 불리던 노래가 어느 시점에 꽤 개변되었을 가능성이 크다고 생각하고 있습니다. 이외에도 아무래도 2000년 동안 '권위 있는 전통'으로 떠받쳐 온 문헌이므로, 세부적인 것에 관해 여러 가지 논의와 연구가 있습니다. 이미 번역도 많이 나와 있습니다만 제가 한 번역은 기존 연구자들이 번역한 것과 다소 다릅니다. 그 이유는 여기서 설명하기에는 간단한 문제가 아니므로 참고문헌에 제시한 저의 책 『'농본'주의와 '황토'의 발생(「農本」主義と「黃土」の発生)』을 참고해 주시면 좋겠습니다.

그러면 그런 탐색은 이쯤으로 하고 대강의 노래 문구에서 감도는 옛 생활의 분위기를 느껴보면 어떨까요.

빈풍(豳風)이란

『시경』에서 '풍(風)'이란 '민요'로도 번역할 수 있다는 의미에서 각 지역마다 읊던 전통적인 시라고 해석되고 있습니다(이외에 위정자의 연회 석상에서 연주되는 노래=아(雅)라든가 종묘 의식에서 연주되던 노래=송(頌) 등도 있음). 그러니까 '빈풍(豳風)'이란 '빈(豳) 지방의 노래'라는 의미입니다. '7월' 외에도 '주공동정(周公東征)'이라는 구절을 볼 수 있는 '파부(破斧)' 등 일곱 편이 전해지고 있습니다.

　일반적으로 '7월'이라는 시는 주나라 사람들이 빈 지방에 있었을 무렵의 생활을 읊은 노래로 해석됩니다. 빈은 오늘날의 섬서성(陝西省) 황토고원 한복판의 빈현(彬縣) 부근으로 보이며 경수(涇水)라는 강 근처입니다. 은주 교체 이전 주나라 사람들은 험윤(獫狁)이라고 불리는 이민족 집단에게 압박을 받아 빈 지방에서 위수(渭水) 부근, 지금의 주원(周原)으로 이주했다고 알려져 있습니다.

　'불의 별'이란 일본에서 말하는 화성(火星, 아레스 혹은 마르스)은 아님

니다. 전갈자리의 안타레스
(Antares), 미야자와 겐지(宮
沢賢治)가 '순환하는 별의 노
래'에서 부른 '붉은 눈동자'
입니다. 여름에 남쪽 하늘에
크게 S자를 그리고 있던 전
갈자리도 가을이 되면 천체
관측을 담당하는 관리가 아
닌 한, 보통 사람이 저녁때

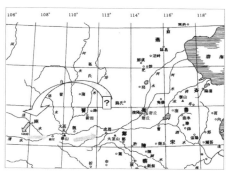

주족의 이동과 주초의 주요한 '봉건' 약도(小倉芳彦訳, 『春秋左氏伝』, 岩波文庫의 지도를 참고하여 작성함)

올려다보는 하늘(참고로 주나라 때에는 물론 전기 같은 것은 없었으므로 심야족은 없음)에서는 지평에 숨겨져 보이지 않게 됩니다. '유화(流火)'란, 즉 안타레스가 보이지 않게 되는 가을이 오면 이라는 의미로 겨울에 대비해 갈아입을 옷의 준비를 하자고 권하는 구절이 주제입니다. 그렇게 월동 준비를 위한 다양한 노동이 이 시 전체의 기조인 것입니다. 코끼리가 살아 있고 은나라의 왕이 늘 사냥을 했던 시대라면 먹을 것도 입을 것도, 특히 겨울을 넘기기 위한 준비는 필요하지 않았을지도 모릅니다. 그러나 이 시는 이미 의식주 전부를 정비하지 않으면 넘길 수 없는 겨울이 오게 된, 그런 시대에 만들어진 노래라고 말할 수 있을 것입니다.

주거와 음식

추위가 점차 다가오는 모양을 정교하게 읊고 있는 것은 V장일 것입니다. 귀뚜라미가 점점 주거 근처로 다가와 이윽고 인가의 침상 아래에까지 들어옵니다(지금도 있는 일이지요).

　그 다음 구절의 '향(向)'이라는 글자는 후세에 '향(嚮)'으로 쓰이는 목제로 된 달개 창문을 의미하는 말입니다. 일본에서도 가마쿠라 시대의 무가 저택 등에 이러한 창문이 있는 장면을 대하드라마 등에서 묘사하고 있습니다. 그것을 겨울에는 틀어막습니다. 그렇지만 출입문은 막을 수 없기 때문에 문짝의 목재 틈 등에 흙을 발라서 틈으로 들어오는 바람을 막는 것이지요. 그러나 그 전에 소중한 식재료를 쥐에 먹히지 않도록 쑥과 같은 약초를 실내에서 태워서 그 연기로 쥐를 밖으로 내모는 것입니다.

　이러한 준비는 신석기시대 반파(半坡) 유적과 같은 반지하식 주거에서 해봤자 그다지 효과가 없었을 것입니다. '7월'에는 VII장에 초가지붕의 수리에 대한 구절도 있으므로 그러한 주거도 있었을 것이지만, 지붕이 있는 것은 '공당(公堂)'이 아니더라도 특별한 사람이 사는 곳이었을지 모릅니다. 빈현(彬縣) 주변에는 지금도 요동(窯洞)이 남아있고, 현대에도 환경에 적합한 합리적인 주거로 여겨집니다. 요동에는 다양한 형태가 있는데, 빈현 부근에서는 육반산(六盤山)의 경사지를 이용한 지붕이 필요 없는 형태도 많이 볼 수 있습니다.

그런데 우리 같은 현대인들에게 월동 준비라고 하면 뭐니 뭐니 해도 불가결한 것은 겨울을 이겨 낼 음식의 저장이라고 생각하기 쉽습니다. 물론 '7월'에서는 식품을 잔뜩 읊고 있기는 하나, I장의 땅을 갈고 일으키는 작업 혹은 농경 개시의 제사 의례의 모습과 수확한 몇 종류의 곡물을 한곳에 모아 저장한다는 이야기 이외에 특별한 식품 저장의 방법 등은 볼 수 없습니다. 잊어버리기 쉽지만 곡물은 식재료 중에서도 가장 보존성이 높습니다. 시코쿠(四国)에서 약 100년 전에 저장된 향모(香茅)와 조가 충분히 식용할 만했다는 조사 결과도 있습니다. 곡물만 충분히 비축한다면 어쨌든 목숨은 부지할 수 있습니다. 주족은 후직(后稷)이라는 신을 시조로 하는 개국 전설을 가지고 있었던 듯한데, 후직이란 문자 그대로 차조를 담당하는 관리(后)라는 의미입니다. 곡물을 중시하는 주족의 자세를 엿볼 수 있습니다. 도(稻)라는 글자도 보입니다. 한랭화로 향했다고는 하나 빈풍 '7월'의 마을에서는 아직 벼가 재배되고 있었던 것 같습니다(이와 관련하여 『시경』에는 관중 분지의 위수 남안에서도 벼농사를 하고 있었음을 보여주는 시가 많이 있음). 벼농사에 없어서는 안 되는 맑은 물을 쉽게 얻을 수 있었다는 증거이기도 합니다.

이런 식으로 말하면 VI장에는 콩을 삶거나 대추를 따는 이야기가 적혀 있지 않은가 라며 꾸지람을 들을지도 모릅니다. 네, 그렇습니다. 이 장구는 말미의 구절을 근거로 종래 '농부'의 식품을 기록했다고 해석되어 왔습니다. 그러나 전술했듯이 이 시의 '아(我)'와 '농부'의 관계는 분명하지 않습니다. 그보다 무엇보다도 VI장의 식물은 이른바 제철에 노래한 것이 아니라는 점입니다(표 참조).

원문의 월(月)	현재의 계절	식물명	현재 각 월의 상황	현재의 제철
6월	8월	울(鬱, 이스라지·앵두나무 종류)	수확 가능기의 가장 마지막	6~8월
6월	8월	먹(薁, 까마귀머루)	상동	6~8월
10월	12월	도(稻, 벼)	수확 후(?)	10~11월
7월	9월	규(葵, 실태는 지금으로서는 명확하지 않으나, 샐러드 야채 종류라는 설이 유력한 야채)	한대(漢代)의 온실에서는 겨울철에도 생육 가능	연중
7월	9월	숙(菽, 콩)	저장용 수확기(?)	3~10월
8월	10월	조(棗, 대추)	말린 대추를 만드는 시기	6~9월
7월	9월	과(瓜, 오이)	수확 가능기의 가장 마지막	7~9월
8월	10월	호(壺, 표주박. 박)	식용이 아닌 기자재용의 수확·가공기	7~9월
9월	11월	저(苴, 삼의 열매 혹은 삼)	식용·섬유용 모두 수확 완료	7~9월
9월	11월	도(荼, 씀바귀)	수확 완료(단 서리를 맞으면 달아진다는 설명이 있음)	7~9월

〈표〉 '7월'에서 식물의 해당월과 실제 제철

벼는 물론이지만 보리수(수유) 열매도 왕머루도 삶은 아욱(이 식물은 현재 꽃꽂이 재료인 해바라기는 아님. 명대까지 모든 야채의 왕으로 여겨지며 초봄부터 초겨울까지 수확 가능한 보편적 야채인데, 지금으로 치면 어떤 식물인가에 대해서는 정설이 없음)이나 콩은 발효시킬 수 있습니다. 사실 Ⅵ장 전반부는 술을 빚는 데 사용하는 재료를 읊고 있다고 생각합니다(은대의 유적에서 술 맛을 내는 용도의 대추가 나왔던 것은 앞서 적었음).

그리고 후반부는 겨울을 넘기는 데 빠뜨릴 수 없는 연료 저장이 주제입니다. 열매를 다 먹은 후의 오이 덩굴, 먹든가 또는 도구로 가공하고 남은 표주박의 안솜(실제로 등불 재료로서 유분을 다량 함유한 좋은 물품), 섬유 부분을 이용한 뒤 남은 마(麻) 줄기, 겨릅대(삼대)(한자로 쓰면 '서각(緖殼)' 곧 마의 섬유를 채취하고 남은 것이라는 의미)를 언급하고 있습니다. '구월숙저(九月叔苴)'의 구절을 '마의 열매를 줍는다'고 해석하는 것이 통례입니다만 시치미토가라시(七味唐辛子, 고추를 주재료로 일곱 가지 향신료를 섞어 만든 일본의 조미료-역자)에 들어있는 삼씨를 알고 계신 분은 이해되실 겁니다. 삼씨는 지면에 떨어진 것을 주울 수 있는 크기가 아닙니다. '숙(叔)'은 번쩍이는 날붙이로 가른다는 의미이므로, '저(苴)'는 겨릅대를 가리킨다고 이해할 수 있습니다. 마의 열매는 고대 화북 지역에서 중요한 식재료인데, 그것에 관해서는 Ⅶ장에서 조나 기장 등과 함께 수확과 저장을 언급하고 있습니다. 덩굴이나 안솜, 겨릅대와 잎사귀를 다 먹어 치운 씀바귀 등 푸성귀의 줄기와 뿌리 등등에 이르기까지 모두 버리지 않고 소중하게 연료로 보존합니다. 은대에는 번성했다고 알려진 불을 이용한 제사(요제(燎祭)라고 함)가 '7월'의 마을에서도 실시되고 있었는지의 여부는 분명하지 않지만, 불의 따뜻함에 대한 고마움은 은허 부근보다 빨리 한랭화·건조화한 빈 지방의 사람들에게 있어서도 경외의 마음을 바칠 만한 것이지 않았을까요. 그 제사에 불가결한 각종 연료 수집을 Ⅵ장 후반부에서 열거하며 노래하고 있다고 생각했습니다.

그러므로 Ⅵ장은 음식물을 말하고 있지 않습니다. 여기에 '식아농부(食我農夫)'와 같은 여분의 문구를 덧붙인 이는 은 왕조 제사 체계를 방불케 하는 민간의례가 주족의 마을 사람들에게도 있었다는 증거를 없애 버리려고 한 주 왕조의 지식인이나, 혹은 더는 술이나 불과 관련된 제사의 의미를 이해할 수 없게 된 후세 사람이라고 생각됩니다.

그러나 또 한 가지 더 식품 보존에 관계된 것으로 신경 쓰이는 것은 Ⅷ장에 명기된 빙실(氷室)의 이용입니다. 이것은 확실히 식품의 보존에 이용하는 것이긴 합니다. 맞습니다. 이것은 겨울철이 아니라 여름철에 이용하려고 저장한 것입니다. 넣어두는 것은 잘라낸 얼음과 아마도 Ⅳ장의 주제인 수렵의 결과 획득한 야생 짐승의 고기, Ⅷ장에서 볼 수 있는 양 목축 제품=양고기 등 동물성 식품이지 않았을까요. Ⅳ장의 전반부는 단순히 풍경을 노래한 것이 아니라 강아지풀이 누렇게 이삭이 패고(머지않아 시들고), 무성한 나무숲의 나뭇잎이 떨어져 가는, 즉 당시 화북 어디에서라도 펼쳐져 있던 초원·삼림의 식물이 겨울이 다가오면서 시들어 가는 모습을 내다보면서 기다리고 기다리던 수렵의 계절이 찾아왔다고 노래하고 있는 것입니다. 획득물에는 여우나 너구리도 등장합니다만, 눈에 띄는 것은 다 자란 짐승이나 새끼 멧돼지입니다. 돼지는 멧돼지를 품종 개량하여 가축화한 것이므로 '7월'의 마을에는 아직 돼지가 없었던

환경으로 보는 고대 중국

것일지도 모릅니다. 이에 비해 양=어린 양이 두 번이나 나오므로 양은 사육하고 있었다고 봐도 틀림없을 것입니다. 겨울철은 춥고 일반적으로는 먹거리의 조달이 곤란하게 됩니다만, 오히려 수렵에는 절호의 계절입니다. 거꾸로 말하면 모처럼 잡은 짐승의 고기도 여름철을 넘기기는 어려운 일이기 때문에 빙실이 생활의 필수품이었던 것입니다. 중성(中性)의 맑은 물을 필요로 하는 벼농사가 명기되어 있으므로 빈풍(豳風)이 성립할 무렵 빈 지방에는 맑게 흐르는 물이 있었다고 간주할 수 있습니다만, 빙실에 대한 기술 역시 충분한 얼음을 확보할 수 있는 깨끗한 물이 존재했다는 중요한 증거입니다. 지금의 경수(涇水)는 진흙강이지만 수렵

이 가능한 삼림·초원이 토지의 표면을 덮고 있었다면, 오늘날과 같이 표토(表土, 토양층의 맨 윗부분-역자)의 유실은 일어나지 않고 깨끗한 용수, 깨끗한 시냇물을 여기저기에서 볼 수 있었을 것입니다. '십월운탁(十月隕蘀)-10월에는 어지러이 깔린 마른 낙엽'이라는 구절은 낙엽활엽수에 눈을 맞추지 않으면 떠오르지 않을 말일 텐데, 빈 지방만이 아니라 주족이 후에 이주했던 관중을 포함한 섬서성 일

위: 오늘날의 빈현과 진흙강 경수(涇水)
아래: 황토고원에 있는데 맑은 물이 흐르는 청윤하(清潤河)

대가 일찍이 낙엽활엽수 중심의 삼림·초원으로 덮여 있었다는 고고학적 조사보고도 있습니다.

그리고 '7월'의 마을 사람들에게 있어 신선한 수렵물을 먹을 수 있는 겨울은 식재료 확보가 곤란한 계절이 아니라 오히려 '진수성찬'의 계절이라고 느껴졌을 것이라고 생각합니다.

그래서 가장 중요한 월동 준비는 이 시의 모티프인 '수의(授衣)', 의복의 준비였던 셈입니다.

의복

바람이 휘몰아치고 얼어붙는 겨울에 꼭 필요한 것은 옷과 털옷이라고 말합니다. 옷이라는 것은 명확하게 견직물로 만든 의복(명주를 짜지 않고 섬유를 감은 '풀솜'을 누비질한 것도 포함됨)입니다.

'7월'에서는 II, III장에서 견직물 생산에 직결하는 뽕나무의 이용과 염색을 묘사하고 있습니다. 그런데 사실 이 II장은 『시경』 이외의 시에도 꼭 닮은 말이 기록된 꽤 정식화된 문장이라고 볼 수 있습니다. 좁은 길을 올라가 산전(山田)에서 뽕을 따는 처녀의 모습은 실로 목가적이며 '공자(公子)'에 대한 그리움의 심정까지 그려져 공감을 부르는 시구이지만, 이 구절이 원래 '7월'에 있었는지의 여부는 조금 미심쩍은 부분이 있습니다. 덧붙여서 말하면 II장에서 말하는 '쑥 따기'는 시라카와 시즈카(白川靜)의 설에 따르면 양잠과 관계없는 '예축(予祝)' 의례(일정한 시간 또는 용기에 딴 풀을 채울 수 있는가 없는가로 길흉을 점치는 것) 같습니다. 즉 일로써 뽕을 따러 오기는 했지만, 바구니가 한가득이 되어도 아직 한낮이라 그 근처의 쑥을 따서

사랑 점(혹은 먼 곳으로 나간 소중한 사람의 안부를 점치는 것)을 보고 있는 정경이라는 것이지요.

이 시의 특징은 오히려 III장의 뽕나무 손질로 봐야 할 것입니다. 여기서 뽕나무 재배는 키가 높이 자라는 품종과 키가 낮은 품종 모두 이용하고 있었다고 묘사되고 있습니다. 후에 제나라(현재의 산동성)에서 번성하는 고목종(高木種) 재배-고상(高桑) 키우기라고 합니다-는 등

키카 큰 뽕나무를 손질하는 두 남성(원나라 왕정(王禎)의 『농서(農書)』에서)

나무 덩굴의 시렁이나 포도 덩굴의 시렁처럼 사람의 몸길이보다도 높은 뽕나무 가지를 둘러쳐 나무와 나무 사이를 가지를 타고 건너서 잎을 땁니다(『춘추좌씨전(春秋左氏傳)』 등에서 망명하여 여러 나라를 돌아다니고 있을 무렵의 진문공(晉文公, 기원전 600년대)의 가신이 밀담을 하는 곳으로서 묘사됨). 여기서 말하는 수목의 손질-도끼를 이용한 가지치기-은 아마도 남성 노동력에 의한 것이었다고 생각됩니다. 이에 비해 후에 노나라에서 왕성하게 재배되는 노상(魯桑)은 관목을 키우는 방식으로 사람이 걸어가면서 잎을 땁니다. 이쪽은 여성만으로도 잎의 채집이 가능합니다. 이 두 곳의 정경이 '7월'에서 묘사되고 있는 것입니다. 이후의 시대와 비교하면 이러한 묘사 방식은 식재료의 공동 저장과 더불어 '7월'이라는 시의 시대적 특색

환경으로 보는 고대 중국

을 암시하는 매우 중요한 재료가 됩니다.

그런데 '갈(褐)'이란 무엇일까요.

이것은 중요한 문제로서 일부에서는 이것을 마직물이라고 해설하는 책도 있습니다. 그러나 그것은 후대에 생겨난 오해입니다. 한대(漢代)까지의 문헌을 신중히 골라 읽어 보면, 원래는 짐승의 털이나 깃털, 마(麻)나 칡과 같은 식물섬유 등을 함께 삶아 재와 같은 알칼리 성분을 더해 섬유가 감기기 쉽도록 흐물흐물하게 만들고, 평평하게 펼쳐 말려 수분을 날려버리는 일종의 펠트(felt)와 같은 소재였다고 이해할 수 있습니다. 내륙 아시아 중심으로 이곳저곳의 유적에서 실물도 출토되고 있습니다. 방직 기술이 필요하지 않은 가장 간단한 제조법의 옷감 원료입니다. 선진제자(대개 진의 통일 이전에 기록된 것으로 보이는 제자백가)의 문헌에는 가난한 사람(방직에 품을 들일 수 없는 사람)의 옷감으로 묘사되는 경우도 많지만, 그 정도로 조악한 소재라고는 생각되지 않습니다. 게다가 견고하고 따뜻하여(펠트이므로 당연히) 겨울의 옷감으로서는 최적의 물품이었을 것입니다. 그럼에도 불구하고 후대에 그 실태가 불분명하게 된 것은 어째서일까요.

갈(褐)의 제작에 동물성 재료는 필수입니다. 어떤 종류의 단백질이 포함되지 않으면 알칼리로 굳히는 것이 불가능합니다. 수렵이 누구라도 간단히 할 수 있는 환경이었던 시기에는 민중에게도 손쉬운 재료였습니다. 그런데 후세에 삼림·초원의 소실과 함께 왕후 귀족이 아니라면 그러한 여유가 사라졌던 것입니다. '7월'의 마을에서는 갈을 당연히 생산하고 있었겠지요. IV장에서 언급한 수렵은 단지 겨울철의 식재료를 마련한다는 의미에 머무르지 않으며, 갈의 원료 공급에 관해서도 VIII장의 양 사육과 더불어 중요한 작업을 이야기하고 있다고 읽는 편이 좋을 것 같습니다.

IV장에서의 획득물, 바로 오소리·여우··너구리는 그 가죽 자체로 귀중한 방한구로서 모피가 되었던 것은 말할 것도 없습니다. 이것에 관해서는 제3화에서 이야기하겠습니다.

그런데 여기서 다시 한 번 생각해 보고 싶은 것은 '7월'에서 노래하는 의식주가 농경, 곧 곡물 생산에만 특화된 것이 아니라 목축과 수렵·채집도, 즉 이후의 시대가 되면 다양한 생산 분야로서 나뉘는 경제활동을 모두가 함께 유기적으로 편성해 생계를 꾸리고 있었다는 점입니다. 그것이 가능한 자연환경이 있었고, 또 그것이 가능한 인간관계가 있었다고 보아야 할 것입니다.

참고문헌

白川静,『詩経—中国の古代歌謡』(中公新書, 1970)

天野元之助,『中国農業史研究 (増補版)』(御茶の水書房, 1979)

白川静,『金文の世界 : 殷周社会史』(平凡社東洋文庫, 1971)

佐々木高明·松山利夫,『畑作文化の誕生—縄文農耕へのアプロ—チ』(日本放送出版協会,
    1988)

谷口義介,『歴史の霧の中から』(葦書房, 1990)

松丸道雄,「西周後期社会にみる変革の萌芽」(『東アジア史における国家と農民』, 山川出版
    社, 1984)

原宗子,『「農本」主義と「黄土」の発生』(研文出版, 2005)

제3화

공자의 애제자 자로의 품위 없는 비밀

— 춘추시대~한나라까지의 모피관 —

모피를 입은 사람과
입지 않은 사람

공자의 제자 중 우두머리 격으로 잘 알려져 있는 중유자로(仲由子路, 중이 성이고 유가 이름이며, 자로는 자)는 『논어(論語)』에서 등장 횟수가 제자들 중 가장 많다는 것에서도 보이듯이 많은 일화를 남긴 인물입니다. 공자에게 비판적이었던 사람들과의 교류에도 자주 관여하였고, 『좌전(左傳)』이나 『공자가어(孔子家語)』 등 후대의 문헌에는 위(衛)나라의 내분에 휘말려 장렬한 죽음을 맞이하는 장면을 기록하고 있습니다. 일본에서는 나카지 마 아쓰시(中島敦)의 『제자(弟子)』에서 주인공으로서 그려진 자로의 자유 분방하고 활달한 삶의 방식, 스승으로 택한 공자에 대한 진심 어리고 성 실한 헌신의 모습 등이 인기를 얻고 있는 것 같습니다. 다만 역사적 사실 로서의 자로의 생애는 실제로는 그다지 잘 알려져 있지 않습니다. 일반 적으로 알려진 것처럼 '대쪽 같은 기질을 가진 단순하고 어수룩한 호인 (好人)'이라는 모습과는 약간 다른 인물이었던 것으로도 보입니다.

　　자로에 관한 일화 중에서 비교적 정확한 전승으로 여겨지는 『논어』

에 다음과 같은 에피소드가 있습니다.

Ⅰ.『論語』子罕篇 子曰,「衣敝縕袍, 與衣狐貉者立, 而不恥者, 其由也與」.	Ⅰ.『논어』자한편 공자께서 말씀하셨다. "해진 솜옷을 입고, 여우나 오소리 가죽으로 만든 옷을 입은 사람과 같이 서 있으면서 부끄러워하지 않는 사람은, 바로 유(由)일 것이다."

공자님께서 말씀하셨다. "낡아 빠진 솜옷(방한용으로 솜을 넣은 외투)을 입고, 여우나 오소리의 모피로 만든 의상을 입은 인물과 나란히 서 있으면서도 태연한 자는 아마도 유(由)일 테지."

이상과 같이도 번역할 수 있을 것입니다(다만 솜이 들어갔다고는 해도 오늘날과 같은 목화로 만든 솜과는 다름. 당시 아직 목면은 중국에서 재배되지 않았을 것임).

요즘 식으로 말하면 나일론으로 만들어져 거위나 오리털이 들어있지 않은 모조 다운자켓, 더욱이 아주 오래 입어서 너덜너덜해진 옷을 입고 있어도 '고급품'인 모피 코트나 모피 장식이 있는 옷을 입은 세련되고 호사스러운 사람과 견주어 조금도 부끄러워하지 않는, 인간의 겉모습보다 내면을 중시하는 사고를 가진 인물로서 칭찬했다는 말로 해석되고 있는 듯합니다. 일반적인 상식으로 볼 때, 모피 코트는 분명 고급품입니다. 1970년대 브리짓 바르도(Brigitte Bardot) 등의 모피 반대 운동의 영향도 있고, 혹은 온난화와 버블경제 붕괴 후의 경제 현상 때문에 다소 유행하지 않게 되었다고는 해도 따뜻하고 근사한 코트의 이미지는 남아있습니다. 마를렌 디트리히(Marlene Dietrich)나 마를린 먼로(Marilyn Monroe)의 요염한 자태와 밍크나 친칠라로 만든 코트가 겹쳐지는 세대에게는 더욱더 그렇겠지요. 그러나 자로의 행동은 정말로 '거칠고 품위 없는 기질·사치품 무시'의 태도를 표명한다는 의미밖에 없었던 것일까요.

모피 코트를 만드는
전문 집단

제2화에서 '7월'의 마을[읍(邑)으로 불렸던 것 같음]에서는 모두 총출동하여 수렵에 나가, 코트를 만들 수 있는 오소리·여우·너구리 등을 잡으려 했다는 의미의 구절이 있는 것을 봤습니다. '공(公)' 등에게 포획물의 일부를 공납한 것에 대해서 기록되어 있는데, 당연하지만 집단의 규칙만 잘 지키면 누구라도 포획물로 자신의 모피옷을 만들 수 있었던 것입니다. 그렇지만 이러한 마을들로부터의 헌납만으로는 꾸려나가기 어렵게 된 것인지 혹은 다른 이유가 있었는지 모르겠으나 서주(西周) 왕조에서는 모피 코트를 제작·공납하는 특수한 인간집단의 존재를 확인할 수 있습니다.

빈(豳)에 거주한 것으로 여겨지는 주 일족은 전설상으로는 공유(公劉)라는 수장 때 주원(周原)으로 불린 위수(渭水) 연안 기산(岐山)의 산기슭으로 이주하고(현재 유적 발굴 중), 머지않아 은나라를 타도할 만한 세력을 형성한 것으로 보입니다. 지구 전체의 한랭화로 중앙아시아에서 목축이 가능한 초원이 감소했던 영향으로 험윤(玁狁)이라고 불리는 집단에게 압박을 받았고, 그 뒤로도 그들과의 항쟁은 계속되었습니다. 후에 관중(關中)이라고 부르는 위수 연안은 복잡한 지층으로 제7화에서 언급하겠지만 옛날에는 황하(黃河)였던 곳에 위수가 흐르게 된 장소입니다. 주족(周族)은 주원으로 이주한 이후 당초 습지가 많았던 관중을 당시의 도구로 할 수 있는 만큼 배수를 정비하여 곡물 생산에 노동력의 대다수를 투입하는 방향을 채용했습니다. 수렵·목축의 한계를 느꼈기 때문인지 모르겠으나 보다 용맹한 수렵 채집·목축민은 기존의 거주지에서 쫓겨났고, 수렵이나 목축에 대한 혐오감이 발생한 것인지 어찌되었든 머지않아 관중의 습지는 감소하고 밭농사가 가능한 토지가 확대되었습니다. 다만 은대와 비교해 한랭화·건조화했다고는 해도 낙엽활엽수가 생육할 수 있을 정도의 기온이었고, 주원으로 이주하고 나서도 식재료의 상당 부분, 특히 동물성 단백질원은 야생 짐승에게 의존한 것 같습니다. 관중의 하천은 흐름이 느리고 황토고원에 비해 낚시에 적합하기도 하여 『시경』에는 물고기와 관계된 시도 많습니다.

1975년 섬서성 기산현(岐山縣) 동가촌(董家村)에서 구위(裘衛)라는 인물이 작기자(作器者, 청동기의 발주자라고도 말할 수 있지 않을까)임을 나타내는 명문(銘文)이 새겨진 일련의 청동기가 출토되었습니다. '구(裘)'란 모피 코트를 말하므로, 시라카와 시즈카(白川靜)는 이 청동기를 수렵으로 얻을 수 있는 모피 의류의 공납을 전문으로 하는 일족의 것이라고 풀이했습니다. 그중 하나인 '구위정일(裘衛鼎一, 오년위정(五年衛鼎)이라고도 부름)'에 기재된 명문은 주나라 왕이 내린 배수용 수로 건설 명령에 관계된 사건의 기술로 읽을 수 있는 부분을 포함하는 것인데, 그 뒷부분 단락에서 구위 일족은 기존에 이용해왔던 위수 부근의 토지를 배수공사에 수반하여 명도하고, 빈현(彬縣) 부근에 대체할 토지를 제공받았다고 읽을 수 있는 글이 있습니다. 동시에 출토된 '구위화(裘衛盉)'에서는 계쟁(係爭)했던 구백(矩伯)이라는 인물로부터 빈(豳) 지방에 '논'을 받았고, '구위정이(裘衛鼎二, 구년위정(九年衛鼎)이라고도 부름)'에도 구백에게서 '안림(顏林)'이라는 삼림을 받았던 것 등이 기록되어 있습니다. 명도한 토지도 새롭게 이용을 개시한 토지도 짐승들이 물 마시는 장소로서 물새 등이 모이는 '낮고 습기가 많은 땅(습지·늪과 못)'이나 모피 재료인 야생동물이 서식하는 산림, 초목이 우거진 큰 늪이었을 것입니다. 빈에는 주왕의 군대의 주둔지도 있었던 듯한데, 군수물자(화살 깃에 사용할 새, 화살촉이나 칼의 재료인 뿔이나 뼈, 화살통이나 가죽끈의 재료인 피혁이나 등나무 등의 덩굴, 수레를 만들 목재, 목공의 필수품인 아교 등 금속을 포함하여 군수품의 태반은 산림의 소산임)의 공급지가 인근에 있었을 가능성도 높고, 빈현 부근의 자연환경은 어느 정도 유지되고 있었던 것 같습니다. 이에 비해 배수 공사가 여기저기에 시공된 관중 분지는 벼농사를 위한 논도 있었던 것 같으므로 곧장 전부가 밭농사화 되지는 않았다고 해도 건조화가 진행하며 변모해갔다고 생각됩니다.

그렇다고 해도 이러한 모피 제작 전문 집단의 출현은 '7월'의 정경과는 약간 다릅니다. 왕에게 바칠 호화로운 옷감용 모피를 획득하는 수렵 기술은 고도의 기술로서 특별한 일족에게만 전수되었을 가능성도 있고, 가공 기술이 특화되었을지도 모릅니다. 무기 휴대가 필수인 수렵을 의무로 했던 구위 일족은 옛 은나라 세력이 아니라 원래 주 왕실에 가까운 집단이었다고 생각되는데, 주족은 근거지를 주원에서 호경(鎬京)으로 옮겨 은나라를 멸망시키고 주나라 초 봉건(封建)을 하면서 일족 공신에게 예속된 은나라 유민 집단을 나누어 주고 있습니다. 이러한 내용의 명문을 이해할 수 있는 청동기 제작 기술자도 은허 주변으로부터 많이 이주시킨 것 같습니다. 또 다른 청동기 명문에서는 토지의 경작 권리를 가진 사람의 변경에 수반해 거처(혹은 관리자)가 변경되는, 농경에만 종사하는 예속민적인 사람들이 존재했던 것도 확인됩니다. 새로운 지배자인 주나라가 일찍이 은나라에 복속했던 사람들을 지배하는 데에는, 피정복자에게 자유로운 이동과 행동이 필요한 수렵·채집, 목축을 종래대로 허용하기보다는 가능한 한 이동하기 어려운 농경에 종사시키는 것이 유리한 계책이었을 것입니다.

전후 처리에 의한 인간집단의 중층화(지배자 집단인 주족 내부에서도 계층이 있고, 피지배자 집단이 된 여러 종족 중에도 계층이 남은 채 전체적으로 주족에 복속하는 상황)가 진행되고, 모피 코트에도 신분 표식 등 방한 이외의 가치가 덧붙여졌을 것입니다.

환경으로 보는 고대 중국

'말업(末業)'으로
불리다

그렇다 하더라도 왜 자로의 해진 솜옷과 대비되는 코트가 여우나 오소리로 만들어진 것일까요. 선진(先秦)의 전세문헌(伝世文献, 대대로 필사되어 송나라 이후는 목판본 등으로 간행되어 오늘날까지 전해진 문헌. 근년 출토된 자료와 대비되어 이렇게 부름)에서는 그다지 확실한 설명이 눈에 띄지 않습니다.

경지화가 진행되고 삼림이 감소했기 때문에 여우도 오소리도 줄었다는 것은 분명하게 말할 수 있습니다. 그러나 그것뿐만은 아닌 듯합니다.

춘추시대 노나라 선공 15(기원전 594)년 노나라에서 시작되었다고 여겨지는 과세 방식이 『춘추』에 기록되어 있습니다. '무(畝)'에 세금을 부과한다는 것은 어떤 의미인지 여러 가지 논의는 있지만, 요컨대 경작한 혹은 무언가를 심은 토지의 면적에 따라 곡물(근년의 출토문헌으로부터 추정하면 줄기나 잎도)을 징수한다는 의미인 것 같습니다. 이 사료는 종래 읍마다 대강의 주먹구구식으로 할당되어 있던 세금을 실제 땅의 측량에 기초하여 엄밀하게 징수하게 되었다는 측면에 주목하여 이해되어 왔습니다. 그것도 중요한 것입니다만 '7월'의 집락에서 곡물뿐만 아니라 연료나 지붕재, 견(絹)으로 만든 의복, 그리고 모피 코트도 공납했던 것과는 다른 면도 있어 보입니다. 노나라의 '초세무(初稅畝)'와 더불어 춘추시대 이후의 새로운 방식의 과세는 오패(五霸)로 불리는 진문공(晉文公) 때에 진에서도 시도된 것 같지만, 세부적인 내용은 불분명합니다. 그렇지만 이러한 개혁을 따라한 것으로 보이는 진(秦)에 대해서는 약간의 단서가 남아있습니다.

주나라가 근거지를 낙양(洛陽) 부근으로 옮긴 이후 관중을 지배한 것은 서쪽 지방인 감숙성(甘肅省) 부근에서 이주해온 진(秦)이었습니다. 진족(秦族)은 원래 말의 목축을 생업의 중심으로 하는 집단이었던 듯합니다. 춘추시대의 진나라 군주로 오패 중의 하나인 목공(穆公, 기원전 600년대 후반에 재위. 무공(繆公)으로도 표기)에 관해서 『사기』 진본기(秦本紀)에 다음과 같은 에피소드가 있습니다.

9월 임술일, (무공은) 진혜공(晉惠公) 이오(夷吾)와 한(韓)나라 땅에서 전투를 벌였다. (중략) 이때 기산(岐山) 아래의 '말을 잡아먹은 사람' 삼백 명이 진

환경으로 보는 고대 중국

(晉)나라 군대에 위험을 무릅쓰고 달려드니, 진(晉)나라 군대의 포위망이 풀어지니 마침내 무공은 탈출하였고 도리어 진(晉)나라 군주를 포로로 삼았다. (이렇게 된 것은 다음과 같은 인연에 의한다.)

예전에 무공이 좋은 말을 잃어버린 일이 있었다. 기산 아래의 야인(野人)들은 공동으로 이 말을 포획하여 잡아먹은 자가 삼백여 명이었다. 관리는 이들을 체포하여 법으로 처벌하고자 하였다. (그런데) 무공은 "군자는 축산(畜産)을 이유로 사람을 해하지 않는다. 나는 좋은 말고기를 먹고 술을 마시지 않으면 사람의 건강이 상할 수 있다고 들었다"라고 말했다. 그리고 모두에게 술을 하사하고 이들을 용서하였다. 삼백 명의 사람은 진(秦)나라가 진(晉)을 공격한다는 것을 듣고 모두 종군할 것을 청하였다. 그리고 무공이 곤궁에 처한 것을 보고 모두 무기를 들고 죽기를 각오하고 싸워 말을 먹게 해준 덕에 보답하고자 한 것이다.

이 일화가 역사적 사실로서의 신빙성이 있는지는 다소 의문이 있습니다만, 진(秦)의 일족이 목축민이었다면 동물의 관리에 관해서는 확고한 관습법이 지배하의 백성들에게도 있었을 것이므로, 비슬비슬 걷고 있는 주인이 보이지 않는 말이라고 해서 잡아먹었다는 사람들은 원래의 진족(秦族)은 아니고 오히려 수렵 채집민에 가까운 사람들이었을 것이라고도 생각할 수 있습니다. 이러한 사람들도 편입하여 확대해 나갔던 것이 진나라였습니다.

자로의 시대로부터 약간 내려간 전국시대, 진나라에 온 위앙[후에 상(商)이란 장소에 봉해져 상앙으로도 불림]이라는 정치가가 노나라와 삼진(三

Ⅲ. 『史記』商君列傳	Ⅲ. 『사기』상군열전
孝公既用衛鞅, …… 以衛鞅為左庶長, 卒定変法之令. …… 令民為什伍, 而相牧司連坐. …… 民有二男以上不分異者, 倍其賦. …… 僇力本業, 耕織致粟帛多者復其身, 事末利及怠而貧者, 挙以為收孥. …… 而集小郷邑聚為県, 置令丞, 凡三十一県. 為田開阡陌封疆, 而賦税平. ……	효공은 이미 위앙을 등용하고, …… 위앙을 좌서장(左庶長)으로 삼아 마침내 변법령을 정하였다. …… 민가를 열 집, 다섯 집으로 조직해 서로 감시하고 연좌의 책임을 지도록 하였다. …… 민가에 두 명 이상의 남자가 있는데 분가하지 않는 자는 그 세금을 배로 하였다. …… 힘을 본업에 다하도록 하고, 농사와 길쌈을 하여 곡식과 비단을 많이 생산한 자는 그 신역을 면제하고, 말리(末利)를 일삼거나 게을러서 가난해진 자는 모두 노비로 삼았다. …… 그리고 작은 향(郷), 읍(邑), 취(聚)를 모아서 현(県)으로 하고, 거기에 영(令)과 승(丞)을 두니 약 31현이었다. 전지를 정리해 밭 사이로 난 길과 경계를 개방하고, 그리하여 세금을 공평하게 하였다.

晋), 위(衛) 등 중원의 여러 나라에 비해 뒤져 있다고 여겨진 진나라의 정치를 개혁(상앙 변법)했다(기원전 300년대 후반)고 말합니다. 어쨌든 『사기』 십이제후연표(十二諸侯年表)에는 상앙 때 '초세화(初税禾)'라는 기록이 있습니다. 그대로 읽으면 이 시대가 되어 "진나라에서는 곡물에도 과세하게 되었다"라는 의미이므로, 앞서 소개한 노나라의 '초세무'와의 차이는 분명하겠지요.

이 개혁에 관해서는 지금까지 수많은 논의가 있었는데, 일본에서는 오로지 자료 코너에서 제시한 '위전개천맥봉강(爲田開阡陌封疆)' 등의 자구 해석을 중심으로 어떻게 경지 정리를 한 것인가와 같은 점에 관심이 집중되어 있습니다. 그러나 그 후에 이어지는 "그리하여 세금을 공평하게 하였다"라는 말도 문제라고 생각됩니다. 그 전에 있는 "민가에 두 명 이상의 남자가 있는데 분가하지 않는 자는 그 세금을 배로 하였다. …… 힘을 본업(本業)에 다하도록 하고, 농사와 길쌈을 하여 곡식과 비단을 많이 생산한 자는 그 신역을 면제하고, 말리를 일삼거나 게을러서 가난해진 자는 모두 노비로 삼았다"라는 문장도 가족 형태를 이른바 단혼소가족으로 편성한 것으로서 중요시되고, 확실히 여기서도 '세금'이 나옵니다. '세금'은 본래 군사물자의 조달을 의미한 것으로, 병량은 물론이거니와 무기 재료도 포함됩니다. 즉 성인 남자가 한 가정에 두세 명이 있다면 다양한 물품의 징수량을 배로 한다는 의미가 됩니다. 본업 즉 곡물 생산에 힘을 기울여, 속백(粟帛) 즉 곡물과 견직물을 많이 바칠 것을 장려하고 있는 것입니다. 이러한 '공고'를 내리지 않으면 안 되었다는 점은 곡물 생산만을 하고 있는 사람들이 비교적 소수파였기 때문은 아닐까요.

'사말리(事末利)'라는 말의 '말리'란 종래 후세의 '농본상말(農本商末)' 등의 성어에 영향을 받아서 상업이라는 의미로 해석되는 경우가 많았습니다만, 오히려 구위(裘衛) 일족의 후예인 수렵 채집을 업으로 하는 사람들이나 진족(秦族) 본래의 목축을 계속하고 있는 사람들이 많이 있다는 점에서, 그와 같은 비농업 전체를 가리킨다고 생각하는 편이 좋을 듯합니다. 수렵민은 이동을 일상적으로 하지만, 주 왕조 이래 수렵 장소의 권리를 간단하게는 내놓지 않은 사람들도 있었을 터입니다. 그러므로 경지 정리도 단순하게 종래의 경지를 재편성했다고 보기보다는, 큰 도로를 만들어 종래의 목축지나 산림 초원 등도 포함해 대규모의 구획 정리를 했다고 생각할 수 있습니다. 그래서 곡물을 생산하지 않고 수렵 채집이나 목축을 하는 사람들에 대한 과세는 엄격해졌고, 전체적으로 농민에 대한 과세를 고르게 하였다는 의미인 것입니다.

전술했듯이 이것은 전국시대 진나라에서 행해졌던 정치개혁이지만, 중원에 있던 몇몇 나라에서도 진나라만큼 철저하지는 않더라도 곡물 중심의 재정구조·통치방침을 채택하게 되었던 것은 앞서 언급한 '초세무'의 기록에 비추어보아도 확실합니다. 많은 지역에서는 계절마다 금령이라는 형태로 수렵 채집 활동에 제한을 가했던 것 같습니다. 수렵은 이제 왕의 특명을 받아 영위하는 왕조의 중요한 경제활동이 아니라 '말업(末業)'으로 평가되었던 것입니다.

이러한 법령이 나오면 곧 수렵도 불가능합니다. 여우도 오소리도 서주 시기에 비하면 손에 넣기 어렵게 되었던 것이지요.

환경으로 보는 고대 중국

금원(禁苑)의
야생동물 등급

이 진나라에서 후에 시황제가 나와 중국 통일을 완수합니다. 최근 여기 저기에서 당시 법률의 사본으로 생각되는 죽간·목간 등이 많이 출토되었습니다. 그것들에는 종래 전세문헌으로는 그다지 확실히 알지 못했던 수렵이나 목축에 관한 기술이 포함되어 있었습니다. 자료 코너에서는 그 중 호북성 운몽현 수호지에서 출토된 것과 운몽현 용강에서 출토된 율문(律文)을 제시하였습니다. 운몽현은 장강 유역으로 전국시대에는 대국 초(楚)나라의 영역입니다. 그러므로 이것들은 진나라가 초나라를 병합한 이후의 것이며, 동시에 진나라의 금원-곧 국가가 관리하는 삼림에 관한 법률이라고 생각할 수 있습니다. 특히 『용강진간』의 경우는 출토된 단계에서 부러지거나 썩어서 여기저기 흩어져 있던 것이 많아 전체적으로 어떤 법률 체계였는지는 아직 제대로 밝혀지지 않았습니다.

'수호지진율'의 074간은 '전율(田律)'이라는 장르로 분류되는 수렵과 관계된 법률입니다. 그래서 "일반적으로 금원에서 죽은 동물에 대해서는, 고기는 관리자 혹은 그 동물을 죽인 사람이 먹어도 좋으나 가죽은 국고에 납입하십시오"라는 의미입니다. 금원의 동물 살해에 관해서는 포획한 장소나 야수의 종류별로 상세하게 금지항목이 있지만, 이에 저촉하지 않는 경우라는 전제조건이 붙습니다. 피혁은 국가에게도 중요했다는 점을 알 수 있습니다.

더욱 구체적인 것이 『용강진간』입니다. 금원은 넓고 개중에는 맹수도 있었습니다. 그래서 32간에서는 "여러 금원 내에서 승냥이나 이리를 잡은 자는 처벌하지 않는다"라고 말하고 있습니다. 그러나 여기서는 생략한 33간에는 사슴이나 멧돼지·순록·노루, 덧붙여 여우 2마리를 죽인 자는 '완(完)'-머리를 삭발하는 형벌-을 주고, 성단(城旦, 남자)·용(舂, 여자)이라는 국가에 사역되는 비자유민으로 삼으라고 되어 있습니다. 국유재산을 침해한 셈이 되는 것이지요. 그런데 34간에서는 "승냥이·이리·야생돼지·오소리·여우·너구리·꿩·토끼를 죽여도 죄로 여기지 않는다"라고 적혀 있는 것입니다. 승냥이·이리에 관해서는 32간을 감안하면, 맹수이기 때문에 다른 동물이나 사람을 해칠 염려가 있으므로 포획을 인정했다고 이해할 수 있습니다. 그렇다면 다른 동물은 어떻게 된 것일까요. 대체로 모두 소형 짐승으로 많이 서식하고 있고, 33간에서 볼 수 있는 사슴류처럼 특별히 맛있는 것도 아니기 때문인 것은 아닐까요. 꿩은 지금은 맛있다고 여겨지지만 결국 새고기에 불과하며 양은 적고, 아무래도 진나라에서는 동물에 관해서 식품으로서의 고기 이용이 법률적인 등급 기준에 크게 영향을 받고 있었다고 생각됩니다.

그래도 여기에 '호학(狐狢)'이 등장하고 있습니다.

이것들은 법률 문서이므로 시대마다 개정은 있었을 것입니다만, 우선 진나라의 영역에 일률적으로 지시되었다고 봐야할 것 입니다. 즉 여우도 오소리도 자로의 시대부터 300년 정도 흐른 진 제국 무렵에도 동물로서는 그다지 드물지 않았다는 이야기가 되겠지요.

그러면 어째서 '호학(狐狢)'은 화려한 의상이라는 해석이 되는 것일까요.

『예기』옥조편(玉藻篇)의 동물관

시대를 좀 더 내려 한대(漢代, 기원전 206?~기원후 230년)에 성립한『예기』라는 정통파 유가 경전이 있습니다. 그 중 옥조편(玉藻篇)에는 상층 계급 의복의 다양한 규정이 있는데, 군주의 의상으로 여겨지는 것에 '호백구(狐白裘)'라는 말을 볼 수 있습니다. '호백구'란 여우의 겨드랑이 아래에 있는 새하얀 털만을 모아서 만든 갓옷으로, 군주는 여기에 비단으로 가장자리 장식을 합니다. 황색의 견직물로 테두리를 장식한 것도 있는 듯합니다. 이외에 '청구(靑裘)'라는 파란 털로만 된 '갓옷'도 고급품으로 여겨지고 있습니다. '사(士)' 신분인 자가 '호백구'를 입는 것은 금지되어 있습니다. 다른 동물의 모피에 비해 털이 길고 가볍기 때문에 더 따뜻하다고 여겨집니다.

　요컨대 고급품인 '여우나 오소리의 갓옷'이란 엄청나게 많은 수의 소형 동물을 죽여서 외투로 만드는 것입니다. 후세에 묘사된 그림을 참조하면 현대의 양장 코트와 다르게 통소매 같은 것이 아니라 긴 소매입니다. 성인 남자의 키에 맞춘다고 하면, 다섯 마리나 열 마리의 여우로 만들 수 있는 것이 아닙니다. 더욱이 얼마 안 되는 겨드랑이 아래 털만을 사용하게 된다면 수백 마리의 여우를 사용하게 되겠지요. 전국시대에는 제(齊)나라 맹상군(孟嘗君, ?~기원전 200년대 전반)이 이것을 진왕(秦王)에게 바쳤다는 일화도 있습니다. 또한 대체로 전국 시기에 나왔다고 생각되는 『관자(管子)』라는 책에는 이 '호

호구(狐裘)

백(狐白)'의 주요 일대 산지로서 '대(代)'라는 지명(?)이 기록되어 있고, 제나라 환공 시대의 재상 관중이 대나라를 멸망시키기 위한 책략으로서 대나라 사람들을 '호백' 수집에 집중시켜 다른 산업을 쇠퇴시키는 형태로 대나라를 공략했다는 일화도 있는데, 이것에 관해서는 제5화에서 이야기하겠습니다.

또한 「옥조」에는 육식에 관한 규정도 있는데, "임금(君)은 이유 없이 소를 죽여서는 안 되며, 대부(大夫)는 이유 없이 양을 죽여서는 안 되고, 사(士)는 이유 없이 개와 돼지를 죽여서는 안 된다. 군자는 주방을 멀리해야 하며, 무릇 혈기가 있는 것들을 몸소 도살하지 않는다"라는 문장도 있습니다. 특별한 제사·의례에서 소·양·돼지를 갖추는 '대뢰(大牢)'와 같은 제사 의례 규정도 있는데, 그와 같은 특수한 날이 아니라면 천자라도 소를 도살하지 않는다고 기록되어 있는 것입니다. 한대에 들어가면 어떻게 육식이 쇠퇴하며, '특수한 사례'로 취급을 받게 되는지 알 수 있

습니다. 전한 시대 경사스러운 일이 있을 때 황제로부터 일반 서민 여성에게 '소고기와 술'을 하사하는 일이 있었던 것에 관해서는 니시지마 사다오(西嶋定生)의 상세한 연구가 있는데, 그는 이것이 후한(기원후 25-220) 시대가 되면 매우 적어지게 된다는 점도 지적하고 있습니다. 밭곡식이 확대됨에 따라 소의 사육 두수가 격감해 나갔던 것으로 보입니다.

가축인 소에 대해서조차 이러하므로 '고기를 먹고 남은 것'으로도 볼 수 있는 모피의 이용은 야수의 경우 더욱 특별한 것이 되었던 것 같습니다.

이러한 후세의 의식이 자로의 행동 해석에도 영향을 주었다고 생각됩니다.

호학(狐狢)이란
무엇인가?

춘추시대 말기 자로의 이야기로 돌아갑시다.

『춘추좌씨전(春秋左氏傳)』 양공(襄公) 14년에 '여우 갖옷에 새끼 양 소매'라는 말이 보입니다. 의미는 '대부분이 선하지만 일부에 악이 있다'라는 것의 비유로 사용되고 있습니다. 즉 '여우 가죽을 이용한 화려한 몸통에 흔하고 볼품없는 새끼 양의 모피를 사용한 소매를 붙인 갖옷'이라는 의미입니다. 춘추시대에 가축인 새끼 양의 모피는 보편적으로 등급이 낮았다는 점을 엿볼 수 있습니다. 그리고 이러한 패치워크 식으로 모피를 이어 붙인 의복도 존재하고 있었다는 것을 알 수 있습니다.

자로 자신이 입고 있던 '해진 솜옷'은 확실히 변변찮은 의복일 것입니다. 그러나 과연 '호학(狐狢)을 입은 사람'이 정말로 고위 고관이나 혹은 부호였던 것일까요. 자로가 마음에도 두지 않았던 '호학'은 종래의 주석을 신경쓰지 않고 문자 그대로 여우와 오소리의 모피를 이어 붙인 것이라고도 읽을 수 있지 않을까요.

물론 상징적인 의미로 '전체 여우 갖옷이나 전체 오소리 갖옷'과 같은 고급품으로 이해하는 것이 보통입니다. 제나라 경공 무렵 명재상으로 이름이 높았던 안자(晏子)에게는 '여우 갖옷 30년'-한 벌의 여우 갖옷을 30년이나 입었을 정도로 검약가였다 - 이라는 에피소드도 있습니다(다만 이것 역시 한대 문헌인 『예기』임). 그러나 거꾸로 말하면 일국의 재상이라면 아무리 고급품이라도 30년씩이나 입지 않고 적당히 새로 맞추는 것이 '상식'이었던 정도의 물품이라는 말도 되겠지요.

여우 자체는 전술한 것처럼 진 시대가 되어서도 보편적인 동물입니다. 여우와 오소리 모피를 이어 붙여서 소매 없이 짧은 판초 같은 것으로 만든다면 그렇게 고급이라고는 생각할 수 없습니다. 오히려 구위 일족처럼 수렵을 생업으로 계속했던 사람들이 그러한 패치워크를 착용하고 있었을지도 모르는 일입니다.

그러나 수렵 채집·목축민은 춘추시대가 되면 '이적'으로 불리게 됩니다. 공자 자신은 '내이(萊夷)'에 대해 질타하고 동석을 거부했다는 에피소드도 전해집니다(단 이것은 외교상의 전술로서의 이야기임). '이적'으로 불리는 사람이라면 여우와 오소리의 패치워크 판초를 입고 있었을 가능성은 매우 큽니다. 그러니까 공자님은 '이적'을 경멸하고 있는데, 자로의 기질은 "너덜너덜한 옷을 입고 이적의 무리와도 아무렇지 않게 대등하게 사귀면서 부끄러워하지도 않는다"라며 야유했다는 이야기로는 읽을 수 없는 것일까요.

자, 이것은 조금 지나친 해석일 것입니다. 아마 고급 의복 재료인 '전체가 여우로 된 갖옷이나 전체 오소리 갖옷'을 뻔뻔스럽게 껴입고 있는 사람에 대해 '부끄러워하지 않았다'라는 종래의 해석이 옳을 것입니다. 하지만 그러면 그때 자로 자신의 심리는 어떠했을까요. 후세의 주석이 표방할 정도로 '사회의 지배층에 대해 꿋꿋하게 자신을 지켰다'라는 의미를 취할 수 있을지 어떨지 의문이 듭니다.

『사기』의 중니제자열전(仲尼弟子列傳)에서 묘사하는 공자와 처음 대면했을 때의 자로는 수탉의 깃으로 관을 만들어 쓰고 새끼 돼지 가죽을 허리에 늘어뜨리고 있었다고 합니다. '용맹을 좋아했으므로 그 상징이다'라고 후세 유학자는 해석하고 있습니다만, 약간 난처합니다. 수렵 혹은 목축업·도축업(한무제 시기에는 전문직이었음)에 가까웠을 가능성도 있지 않았을까요. 적어도 지식은 있고 편견은 없었을 것입니다. 그리고 여우와 오소리를 수십 마리나 죽여서 만든 갖옷에 그 잔혹함을 숙지하고 있던 자로는 그리 대단한 가치를 인정하지 않았던 것은 아닐까요. 부유한 사람을 '부러워하지 않는' 것이 아니라 잔혹한 모피를 착용할 정도로 '무신경함'을 업신여기고 있었을 가능성은 없을까요.

아니, 자로는 공자에 입문한 이래로 경건하게 그 가르침을 지켰다는 반론이 있을 것입니다. 그러나 만약 이 이야기가 공자의 가르침을 받아 주 왕조 복원을 이상으로 삼았다고 여겨지는 '예(禮)'를 배운 후의 일이라면, 더욱 비단으로 만든 의복의 '선진성' 쪽에 자부심을 가지고 있었을지도 모릅니다

일본에서도 『겐지모노가타리(源氏物語)』의 스에쓰무하나(末摘花)가 검은담비 가죽옷으로 추위를 견뎌내는 것을 "젊은 여자의 옷차림으로는 어울리지 않게 요란하다"라고 평하고, 초음권(初音卷)에서는 그 가죽옷을

"오빠 다이고(醍醐)의 아사리(阿闍梨)에게 바쳤으므로 춥다"라고 말하는 스에쓰무하나에게 겐지는 "모피는 추위를 피하는 데에 좋은 것이므로 출가할 때 드리는 것이 타당할 것입니다. 추우시다면 이 하얀 비단을 어떻게든 일곱 겹으로라도 포개어 입으십시오"라고 답하고 있습니다. 견당사를 폐지하고 국풍 문화가 화려하게 꽃피게 되면서 발해로부터 수입품이었다는 설도 있는 '검은담비 가죽옷'은 유행에 뒤떨어지게 되고, '모피 같은 것은 촌스럽다'라는 감각이 최신 유행으로 자리 잡으면서 부드러운 비단(물론 양잠의 산물)을 겹쳐 입는 것이 멋이 되었던 것입니다.

저 멀리 시간이 흘러 명대가 되면 만주족 왕조에 철저한 저항을 관철한 선산(船山) 왕부지(王夫之, 1619-1692)는 '이적'의 풍습을 '수의(獸衣)·음혈(飮血)'로 부르며 업신여기는 데 거리낌이 없었습니다. 거란·여진·몽골의 지배를 받으며 저항의 사상으로서 민족의식이 높아짐과 동시에 곡물을 먹고 견직물을 입는 것을 '중화'의 정통적인 방식으로 보는 사상은 강화되어 나갔던 것 같습니다. 자로가 '이적'을 낮게 보는 공자의 언행에 충실했다고 한다면 이러한 사고방식을 선취하고 있었던 것인지도 모르겠습니다.

그래도 또 하나 가능성이 있습니다. "저런 것을 입지 않아도 나는 춥지 않다"라고 생각하였을 경우입니다.

90년대 일본에서의 모피 쇠퇴에는 불경기나 동물보호운동과 같은 경제적, 사상적 영향뿐만 아니라 도시의 겨울에 모피 등이 필요하지 않게 된 온난화도 관계하고 있었습니다.

춘추 말기 자로의 시대에 화북은 점차 천천히 따뜻함을 회복하는 경향이 있었던 것입니다.

참고문헌

小倉芳彦, 『中国古代政治思想研究―『左伝』研究ノ_卜』 (青木書店, 1970)

原宗子, 『古代中国の開発と環境_『管子』地員篇研究』 (研文出版, 1994)

袁靖, 「論中国新石器時代居民獲取肉食资源的方法」 (『考古学報』, 1999年 第1期)

제4화

'그루터기를 지키는' 속사정

— 전국시대 중원의 개발과 철기 —

왜 밭에
나무 그루터기가

『한비자(韓非子)』 오두편(五蠹篇)에 있는 '그루터기를 지키는' 이야기는
중학교나 고등학교의 한문 교재로도 곧잘 사용되므로 알고 계신 분도
많을 것입니다.

송(宋)나라 사람으로 경지를 경작하던 사람이 있었다. 경지에는 나무의 그
루터기가 방치되어 있었다. 토끼가 달려와 그루터기에 부딪혀 목뼈가 꺾
여 죽고 말았다. 그래서 송나라 사람은 쟁기(가래와 같은 농기구)를 내팽개치고
그루터기를 꼼짝 않고 지켜보며, 또 토끼를 손에 넣기를 바랐다. 토끼는
물론 두 번 다시 얻을 수 없었고, 그는 송나라의 웃음거리가 되었다.

일반적으로 이 이야기의 우의(寓意)는 착실한 농경·곡물 생산을 내
던지고 우연히 토끼가 달려와 때마침 거기에 있던 나무 그루터기에 부
딪히는 일과 같은 보통은 있을 수 없는 '요행'을 바라서는 안 되며 사행

Ⅰ.『韓非子』守株	Ⅰ.『한비자』수주
宋人有耕田者. 田中有株, 兎走觸株, 折頸而死. 因釋其耒而守株, 冀復得兎. 兎不可得復, 以身爲宋國笑.	송나라 사람으로 밭을 가는 자가 있었다. 밭 가운데에 그루터기가 있었는데, 토끼가 달려가다가 그루터기에 부딪혀 목이 꺾여서 죽었다. 그래서 그 쟁기를 버리고 그루터기를 지키며 다시 토끼를 얻기를 바랐다. 토끼는 다시 얻을 수 없었고 그 자신은 송나라의 웃음거리가 되었다.

심을 갖는 것을 경계하자는 뜻으로 받아들여지고 있습니다. 『한비자』가 이 일화를 수록한 의도도 기본적으로 그와 같은 농업노동의 장려에 있었다는 점은 확실할 것입니다.

그러나 정말로 토끼가 경지로 달려오거나 나무 그루터기가 밭의 중간에 있는 등의 일은 '우연'한 일일까요.

송(宋)이라는 나라

춘추전국시대 송(宋)이라는 나라는 『사기』 송미자세가(宋微子世家) 등에 따르면 은왕(殷王)의 자손, 자세히 말하면 은 왕조 최후의 악명 높은 주왕(紂王)의 이복형인 미자개(微子開)라는 인물이 서주 초기에 은의 제사(선조를 제사하는 일)를 계승하기 위해 송(현재의 하남성(河南省) 상구(商丘) 부근) 땅에 봉건되어 등장한 나라라고 합니다. 미자개는 즉위했던 동생 주왕의 행실에 대해 여러 차례 간언을 하였지만 받아들여지지 않자, 기자(箕子)나 왕자 비간(比干) 같은 은나라 왕족과 상담해 망명하였는데 주왕이 주나라 무왕(武王)에 의해 멸망 당했을 때 무왕에게 예를 갖추고 항복하여 원래의 은 왕족으로서의 지위를 보장받았습니다. 이때 무왕이 은 왕조의 제사를 계승하기 위해 봉건한 것은 주왕의 아들 무경(武庚)이었지만, 무왕 사후 무경은 관숙(管叔)·채숙(蔡叔) 등의 구 은나라 세력과 함께 반란을 일으킵니다. 무왕의 뒤를 이은 어린 성왕을 보좌했다고 여겨지는 무왕의 동생 주공단(周公旦) 등에 의해 반란은 진압되었고, 미자개

환경으로 보는 고대 중국

는 무경 등을 대신해 은의 제사를 이어가게 되었다는 것입니다. 곧 송은 은 왕조의 문화 전통을 계승한 나라라고 말할 수 있겠지요.

　은의 제사, 문화 전통과 관련하여 제1화에서 이야기했던 것을 기억 하시나요. 은나라 왕은 사흘이 멀다 하고 사냥을 하고 있었지요. 그 획득 물을 제물로 바쳐 상제나 조상이나 산천에 비는 것이 왕의 중요한 역할 이었습니다. 송이 은나라의 제사를 이어받았다는 것은 당연히 그러한 의 례의 실행이 가능한 조건도 남아있었을 터인데, 사실 『이아(爾雅)』라는 고대 사전에는 각지의 '수(藪, 늪지나 덤불-역자)'를 비교한 항목 가운데 '송 에는 맹제(孟諸)라는 수(藪)가 있다'고 적혀 있습니다. '수'라고 하면 대개 경제적 가치가 부족한 잡목림이라는 의미가 있지만, 『이아』에서 말하는 '십수(十藪)'는 '초목과 어류가 풍부한 장소 열 곳'의 의미로 즉 풍부한 자 연 자원 획득이 가능한 미림(美林, 울창한 숲-역자)인 것입니다. 그래서 송 에서는 도읍 휴양(睢陽)에 가까운 이 맹제택(孟諸澤) 등을 이용하여 주나 라의 시대가 되어서도 송공(宋公) 일족에 의한 은 이래의 제사 지속에 필 요한 수렵이 행해지고 있었다고 생각할 수 있습니다.

　그러나 춘추시대는 수렵·채집경제를 통한 생활이 점차 곤란하게 되는 한랭기와 주족(周族)의 정치지배 방침 아래 송나라의 정치는 전체 적으로는 당연히 곡물 생산 중심의 경제정책, 구체적으로는 통치하는 읍 (邑)에 정량을 할당해서 곡물을 징수하는 정치방침으로 전환하고 있었다 고 생각됩니다. 춘추시대의 오패(五霸)에 누구를 꼽을 것인가에 관해서 는 여러 가지 설이 있지만, 그 한 사람으로 송양공(宋襄公)을 드는 의견도 있는 것처럼('송양지인(宋襄之仁)' 등으로 비꼬는 듯한 말도 있지만) 송나라가 일정 정도의 군사력·정치력을 가졌다고 생각할 수 있다면 아마도 그 배경에 곡물 생산의 발전도 어느 정도 생각하지 않으면 안 될 것입니다.

그렇다는 것은 곧 맹제택처럼 공적 관리가 실시되었을 미림을 제외하면, 꽤 많은 삼림에서 경지로 개발하기 위한 벌목이 시도되었다고 생각됩니다.

춘추시대 초기의
경지 정비

춘추시대 초기의 경지 개발에 관해서는 『춘추좌씨전』이라는 책에 유명한 정(鄭)나라의 재상 자산(子産, 기원전 500년대 전반)이 말한 일화로서 다음과 같은 기술(자료 코너 II 참조)이 있습니다.

　주나라 왕의 거처(굳이 수도라는 말은 사용하지 않고자 함. 당시 화북에 일정한 넓이를 가진 영역을 '국가'로 간주하고, 그 중심적인 도시를 '수도'로 칭하는 사고방식이 있었다고는 생각할 수 없기 때문임)가 관중(関中)의 호경(鎬京)에서 황하 중류의 낙읍(洛邑)으로 바뀌었을 때를 소위 동주(東周)의 시작, 즉 춘추시대가 시작된 시점으로 보고 있습니다. 그때 서주(西周) 말기에 호경 근처의 정이라는 나라에 봉해졌던 환공(桓公) 우(友)라는 사람이 낙읍의 동쪽에 새로운 정나라를 열었던 때의 이야기입니다. 정나라는 주나라 왕족의 분가이므로, 당연히 주 왕조 개벽 이래 주족이 예속시켜 왔던 은나라 유민(상(商)나라 사람)을 나누어 지배하고 있었습니다. 새로운 나라를 건설함에 따라 환공 우는 그들에게도 관중에서 정나라의 공족(公族)과 함께 낙읍 부근으로 이주하여 신도시 건설을 도와주도록 부탁했다고 합니다. 그리고 그 대가로서 유통업의 자주적 경영을 인정하기로 했다는 일화입니다. 이 일화는 은나라 유민을 나타내는 '상나라 사람, 곧 상인(商人)'이라는 말이 머천트(Merchant)·유통업자라는 뜻을 가리키는 '상인(商人)'이라는 말이 된 기원이라는 견해가 오지마 스케마(小島佑馬) 등에 의해서 주창되었듯이 유명한 에피소드입니다.

자료 코너

Ⅱ.『春秋左氏傳』昭公十六年 傳	Ⅱ.『춘추좌씨전』소공 16년 전
昔我先君桓公, 與商人皆出自周. 庸次比耦, 以艾殺此地, 斬之蓬·蒿·藜·藋而共處之. 世有盟誓. 以相信也. 曰, 爾無我叛, 我無强賈, 毋或丐奪. 爾有利市寶賄, 我勿與知. 恃此質誓. 故能相保, 以至于今. ……	옛날에 우리 선군 환공이 상나라 사람과 함께 주나라에서 나왔다. 번갈아 교대하면서 서로 합작하여 이 땅을 말끔하게 하고 봉(蓬)·호(蒿)·여(藜)·조(藋) 등을 베어 함께 여기에 거처하였다. 대대로 맹세하였으므로 서로 신뢰하게 되었다. 말하기를 너희가 나를 배반하지 않는다면, 나도 억지로 사지 않고 구걸하거나 빼앗을 일이 없을 것이며, 너희에게 팔아서 이익이 되는 진귀한 물건이 있더라도 나는 알려고 하지 않을 것이라고 하였다. 이 맹세를 믿었기 때문에 능히 서로를 보호하며 지금에 이르렀다. ……

새로운 마을을 건설하는 작업에 관해, 정공(鄭公) 일족도 상나라 사람들도 모두 함께 늘어서서 번갈아 가며 이 토지의 풀베기를 하고 쑥과 명아주 등의 초류(草類)를 베었다고 기록되어 있습니다. 『춘추좌씨전』은 언제 만들어졌는지 논란이 있는 책이지만, 대개 전국시대에는 그 기초적

인 문헌이 완성되었을 것이라고 보는 생각이 근년에는 유력합니다. 그래서 이 글에 사용된 문자에 그다지 연연할 필요는 없을지도 모릅니다만, 적어도 여기서는 정나라가 새로운 시가지를 만든 장소는 초원이었다고 기록되어 있다고 말할 수 있겠지요. 제1화에서 말씀드렸듯이 새로운 정나라 부근은 신석기시대 벼농사도 행해졌던 장소인데, 그것도 어쩌면 하천을 따라 초지(草地)가 펼쳐져 있어 논을 조성하기 쉬웠기 때문일 것입니다. 그도 그럴 것이 춘추시대까지 사람들이 사용하는 대부분의 도구는 석기였습니다. 은나라와 주나라 왕의 제사에 사용된 청동기는 엄청나게 강대한 권력을 집중시켜 많은 공인을 사역해 제조된 것으로, 특수하고 귀중한 도구입니다. 청동제의 도끼도 약간은 출토되었지만, 제사나 의식용이었던 것으로 추정됩니다. 그래서 통상적인 토목공사나 개간을 할 때 돌도끼나 돌칼과 같은 칼로 베어지는 식물은 부드러운 풀 종류였을 것입니다. 따라서 개간할 수 있는 토지에도 제약이 있어 초원이었던 곳이 우선적으로 농지로 변모했다고 봐야 합니다.

그런데 전국시대가 되면 사정은 크게 바뀌었습니다. 철기 사용이 보편화되었던 것입니다. 철기 보급은 일반적으로 '농업 생산력의 향상을 초래했다' 등으로 이야기되는 경우가 많은 것 같습니다. 실제로 장기적으로는 그러한 기능이 있었습니다. 다만 철제 가래와 팽이 등의 농기구로 토지를 깊게 갈아서 곡물의 작황이 좋아지는 효과가 출현하기 이전에, 철은 우선 삼림의 수목을 베어 쓰러뜨리는 도끼로서 활용되었던 것입니다. 그래서 『묵자(墨子)』라는 책에는 '송나라에 장목(長木, 커다란 나무)이 없다' 등의 말까지 남아 있을 정도로, 전국시대 말기쯤 되면 송나라의 삼림은 베어 쓰러져 버렸습니다. 평탄한 지형이 벌채의 속도를 높였을 것입니다. 그렇게 맹제택도 소멸되어 간 것 같습니다(이 『묵자』의 기술은 역으로 『묵자』 성립 시점에서는 제나라나 연나라, 진나라와 같은 중원 이외의 지역에서는 큰 나무가 남아있었다고 추정케 하는 재료가 되기도 함).

토끼는 어디에서?

그러면 '그루터기를 지키는' 이야기로 돌아가 봅시다.

송나라 사람은 전(田), 즉 경지를 일구고 있었죠. 중국 고전에서 나오는 '전(田)'이라는 문자는 일본에서의 용법과 달리, 우선은 '구획된 토지'를 의미하며(그래서 옛날에는 토지에 줄 같은 것을 펼쳐 수렵 구획을 확정하고 사방에서 사람들이 늘어서서 짐승을 모는 것, 곧 수렵을 '전'으로 불렀음), 이윽고 '구획된 경지'의 의미 혹은 경작 노동 그 자체를 보여주는 문자가 되었습니다. 그러므로 여기서 말하는 '전'은 기타하라 하쿠슈(北原白秋)가 아주 적절하게 해석하고 있듯이, '시원한 수수밭'으로 만들려고 한 밭이었을 것입니다. 일본어의 '전'이 보통 논을 의미하는 것과는 다릅니다.

그렇다면 왜 그 밭 안에 나무 그루터기 같은 것이 있었던 것일까요. 그렇습니다. 이곳은 원래 나무가 자라고 있던 장소, 곧 삼림이었을 것입니다. 개간지용 농기구를 사용했는지, 혹은 그루터기 같은 것은 경작을 시작하기 전에 태워 버렸는지(삼림을 태워 개간했다는 이야기는 중국 고전에서도 신화적 설화 속에서 흔히 언급되고 있음) 분명하지 않지만, 대부분의 나무 그루터기는 밭으로 만드는 과정에서 제거되었겠지요. 그렇지만 아무래도 이 '송나라 사람'은 원래 좀 대충대충 하는 버릇이 있었던 것인지 치우지 않은 그루터기가 남아있었던 것 같습니다. 이런 일은 철기로 삼림을 벌채하여 조성한 경지가 아니면 일어날 수 없습니다. 새로운 정나라가 건설된 초원과 같은 장소라면, 깔끔하게 정비된 밭에 일부러 나무 그루터기를 가져와서 내버려 두었다고는 조금도 생각할 수 없겠지요.

자, 거기에 토끼가 뛰어왔다는 것인데, 이 토끼는 어디에서 왔던 것일까요. 물론 당시에는 동물원이나 초등학교의 사육 시설 같은 것은 없습니다. 토끼의 생태는 초원에 사는 것, 삼림에 사는 것 등 종에 따라 다양하지만, 나무 그루터기가 있는 줄도 모르고 문자 그대로 '매우 빨리 달아나는 토끼처럼' 달려왔다면, 이리나 호랑이 같은 맹수에게 쫓겨 도망쳐 온 것은 아니었을까요. 곧 이 경지의 인근에는 토끼 혹은 맹수까지 서식할 수 있는 삼림이나 초원이 잔존해 있었다고 이해할 필요가 있습니다. 곡물 생산의 중요도는 증가했지만, 맹제택과 같은 저명한 공적 삼림뿐만 아니라 인가 근처에 언제까지고 삼림이 남아있는 것은 송나라가 은나라의 문화를 계승해 수렵·채집 가능한 삼림의 벌채가 다른 제후들의 나라에 비해 늦었기 때문일지도 모릅니다.

게다가 사람의 마음은 그렇게 간단하게 생활 습관이나 생활 방식을 바꿀 수도 없는 것입니다. 송나라의 군주로부터 곡물을 납입하라는 명령을 받았으므로 백성들은 곡물을 생산할 수밖에 없습니다. 그러나 경지를 갈고 씨를 뿌리며 잡초를 제거하고(이것이 뒤에서 설명하듯이 엄청나게 힘든 일임! '김매기'는 '피곤한' 일의 대표격으로, '아첨꾼 무리들과 교제하는 것은 여름의 김매기보다 피곤하다'고 증자(曾子)가 말했다고 『맹자』에 적혀 있음) 추수를 기다리는 것은 상당히 끈기를 요하는 생활입니다. 적어도 오늘 일한 성과를 오늘 얻을 수 있는 것은 아닙니다. 씨를 뿌린 이상 그것을 수확할 수 있게 되기까지 정주하고 있어야 하므로, 선뜻 여행하는 것은 무리입니다(그런 자유도 주어지지 않았던 사람이 많았던 것 같음). 운 좋게 풍작이 되더라도, 그 수확물을 다음 1년 동안 먹고 살 수 있도록 생활의 계획적 관리도 필요합니다.

이에 비해 재빨리 사냥감을 발견하고 뛰어난 신체 능력과 기술을 구사하여 사냥의 수렵물을 찾는다면, 성공하면 적어도 그날의 음식은 얻을 수 있습니다. 어디로 가는 것도 자유, 사냥감을 쫓아 서쪽으로 동쪽으로 다니는 생활이겠지요. 다만 수렵물을 얻지 못하면 굶어 죽게 되는 '자유'와도 이웃하고 있습니다만. 안정적 농업 생산을 실현하려면 이러한 수렵 생활과는 다른 마음가짐이 필요한 것입니다.

그런 현실에 친숙하지 않은 사람도 송나라에는 제법 있었던 것은 아닐까요.

토끼가 나무 그루터기에 부딪친다는 것은 확실히 드문 일이겠지만, 토끼가 있을 법한 장소에 나가서 사냥을 하는 것은 그다지 무리한 일은 아닙니다. 그런 장소가 근처에 있기만 하면, 그리고 밭일 쪽을 조금 쉬면요. 근년의 고고학 성과에 의하면, 한대(漢代)가 되어서도 농민의 거주지로 여겨지는 장소에서 출토되는 동물의 뼈에는 가축 이외의 야생동물의 뼈가 상당히 섞여 있는 것 같습니다. 곧 농민도 야생동물의 수렵을 통해 영양을 보급하고 있었다는 뜻입니다.

　또 조금 시대가 내려간 전국시대 말기의 정황을 전하고 있다고 여겨지는 '수법·수령 등 13편(守法·守令等十三篇)'으로 가칭되는 문헌이 산동성(山東省) 은작산(銀雀山)에서 출토되었는데, 거기에서는 농민이 수렵에 나가기 좋은 날이 지정되어 있고, '휴가' 취급을 하고 있습니다. 후대로 갈수록 수렵을 하는 습관에 대한 압박은 심해졌고, 농민은 연중 경작에 종사하라는(국가가 징수하는 곡물 생산에 집중하라는 의미가 됨) 정치방침이 철저해진 것 같습니다.

동아시아 농업의
'어려움'

그래도 '7월'의 마을 사람들은 적당히 즐겁게 곡물 생산에 몰두하고 있었던 것처럼 읽을 수 있었죠. 배를 채우는 밥도 제사에 빠질 수 없는 술도 곡물로 만드는 것이니까요. 위정자가 강제적으로 농업 생산을 장려해야 하는 사태는 왜 생겨났을까요.

물론 세금으로서 곡물을 징수한다는 것이 백성에게 부담이 되긴 했겠지요. 하지만 그뿐만 아니라 서구 등과 달리 중국을 비롯한 동아시아 일대의 농업은 '어려웠'습니다. 그것은 앞에서도 잠시 언급했듯이 '김매기'가 중노동이었기 때문입니다. 동아시아 몬순 지대에서는 여름에 비가 내립니다. 이를 이용해서 벼, 조, 수수가 자라는 것인데, 동시에 잡초도 자랍니다. 이에 비하면 서구에서는 겨울이 우기입니다. 그래서 밀을 재배하는 것입니다. 겨울에는 그다지 잡초가 생장하지 않습니다. 그러므로 서구의 제초는 말 등의 가축을 이용하여 여름의 끝자락에 잡초째 흙을 갈아엎고 잡초를 녹비(綠肥, 충분히 썩히지 않은 생풀 등으로 만든 거름-역자)로 만들어 버리면 되기 때문에, 일찍부터 축력 이용이 발달했습니다. 그런데 동아시아에서는 그렇게 되지 않습니다. 잡초가 자라는 여름, 밭에는 이미 곡물의 모종이 자라고 있는 것입니다. 그래서 작물을 다치게 하지 않도록 하나하나 손으로 제초하지 않으면 안 됩니다. 그러므로 농업 자체는 매우 빨리 발달했지만, 가축 이용은 근대가 될 때까지 그다지 진척되지 않았습니다. 이처럼 수작업을 필연으로 하는 노동의 모습을 니시야마 다케이치(西山武一)는 '동아시아 농업의 몽고반점'이라고 불렀습니다.

게다가 삼림이 감소한 후의 화북에서는 더욱더 필요한 노동이 증가하였습니다. 삼림이 없어지면 그 지역은 공기도 건조해지기 때문입니다.

화북 대부분의 장소에서는 흔히 '황토'라고 불리는 토양으로 덮인 곳이 많은데, 이것이 심상치 않습니다. 일반적으로 '황토'라고 부르는 토양은 따지고 보면 현재의 청장고원(青藏高原) 부근이 히말라야 산맥의 융기에 따라 건조해지고 흙의 토층부분이 바람을 타고 화북으로 쏟아져 내린 것입니다. 바람에 탈 정도로 미세한 입자이기 때문에 균질한 퇴적이 이루어집니다. 그래서 토양 속에 모세관이 생기는 것입니다. 지표의 공기가 건조하면 이 모세관을 통해 지하수가 상승하여 공기 중으로 증발합니다. 식물에 필요한 수분은 이렇게 해서 점점 사라지고 마는 것입니다. 또한 몇몇 중국사 관련 개설서에 '황토는 비옥하다'라는 식의 기술이 있다는 것을 알아차리신 분도 있겠지만 이것은 오해입니다. 이 오해의 뿌리는 깊고 리히트호펜(Richthofen)이라는 19세기 말 학자의 가설에서 비롯된 것인데, 이 문제에 관해서는 매우 복잡하므로 깊이 들어가는 것을 피하도록 합시다.

환경으로 보는 고대 중국

그래서 화북에서는 춘추시대 무렵부터 이를 막기 위해 '곰방메' 작업이 밭을 만드는 공정에 더해졌습니다. '곰방메'라는 것은 옆의 그림과 같은 도구입니다.

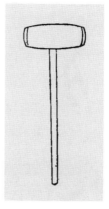

곰방메

『논어』미자편(微子篇)에 장저(長沮)와 걸익(桀溺)이라는 인물이 함께 경작('우경(耦耕)'이라고 표현하고 있음)하고 있는 곳을 마침 공자 일행이 지나면서 나루터를 물었다는 이야기가 있습니다. 물으러 간 자로에게 두 사람은 대답해 주기는 커녕 걸익은 '곰방메' 작업을 하는 손을 멈추지도 않았다는 표현이 남아 있습니다.

'곰방메' 작업이란 개간한 땅의 흙덩어리를 쳐서 깨뜨리는 작업을 말합니다. 습윤한 지역에서는 생각할 수 없습니다만, 화북은 앞에서 말했듯이 미세하고 균질한 입자로 이루어진 토양이기 때문에 파낸 흙을 방치하면 덩어리 채로 굳어 햇볕에 말린 벽돌같이 되어 버리고 맙니다. 이를 막기 위해 '곰방메'로 부수어 잘게 흩뜨려진 흙을 파낸 후 홈에 파종한 씨앗에 뿌립니다. 이렇게 하면 단지 토양의 입자가 촘촘하게 되는 것뿐만 아니라 씨앗이 뿌려진 지층과 지표면 사이에 잘게 부서진 토양입자가 덮이게 됩니다. 이를 통해 지하로부터 이어지는 모세관은 절단되고 지하수의 상승을 막을 수 있게 되는 것입니다.

위진남북조 이후(4세기경~)가 되면 이 작업은 써레와 번지 같은 가축에게 끌게 하는 도구로 하게 됩니다. 하지만 춘추전국에서 한대까지는 수작업이 필수였습니다.

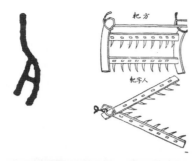

이런 작업까지 해야만 하니 화북의 농경은 얼마나 어려운 일이었을까요. 멀리 보이는 숲으로 도망치고 싶어 하는 사람이 있어도 이상하지 않았을 것입니다.

자, '송나라 사람'은 '쟁기를 내팽개쳤던' 것이었지요. '쟁기'는 그림 왼쪽 위와 같은 도구입니다. 아주 옛날에는 나뭇가지에 석기의 날을, 이후에는 철기의 날을 붙여 맞은편 쪽으로 밀면서 흙을 밀어젖히는 도구로 여겨지고 있습니다. 일본의 수작업 농구 괭이가 맞은편에서 자기 쪽으로 끄는 동작인 것과는 반대의 움직임이 됩니다. 저는 '송나라 사람'은 이것 하나만을 가지

왼쪽 위: 갑골문 '뢰(耒)' **오른쪽 위**: 위진 시기 이후의 가축 색인용 정지(整地) 용구 (써레) **가운데**: 가욕관(嘉峪関) 벽화 벽돌의 써레 **아래**: 현대의 써레

고 있었고, 곰방메 같은 것은 준비하지도 않았던 것이 아닐까 생각합니다.

왜냐하면 이 경지는 삼림을 벌채해서 조성된 직후였고, 게다가 근처에 삼림이 남아 있었다고 볼 수 있기 때문입니다. 삼림이었던 토지에는 수목 벌채 후에도 일정 기간은 유기질이 남습니다. 마른 잎·시든 나뭇가지나 동물의 분뇨, 혹은 곤충과 같은 작은 동물의 유해 등이 토양에 포함되어 있으면 그것들이 분해되어 부식(腐植)이라는 검은 물질이 됩니

환경으로 보는 고대 중국

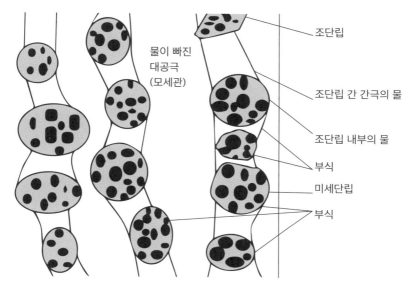

단립구조 개념도(토양입자가 정렬되면 대공극이 모세관이 된다)

다. 이 부식에는 흙의 입자와 입자를 이어 경단같이 폭신하고 둥글게 뭉친 상태(단립구조라고 함)로 하는 작용이 있는 것입니다. 그래서 촘촘하고 균질한 토양입자라도 입자와 입자가 부드럽게 뭉쳐 수분을 유지할 수 있습니다. 토끼가 살고 있을 것 같은 삼림이 가까이에 있으면 공기도 그렇게 건조하지 않습니다. 그러한 장소에서는 '곰방메' 같은 것은 필요하지 않은 것입니다. '송나라 사람'은 처음부터 손쉬운 경작이 가능한 상황에 있었다고 말할 수 있겠지요.

　그에 비해 공자 일행이 장저·걸익에게 나루터를 물어본 장소는 강 근처였을 터이므로 본래부터 강변으로 초원이나 습지였던 곳이겠지요. 그러한 곳에 만든 경지는 삼림을 벌채해서 만든 경지보다 빨리 유기질이 소실되고 건조해지므로 '곰방메'가 필요하게 됩니다.

'곰방메'가 필요하지 않은 농업은 송나라에서도 그렇게 오래 계속되지는 않았을 것입니다.

'그루터기를 지키는' 일의
출현 조건

이 이야기의 '송나라 사람'은 '송나라의 웃음거리가 되었다'라고 『한비자』는 기록하고 있습니다만, 실은 송나라의 주민이 우습게 여겼던 것이 아니라 송의 지배 아래 있던 사람들은 이와 같은 인물을 우습게 여겨야 한다고 『한비자』의 집필자가 생각하고 있었던 것은 아닐까요.

수렵 채집 문화를 언제까지고 소중히 여기고 있어 좀처럼 경지화가 진전되지 않고 곳곳에 삼림이 잔존하며, 주민의 기풍도 어쩌면 '한 방의 역전'을 노리듯이 기회를 기다리는 버릇이 있어 꾸준히 밭일에 힘쓰는 착실한 생활에 익숙하지 않은 사람들이 많은 그런 기풍이 남아있는 지역의 풍습을 『한비자』는 지긋지긋한 것으로 받아들이고 있었던 것은 아닐까 생각됩니다. 『한비자』는 아시다시피 이른바 '법가'의 사고방식을 모은 책으로 알려져 있고, 그 주장으로서 사람들을 일원적·통제적으로 지배하려는 입장이 관철되어 있다고 볼 수 있기 때문입니다.

이 일화 혹은 창작 설화는 현대에도 전국 도처의 농촌에 '마을 산'

이 남아있어 경지에 야생동물이 나타나는 것이 당연하다고 여기는 일본 열도와 같은 환경 속에서 살아가는 우리에게는 조금 떠올리기 어려운 배경에서 나왔다고 생각합니다. 즉 철기의 보급이 삼림벌채의 진행과 경지 개발의 심화를 낳고, 야생 동물이 서식할 수 있는 장소도 감소 추세를 보이는 전국 시기의 환경 변화가 발생하며, 그러나 아직 토양이나 공기가 건조해지지 않은 경지가 남아있는 단계에서 그 환경 변화와 그에 대응할 수 없는 인간 마음의 당혹감이 교착한 미묘한 전환점의 시대가 아니라면 생겨날 수 없는 이야기이지 않을까요. 말하자면 화북의 환경 변화 속에서 어느 한순간에만 엿볼 수 있는 '인간과 자연환경의 갈등'의 옆모습이었다고 느낄 수 있습니다.

다시 말하면 원래 송나라에 삼림이 있었고 철기의 보급과 경지 개발 등이 그것을 소멸시켰다는 전제조건이 없으면 송의 경지에 나무 그루터기도 토끼도 출현하지 않았을 것이므로, 결코 우연의 산물은 아닙니다. 게다가 바로 다음 시대에는 이러한 상황마저 소멸되고 마는 한순간을 포착한 이야기인 것입니다.

환경으로 보는 고대 중국

참고문헌

小倉芳彦訳,『春秋左氏伝』上·中·下 (岩波文庫, 1988-89)

岩田進午,『土のはなし』(大月書店, 1985)

제5화

사실은 무서운(?) '일촌일품(一村一品)' 정책

— 춘추시대~한대 제(齊)나라의 특수성 —

고대의 거주 공간

고대 중국이라고 한마디로 말해도 춘추시대에 '국(國)'은 300여 개가 있었다는 설, 아니 400여 개를 상회했다는 설도 있으며, 그 나라들이 흩어져 있던 지역도 상당히 광범위했으므로 각각의 '국'의 입지 환경도 다양했습니다. 또한 '国'이라는 문자의 정자는 '國'으로 입구(口)자 속에 창과(戈, 무기의 상징)자와 또 입 구(口)자와 줄표 一를 모두 조합한 형태인데, 이 마지막의 '口 + 一'의 의미에 관해서는 '노리토(祝詞, 신 앞에 고하는 축문 또는 제문-역자)를 넣은 상자를 바치는 형태'로 보는 설이나 '제사를 지내는 토단(土壇)'으로 보는 설 등 일정하지 않지만 제사를 의미한다고 생각하는 점에서는 공통점이 있습니다. 즉, 성벽(토담) 안에 전쟁과 제사를 공동으로 행하는 사람들이 거주한다는 의미를 나타내고 있는 것입니다. 정주하는 장소를 칭하는 단어로서는 제3화에서 언급한 '읍(邑)'이라는 문자도 있고, '읍'과 '국'의 의미 차이에 관해서는 논의도 있지만 그바깥에는 당연히 삼림 초원이 펼쳐지고 그곳을 생활 영역으로 하는 사람들도 있었던 것이지요(그 사람들의 거처를 '락(落)'이라든가 '부락(部落)' 등으로 일컫는 문헌도 있음). 그러한 삼림 초원 속에 '국'이나 '읍'을 거주지로 하는 생활 스타일의 사람들이 진출하여 주둔한 곳이 서주(西周)에서 춘추시대의 화북이었습니다. 전국시대에는 '국'의 내부만이 아니라 외부의 삼림·초원도 유력한 '국'이 전체적으로 지배하게 됩니다. 이러한 지배를 했던 국가를 통상 '영역국가'라고 부르며, '주도(主都)'격인 도시도 출현했습니다. 그중에 서주 초기부터 전국시대 말까지 일관되게 '대국(大國)'이었던 것이 동쪽의 산동반도를 근거지로 세력을 확대해 나갔던 제(齊)나라였습니다.

자료 코너

Ⅰ.『史記』貨殖列傳
齊帶山海, 膏壤千里, 宜桑麻, 人民多文綵·布帛·魚鹽. 臨菑亦海岱之閒一都會也.

Ⅱ.『漢書』地理志
古有分土, 亡分民. 太公以齊地負海舄鹵, 少五穀而人民寡, 乃勸以女工之業, 通魚鹽之利, 而人物輻湊. 後十四世, 桓公用管仲, 設輕重以富國, 合諸侯成伯功.

Ⅰ.『사기』화식열전
제나라는 산과 바다를 끼고 있고, 비옥한 땅이 천 리에 이르며, 뽕나무와 삼을 기르기에 알맞고, 백성들의 다수는 무늬가 있는 옷감·베와 비단·생선과 소금을 생산한다. 임치 역시 바다와 태산 사이의 한 도회지이다.

Ⅱ.『한서』지리지 과부
옛날에는 땅을 나누는 일은 있어도 백성을 나누는 일은 없었다. 태공은 제나라 땅이 바다를 끼고 있어 염분이 많아 곡물 수확이 적고 백성도 적었으므로, 이에 길쌈과 같은 여자들의 일을 권장하고, 생선과 소금의 이익을 통해 사람들을 모았다. 그 후 14대가 지나 환공이 관중을 등용하고, 일의 경중을 둠으로써 나라를 부유하게 하며, 제후들을 규합하여 패자가 되었다.

…… 故其俗彌侈, 織作冰紈綺繡純麗之物, 號為冠帶衣履天下. …… 初太公治齊, 修道術, 尊賢智, 賞有功, 故至今其土多好經術, 矜功名, 舒緩闊達而足智. 其失夸奢朋黨, 言與行繆, 虛詐不情, 急之則離散, 緩之則放縱. 始桓公兄襄公淫亂, 姑姊妹不嫁, 於是令國中民家長女不得嫁, 名曰「巫兒」, 為家主祠, 嫁者不利其家, 民至今以為俗. 痛乎, 道民之道, 可不慎哉.

…… 그러므로 그 풍속은 점점 사치스러워져 얇고 광택 있는 아름다운 채색 비단을 직조하니, 천하에 제나라의 모자, 허리띠, 의복, 신발이 퍼지게 되었다. …… 처음 태공이 제나라를 다스릴 때 도술을 닦고 현명하고 지혜로운 자를 존중하며, 공이 있는 자에게 상을 내렸다. 그러므로 지금에 이르기까지 그 땅의 많은 이들이 경술을 좋아하고 공명을 자랑스러워하며, 느리지만 활달하고 지혜롭다. 그들의 결점은 붕당을 뽐내고, 말과 행동이 서로 다르며, 거짓으로 속이고 인정사정 볼 것 없다. 사정이 다급해지면 곧 뿔뿔이 흩어지고, 느긋해지면 곧 방종에 빠진다. 처음에 환공의 형 양공이 음란하여 여자들을 시집보내지 않았는데, 이리하여 나라 전체에 명해 민가의 장녀가 시집가지 못하게 하였고, 이들을 '무아'라고 이름 하였다. 가문을 위해 제사를 주관하고, 시집가는 것은 그 가문에 이롭지 않은 것이라고 하였다. 백성들은 지금까지도 풍속으로 하고 있다. 애처롭구나, 백성들을 이끄는 일은 신중하지 않으면 안 된다.

환경으로 보는 고대 중국

제나라의 자연환경과
사회구성

제4화에서 언급한 송나라는 황하 중류 유역의 중원(中原)이라고 부르는 지역에 있는 나라인데, 그 북쪽에는 공자가 태어난 노나라가 있고, 제나라는 다시 신령한 태산을 사이에 두고 조금 떨어진 동쪽에 있습니다. 주나라 초 무왕의 장인에 해당하는 태공망(太公望) 여상(呂尙, 강자아(姜子牙))은 제에 봉함을 받아, 내이(萊夷)라 불리는 토착민들과 싸워 근거지를 만들어냈다고 전해지고 있습니다. 전국시대에는 태산 동쪽의 교동(膠東) 반도 일대는 물론 서쪽으로도 영역을 확대하는 대국이 되었습니다. 그런데 그 토지에 대해서 사마천의 『사기』는 자료 Ⅰ에서 보듯이 '고양천리, 의상마(膏壤千里, 宜桑麻)', 곧 기름지고 촉촉한 토양이 천리나 이어지고 뽕나무나 삼의 재배에 적합하다고 서술하고 있습니다. 뽕나무나 삼을 재배하고 있으므로 당연히 직물업이 융성할 만하며, 사람들이 많이 종사하는 산업으로서 '문채포백(文綵布帛)'이라는 것은 무늬를 염색하거나 수를 놓은 삼베나 견직물의 생산이라는 의미입니다. 물론 바다로 둘러싸인 반도라는 지리적 조건에서 어업이나 제염업도 성하였습니다.

직물업과 해산물이 풍부한 산업구조를 반고(班固)의 『한서』도 거의 동일하게 묘사하고 있는데, 여기에서는 그 이유로서 '부해석로(負海舄鹵)'라는 조건을 들고 있습니다. '노(鹵)'는 생소한 글자일 텐데요. 지면에서 소금이 뿜어져 나와 지표에 점처럼 굳어 있는 상태를 표현하는 글자입니다.(오른쪽 사진) '석(舄)'이란 간석(干潟)의 의미이므로 '부해석로'란 바닷가의 토지로 해수가 침투해 흙 속의 염분이 증가하게 되면서 출현하는 알칼리성 토지·소금땅이라는 의미가 됩니다. 즉 일본에서는 하치로우가타(八郞潟, 아키타현 중서부에 있는 호수-역자) 등과 같이 바다를 매립해 조성한 토지 이외에는 거의 이러한 토양은 볼 수 없습니다. 그런데 중국에서는 일본에 비해 건조한 장소가 많고, 바닷가가 아니더라도 소금이 뿜어져 나오는 토양이 있습니다. 엄밀히 말하면 바닷가의 소금땅과 내륙부의 알칼리성 토지는 성질이 다르지만 여기서는 더 깊이 들어가지 않겠습니다. 일반적으로 고전 문헌에 기록된 '석로'라는 문자는 '작물이 자라지 않는 황무지'라는 뉘앙스를 표현하고 있는 경우가 많습니다.

즉 같은 제나라 토지의 경제 지리적 조건을 사마천은 비옥한 토지가 많기 때문이라고 보는 반면, 반고는 황무지가 많기 때문이라고 정반대의 인과관계를 말하고 있는 셈입니다.

그 원인에 관해서는 여러 가지로 생각할 수 있습니다만, 개인적으로는 대체로 다음과 같이 생각하고 있습니다.

제나라의 자연환경은 물론 시대에 따라 변화했지만 전한 200년 정도 사이에 토양 분포가 크게 달라진 모습은 없습니다. 산동반도는 쥐라기에는 해저였던 것 같고, 중
앙의 구릉지대는 단단한 석
회암 산이 주를 이루고 있습
니다. 풍화가 진행되어 그 최
고봉인 태산으로부터의 경관
등을 보는 한, 완만한 구릉지
대라는 인상을 받지만 산은

석로

산입니다. 전근대의 기술로는 쉽게 깎아낼 수 없는 지형, 지질의 지역인
것입니다. 게다가 바다로 돌출되어 있으므로 반도 중앙을 동서로 가로지
르는 산지의 북쪽과 남쪽에서는 습도가 다릅니다. 중앙의 구릉산지에 부
딪힌 해풍은 비를 뿌리고 빗물을 침투시켜 곳곳에 맑은 물이 샘솟습니
다. 반도의 돌출된 끝부분인 노산(勞山)에서 생산되는 미네랄워터가 개
인적으로 중국산 중에서 가장 맛있다고 생각할 정도로 제남시에는 탄산
을 포함한 샘물까지 있습니다. 자연 식생은 오늘날에도 낙엽광엽수와 침
엽수, 상록수가 혼재하며 미산성의 토양이 많습니다. 생육에 다량의 수
분이 필요한 낙엽광엽수는 떨어진 잎도 그 비에 분해되기 쉽고, 또한 빗
물은 토양 속에 포함된 알칼리 금속 성분을 흘려보내기 쉽기 때문에 결
과적으로 미산성이 되는 것입니다. 이것은 일본의 토양 생성 상황과도
비슷합니다. 삼림이 오늘날까지도 일정 정도 잔존하고 호수와 소택지도
많아 후에『수호전』의 무대가 된 양산박 등 호수와 덤불숲의 존재를 송
나라 무렵(11-12세기)까지 확인할 수 있습니다. 한마디로 말하면 현대 화
북지역 가운데 일본과 가장 가까운 자연환경이 남아있는 지역 중 하나

입니다.

　　그래서 위진남북조시대에 성립한 『수경주(水經注)』라는 책에는 "밀밖에 자라지 않는 '기묘한' 장소"의 존재가 기록되어 있습니다. 일반적으로 화북의 주요 작물로 여겨져 온 조와 수수는 비교적 알칼리성 토양에 강한 작물이지만, 밀은 적합하지 않습니다. 고대 중국의 지식인들 대부분은 조를 중심적 작물로 여기게 된 한대(漢代) 이후의 세금 체계를 염두에 두고 조 농사에 적합한 토지를 '우량 경지'로 여기는 경향이 생겼습니다. 그러므로 미산성 토양이라고 생각되는 '밀밖에 자라지 않는 토지'에 대해서는 그다지 좋지 않은 '이상한 장소'라는 인상을 가졌던 것 같습니다. 그렇더라도 결국 산성토양이라고 말할 뿐이지만요. 그래서 기온과 수질의 조건만 정비되면 벼 재배에는 적합합니다. 반고(班固)는 조 농사를 중시하는 경향이 생긴 후한 초에 태어났으므로 그러한 토지를 '척박한 땅'이라고 생각하여 "곡물을 얻을 수 없어서 직물업으로 쏠렸다"라고 보았겠지요. 사마천이 살았을 무렵은 아직 관중에서 벼농사도 행해졌고, 수공업·유통업도 왕성했기 때문에 경제작물인 뽕나무나 삼이 무성한 곳은 기름진 곳이라고 간주했던 것 같습니다.

『관자』가 말하는
제나라의 건국과 의복

이러한 자연환경은 춘추전국시대에도 거의 같았다고 생각됩니다. 제나라와 관계가 깊은 『관자(管子)』라는 책이 있는데, 이는 춘추오패 최초의 패자인 제나라 환공(桓公)의 재상이었던 관중(管仲)이 남긴 저서로 전해집니다. 거기에는 중원의 인사들이 쓴 많은 다른 제자백가의 저서와는 다소 색다른 정책이 이야기되고 있습니다. 위에서 말한 것처럼 반도 내에 해변과 산지를 끼고, 노나라와의 경계 부근은 중원의 일부를 이루는 충적평야 등 다양한 환경을 살려 토지마다 적지적작(適地適作, 어떤 작물을 그 작물이 자라기에 알맞은 땅에 심는 것을 의미-역자) 형태를 취하고 위정자는 이들 사이의 유통망을 장악하여 그 세수(稅收)로 국가를 부유하게 하려는 구상입니다.

농업에서는 밀에 알맞은 토지도, 벼나 콩, 더 나아가 메밀이나 율무에 적합한 경작지도 파악하여 도시 근교에서 전문적 채소재배나 염료 전문산지도 만들려고 했습니다. 그뿐만이 아니라 풍부한 물을 이용한 삼

재배와 마직물 생산, 뽕나무 재배를 전제로 한 견직물 생산, 삼림을 살린 목공품 생산, 광맥을 이용한 철과 동 등의 광업 생산, 해변이라는 점과 연료를 얻기 쉽다는 조건을 통해 해염(海鹽) 생산, 게다가 어업, 목축등 대개 당시의 기술 수준으로 성립하고 있던 산업 대부분을 영위할 수 있는 토지였으므로, 이것들을 망라하여 이해하고 영역 내 각각의 적합한 땅에서의 개발을 장려했던 것으로 보입니다.

부국강병을 위해서는 당연히 사회적 분업의 추진이 효율적이고 유효합니다. 더욱이 제나라 지배층의 경우 서두에서 말했듯이 주 왕조 성립 이전부터 산동에 살고 있던 '내이(萊夷, 목축민이었다는 전승이 있음)' 등 곡물 생산을 중심적인 생활수단으로 하지 않았던 사람들까지도 영역 내의 존재로서 시책의 대상으로 삼지 않을 수 없었습니다. 그래서 다양한 산업의 육성을 통해 다양한 기술을 가진 다양한 인간집단을 제나라의 건설에 포섭하려고 했던 것이겠지요. 농민, 수공업자, 상인은 각각이 사회를 구성하는 존재로서 인정되면서, 도성 안에서 거주지를 구분하는 방법이 구상되고 있습니다.('삼국오비제(三國五鄙制)'라는 말이 남아 있음) 여러 법가나 유가의 문헌에서 엿볼 수 있는 '농본상말(農本商末)' 사상은 볼 수 없습니다. 그뿐 아니라 수렵·채집경제와 목축경제를 중심으로 생활하고 있던 사람들까지도 세력 안에 편입하기 위해 여러 가지 수법이 채용되었던 것으로 보이며, 『관자』는 그것도 전하고 있는 것입니다.

그 과정을 자세히 들여다보게 하는 것으로서 주목하고 싶은 것은 농경에 종사하지 않는 자의 정복·흡수와 관련하여 남겨져 있는 몇 가지 일화입니다.

환경으로 보는 고대 중국

경중지책

『관자』의 원문은 어느 편에도 착간(錯簡, 전승되는 동안 죽간의 철이 틀어져 의미가 통하지 않는 문장이 된 부분)이나 오탈자가 많아 조금 읽기 어려우므로 대강의 뜻을 살펴봅시다.

'제(綈)'라는 휘장이나 장막 등에도 쓰이는 명주와 같은 감촉을 가진 아주 멋스러운 견직물의 일종이 있었습니다. '노량(魯梁)'이라고 불리는 사람들은 이것을 전통적인 고유의 의상으로 삼았으므로 많은 백성들이 생산하여 애용하고 있었습니다. '노량'이란 제나라와 중원의 경계에 가까운 태산 부근이 거주지였던 것 같은데, 주공의 자손이 봉건된 후에 공자가 태어난 노나라나 제12화에서 언급하는 맹가(孟軻)의 유세지(遊説地) 양나라의 사람들과는 다른 이들로 보입니다. 단지 그 부근에 살고 있었던 것인지도 모르겠습니다. 그들이 생산하는 제(綈)는 그 특산품으로서 다른 지역 사람들에게도 호평을 받을 정도로 유명했던 것 같습니다.

노량을 자신의 지배하에 두고 싶었던 제나라 환공이 그 방책을 관중에게 묻자, 관중은 환공이 태산의 남쪽을 순행할 때 제(綈)로 갈아입고 가신에게도 이를 입도록 지시하며 민중에게도 제(綈)의 착용을 장려하도록 하는 방책을 제안하였습니다. 단, 제나라에서 이것을 생산하는 것은 금지하고 반드시 노량에서 수입하도록 공고를 내라는 것입니다. 열흘쯤 되어 모두가 입게 되자 관중은 노량의 상인에게 "제(綈) 천 필을 3백 금에, 1만 필을 3천 금에 사겠다"라고 말을 건넵니다. 이 이야기를 들은 노량의 군주는 백성에게 제(綈)의 생산을 지시합니다. 1년 정도 되어서 관중이 첩자를 보내 노량의 상황을 보게 하니, 왕래하는 사람들로 길에 흙먼지가 일어나 한 치 앞도 보이지 않을 정도로 모두 등에 짊어지든 수레를 끌든 하면서 제(綈)의 수송에 필사적입니다. 누구도 농경 따위를 하지 않습니다. 관중은 "이제 노량을 항복시킬 만합니다"라고 진언하고, 환공이 "어떻게 하면 되겠는가"라고 묻자 "공께서는 곧바로 백(帛, 희고 무늬가 없는 평직으로 짠 보통의 견직물)을 입으시고, 백성에게도 제(綈)의 착용을 그만두게 하여 노량과의 사이에 있는 관문을 닫아 교역하지 못하도록 해주십시오"라고 말하였습니다. 얼마 후 다시 정찰을 보내 살펴보니 노량에서는 모두 굶주리고 있었고 세금도 모이지 않고 있었습니다. 노량의 군주는 백성에게 제(綈)의 생산을 그만두고 농경을 하도록 명했으나 3개월로는 수확할 수 없습니다. 노량에서는 곡물을 1석당 1천 전으로 구입해야 했지만, 제나라에서는 10전에 팔고 있습니다. 2년 후에는 노량 백성 약 6할이 제나라로 이주해 왔습니다. 3년이 지나자 노량의 군주는 제나라에 복속을 청원했던 것입니다.

이렇게 해서 노량을 정복할 수 있었다는 대단히 교묘한 전략입니다.

환경으로 보는 고대 중국

『관자』에는 유사한 양식으로 여러 인간집단을 공략하여 복속시키는 이야기가 많이 남아 있습니다. 연(練)-누인 명주-을 염색하는 기술이라던가, 염료로 이용하는 자초(紫草)의 재배라든가, 제3화에서 본 호백(狐白)의 생산이나 사슴의 포획도, 또 섶나무(연료용 잡목)의 공급에 이르기까지 어느 것이고 다양한 산업에 특정한 사람들을 전념시켜 그 산물의 유통과 식료 공급을 도구로 사용하는 전략입니다. 대상이 된 것은 내인(萊人) 혹은 내(萊)나라와 거(莒)나라, 대(代)나라, 나아가 대국 초나라에 이르기까지 모두 제나라에 따르고자 하지 않았던 사람들로, 그들의 세력을 천천히 조금씩 약화시켜 나갔다는 이야기입니다. 이러한 일종의 '역전의 발상'을 포함하는 책략이나 사고방식은 '경중책(輕重策)'이라든가 경중사상으로 불리며『관자』의 특징이 되었습니다. 또한 이러한 사상을 '태공(망여상)의 음모' 등으로 일컬으며 앞서 언급한 제나라 건국의 사정에까지 거슬러 올라가는 제나라의 전통적 병법·통치술이라고 보는 경우도 있습니다.

이러한 일화는 황당무계해서 역사적 사실일 수 없다는 것이 종래의『관자』연구에서는 상식적인 이해였습니다. 하지만 그렇다고만 단정할 수는 없습니다. 기아의 기억이나 현실이 일상이었던 과거 일본에서는 역사를 연구하는 장에서도 식량 생산을 소홀히 하는 인간집단이란 있을 수 없다고 막연하게 생각하고 있었던 것인지도 모릅니다. 하지만 이번에는 기술입국, 머니게임 등에 열중하다 보니 식량자급률이 4할을 밑도니 밑돌지 않느니 하는 사태에 이르러 당황하고 있는 사회가 어딘가에 있습니다. 식량이 전략적 물자가 되는 것은 2천 년 전에도 당연한 일이었던 것입니다. 게다가 무력에 의한 정복이나 제3화에서 언급했던 상앙 변법의 강제적 이주·농업 생산의 강요로 이어지는 곡물 과세 등에 비교하면 이것은 비교적 '평화'적으로 타자를 복속시킬 수 있는 수단일지도 모릅니다.

언뜻 보기에 각 지역의 특성을 살려서 개성이 풍부한 특산품을 만들어내는, 말하자면 현대 일본의 '일촌일품운동(一村一品運動, 1979년 오이타현(大分県)에서 지역부흥 프로젝트의 일환으로 시작된 운동-역자)'과도 닮은 뭔가 '자유로운' 분위기를 띠는 정책처럼도 여겨집니다. 그러나 사실은 그목적이 특산품 이외에 인간의 생활에 필요한 물자는 다른 지역으로부터의 이입에 의존하지 않으면 안 되는 사회를 만들어내는 것에 있었다고 한다면, 이것은 매우 두려운 일이 아닐까요. 그 지역 사람이 그 지역의 생산품으로 살아가는 것, 요즘 식으로 말하면 '지산지소(地産地消)'만으로는 살 수 없게 하는 정책이었던 것입니다. 그리고 이러한 일화를 관통하고 있는 것은 생산되는 물품의 유통이 환공의 명령, 곧 제나라 위정자의 경략(經略)에 의해 좌우되는 패턴입니다. 또한 유통기구와 화폐 조작을 통한 이익을 국고 수입으로 삼는 구상도 많은 일화에서 볼 수 있습니다. 이러한 요소를 감안하면 『관자』는 이런 종류의 정책 성공의 열쇠가 '국가의 유통에 대한 관여'에 있다고 생각하고 있었음을 알 수 있습니다.

다만 이 같은 전략이 주효하기 위해서는 조건이 필요합니다. 그것은 경략의 표적이 되는 집단의 구성원이 모두 특산품 생산에 필요한 기술-직물과 염색물, 수렵 등-을 상응하게 가지고 있으며, 비교적 균질한 사회를 형성하고 있다는 점이겠지요. 그때까지 대부분은 곡물을 생산하고 있었는데, 그것을 버리고 특산품 생산에 기울도록 행동양식을 몰아넣는 것이 필요합니다. 『관자』의 유사한 일화에는 그러한 행동의 모습을 남녀 따로 묘사하는 예도 아주 없지는 않지만, 대부분의 경우 구별하여 쓰지 않습니다. 즉 남녀를 묻지 않고 직물이나 염색물 혹은 여우 등의 포획에 몰두하게 되었다고 기록되어 있는 것입니다.

제2화에서 제나라의 뽕나무는 크고 높은 나무에 기르는 '고상(高桑) 키우기'라고 소개했습니다. 사다리를 놓고 올라가 나무에서 나무로 걸쳐 놓은 사다리를 타고 빽빽이 들어찬 뽕잎을 모으는 것입니다. 그러니까 『좌전(左傳)』의 일화에서는 우연히 나무 위에 있던 환공의 공주를 모시는 시녀가 공주의 남편이던 방랑 중의 진나라 공자 중이(重耳, 후의 문공)의 가신들 사이의 밀담을 훔쳐 듣는 장면을 묘사할 수 있었지요. 이러한 뽕나무 기르는 법은 지면을 걸어서 잎을 딸 수 있는 낮은 높이로 뽕나무를 휘게 하는 노나라의 방법과는 달리, 나무의 손질에 남성의 힘이 유용합니다. 또한 제나라에서 성행한 삼 재배는 직물로 만들려면 깨끗한 물에 베어낸 삼의 줄기를 담가 섬유를 빼내는 공정이 필요합니다. 이 작업은 중노동으로 남성의 힘이 필수적입니다. 게다가 삼의 재배에는 비옥한 평지가 바람직하므로 그 작물을 심는 땅은 곡물을 재배하는 밭과 경합합니다. 모내기 계절은 정해져 있지만, 이 또한 여름작물용의 경기(耕起) 및 파종 시기와 겹칩니다. 즉 애당초 남성 노동력을 곡물 생산에 집중시키면 삼으로 만든 제품의 대량생산은 불가능합니다.

『관자』에는 별도로 입국편(入國篇)이 있습니다. 환공이 형제와의 전쟁에서 승리하고 즉위하기 위해 입성했을 때 민중에게 약속한 통지방침이라는 형태로 되어 있는 이야기입니다. 거기서는 부국강병을 위해 인구 증가를 도모하고자 결혼을 장려하고, 노인부양과 육아에 대한 복지책이 기술되어 있습니다. 예를 들면 유아가 세 명 있는 경우, 여성이 납부해야 할 세금을 면제해 준다고 되어 있습니다. 네 명이면 온 집안의 세금을 면제해 주고, 다섯 명이면 면제는 물론 식재료 2인분을 지급하고 아이를 봐 주는 사람을 파견한다고도 되어 있습니다. 결국은 제나라에서는 원래 남녀 모두에게 과세를 하고 있었던 것입니다. 이러한 결혼장려책은 당시 전쟁의 최대 무기인 인간, 곧 병사를 확보하기 위한 인구증가 정책으로서 춘추시대 말기 이후에 각지에서 유행했던 것 같습니다. '오월동주(吳越同舟)'나 '와신상담(臥薪嘗膽)'의 고사로 알려진 월왕(越王) 구천(句踐)도 유사한 결혼장려책을 취했다는 일화가 남아있습니다. 하지만 거기에 여성에 대한 비과세나 여성의 생산 활동을 보증하기 위한 '복지정책'적 구상이 첨가된 점에 제나라 혹은 『관자』의 특징이 있는 것입니다.

이상 제나라의 산업구조를 정리해보면, 제나라에서는 직물업을 비롯한 다양한 산업에서 남녀 모두 생산에 종사하며 세금을 납부하고 있었다고 추정할 수 있습니다. 바로 제나라는 '관대이리천하(冠帶衣履天下)', 곧 모자, 허리띠, 옷과 신발 같은 의료품(衣料品)을 천하에 공급하고 있었던 것으로 보이며, 전국·진한 시기 화북에서의 주요한 직물 생산지였던 것입니다. 이렇게 만들어진 의료품의 존재·판매되는 물품으로서의 의료품의 유통은 다른 나라의 농민에게까지 이르며, 예컨대 제12화에서 소개할 위(魏)나라 이회(李悝)의 '진지력지교(盡地力之敎)'라는 제도에서는 농민 가정의 의료품이 구입 물자로서 상정되는 등 경제정책의 기반

환경으로 보는 고대 중국

도 이루고 있었다고 생각됩니다.

그런데 그와 같은 의료품을 반고(班固)는 '여공(女工)'으로 표기하고 있습니다.

직물업이 '가정 내의 여성의 일'로 일반적으로 인식되게 된 것은 뒤에서 서술하겠지만 한무제(漢武帝) 때부터이지 않을까 생각됩니다. 그러한 정책의 현실적 채용이 가능하게 된 것은 '유학(儒學)'의 입장을 취한 유세가가 주장한 소가족을 기초로 하는 사회 구축이 어느 정도 실현되고 나서였습니다.

전국시대는 아직 씨족 단위로 생활하는 사람들도 남아있고, 한대에도 마왕퇴(馬王堆)에서 출토된 백화(帛畵)에는 베를 짜는 사람으로서 '오씨(五氏)'라는 글자를 볼 수 있는 것입니다.

맹가의
제나라 체재와 관찰

전국시대에 들어가자 제나라에서는 적극적으로 천하의 유세가를 초빙하게 됩니다. 그중 자신이 이상적으로 여기는 정치를 어디선가 실현할 수 있기를 바랐던 맹가(孟軻), 즉 『맹자(孟子)』의 주인공도 있었습니다. '맹모삼천(孟母三遷)'의 일화로 유명하지요.

태공망(太公望) 이래의 대국 제나라는 춘추시대 말기에 진(陳)에서 망명해온 귀족 전씨(田氏)가 세력을 장악하고, 마침내 '강성(姜姓)'의 공(公)은 폐위되어 전씨에게 나라를 빼앗기고 말았습니다. 그래서 맹가가 방문한 전국시대의 제나라 군주는 전씨입니다. 이 정권교체 드라마는 전씨의 정치방침에도 영향을 주어, '나라를 찬탈했다'라는 비난을 누그러뜨리기 위해서였는지, 전국에서 유세하는 선비들을 불러왔던 것입니다. '직하학궁(稷下學宮)'이라는 배움터가 탄생하게 됩니다. 다양한 산업의 육성이라는 시책도 이러한 정치방침과 상관성이 있을지도 모릅니다.

맹가가 '직하의 학도' 중 한 사람으로서 당시 제나라의 수도 임치(臨

淄)에 체재했을 때, 인근의 풍경과 풍속 습관도 당연히 보고 들었겠지요. 그래서 『맹자』 고자상편(告子上篇)에는 다음과 같은 기록이 있습니다.

> 우산(牛山)의 수목은 예전에 아름다웠다. (그러나) 그것이 대국(대도시)의 교(외)에서 (연료나 목재로 쓰기 위해) 도끼로 이를 베어버렸다. (다시 한번) 아름답게 하려고 하면 (수목은) 낮(태양)과 밤(의 냉기와 밤이슬)이 키우는 것으로, 비와 이슬이 적셔주므로 싹(밭아나 움돋이)이 나지 않는 것은 아니다. 그런데 소와 양을 거기서 방목(그 싹을 먹어서)하고 만다. 그래서 그와 같이 민둥산이 되었던 것이다.

현재 일찍이 제나라의 도읍이었던 임치 유적의 중심부에서 남쪽으로 약 10킬로미터 지점에 남아있는 우산(牛山)은 해발 174미터로 기껏해야 '언덕'으로 부를 수 있을 정도의 완만한 산입니다. 맹가 자신이 방목하는 모습을 실제로 보았던가, 혹은 적어도 이전에 소나 양이 거기서 방목되고 있었다는 전승을 신빙성 있는 이야기로 들었던 것이겠지요. 언덕이 민둥산이 된 요인으로 삼림벌채 후의 목축이란 사태가 명확하게 제시되고 있습니다. 그 '목축'이 도시 근교의 일이라는 점에서 제나라 사람인 임치 주민이 사사(舍飼, 우리에 가두어 기르는 것을 의미-역자)하는 소와 양을 소유하고 있고 계절적으로 방목하고 있었다는 것인지, 아니면 전술한 '내이(萊夷)' 중에 아직 유목을 계속하는 사람들이 있어서 그들이 이따금 우산에도 왔다는 것인지, 나아가 '예이(裔夷)의 포로'가 된 사람들이 임치에도 살게 되어 목축에 종사하고 있었던 것인지 등등 어떤 경우인지를 단정할 수는 없습니다. 그렇지만 적어도 『맹자』를 전한 사람들에게 기이하다고 여겨지지 않은 것이 우산에서의 방목 풍경이었다는 점은 확인할 수 있을 것입니다. 곧 제나라에서는 전국시대가 되어서도 수도 근교에서 목축이 환경파괴를 수반할 정도로 실행되고 있었던 셈입니다. 여성에게도 세금이 부과되고 있었으므로 목축하는 여성도 있었겠지요. 또한 꼭 표준 가정모델과 같은 부부와 자녀만으로 구성된 세대가 아니더라도, 대가족이라든가 결혼하지 않은 남녀가 많이 있었을 가능성도 있습니다(반고(班固)는 자료 II에서 미혼 여성이 많은 제나라의 현실을 환공의 형인 양공이 제나라 통치방침으로서 장녀에게 집안의 제사를 계속할 역할을 지게 한다는 명목으로 결혼시키지 않았기 때문이라는 일화를 소개하고 있음). 가족 도덕을 사회의 기반으로 자리 잡도록 주장한 유가로서, 맹가의 눈에는 '부도덕'한 것으로 느껴지는 남녀의 자유로운 교제도 당연히 있었겠지요(반고는 자료 II에서 이것을 '애초롭다'고 느끼고 있음). 정식 결혼에는 여러 가지 의미에서 경제력이 필요했으니까요.

그렇더라도 농민 가정으로부터의 세수를 재정의 중심에 두지 않으면 상앙(商鞅)이 변법(變法)으로 시도한 곡물 생산, 농민 가정을 무리하게 창출할 필요는 없습니다. 전체적으로 경제활동이 활발하다면 각각의 산업과 유통으로부터 국고 수입은 얻을 수 있었으므로, 개개인의 생활방식, 특히 성도덕 등에 이르기까지 국가가 간섭할 필요는 느끼지 못했을 것입니다. 다만 맹가에게 있어 이러한 제나라의 실상을 눈앞에서 본 것은 어떤 새로운 제안을 낳았을 가능성이 있습니다. 이에 대해서는 제12화에서 말씀드리겠지만, 모든 남성이 결혼할 수 있도록 해주고 그 아내에게 의료품 생산을 맡기자는 것입니다. 다만 그런 일은 당시 현실에서는 불가능했습니다.

　그럼에도 제나라는 전체적으로 번영이 극에 달한 대국으로 임치는 일설에 따르면 인구 1백만의 도시로도 여겨져 한대(漢代)에 이르기까지 왕성하게 직물이 생산되었습니다. 그것은 아

우산에 조성된 관중기념관에서 임치를 바라보다(도미타 미치에(富田美智江) 촬영)

마도『관자』에 담긴 일정 정도의 국가 관리 아래에서 민중에게 자유로운 경제활동을 영위하도록 한다는 발상 하에서 성장을 계속한 결과라고 생각됩니다.

『관자』 사상의 영향

제나라는 최종적으로 시황제에 의해 멸망되었고 전국시대는 종언을 맞이합니다. 그것은 단기 결전을 위한 군사전략으로서는 농민을 기반으로 한 부국강병책이 효과를 거둔 결과라고 말할 수 있습니다. 그리고 중국 역대 왕조의 기본적 경제 정책은 상앙 변법이 대표하는 농업을 기축으로 한 국가 건설에 수렴되는 경향을 보입니다.

그렇지만 『관자』적인 발상은 때로 '이상한 정치가'가 나타나면 되살아났던 것 같습니다.

한대 무제 시기의 상홍양(桑弘羊)의 경제정책이라든가 송대의 저명한 정치가 왕안석(王安石)의 신법 등에는 그 영향이 느껴집니다. 여기서는 소개하지 않았지만 『관자』에는 특히 화폐에 관해 제법 본질적이고 선진적인 견해가 기술되어 있으며, 국가 내지 정치라는 것이 휘두르는 '환상'과 화폐의 움직임이 연관되어 있다는 것을 지적하고 있습니다. 그래서 이러한 발상을 응용하려 한 화폐 정책이 후세에 몇 가지 시도되고 있

환경으로 보는 고대 중국

습니다.

　　다만 『관자』의 사상이 유효한 것은 어디까지나 자연환경에 의거해 같은 가치관을 가진 사람들이 집단적으로 살고 있다는 상황에 대해서였습니다. 후세의 현실사회로의 응용은 그리 간단하지는 않았던 것입니다.

참고문헌

小倉芳彦,『春秋左氏伝研究』(小倉芳彦著作選 3, 論創社, 2003)
原宗子,『古代中国の開発と環境__『管子』地員篇研究』(研文出版, 1994)

제6화

합종연횡은 이문화 동맹?

─ 전국 진한 시기 북방 연(燕)나라의 환경 ─

변설로 만든
천하의 형세

소진(蘇秦)의 합종책(合從策)과 장의(張儀)의 연횡책(連衡策)은 알고 계시겠지요.

　　전국시대에 점차 모습을 갖추게 된 영역 국가 중에서도 나날이 강대함을 더해가는 진(秦)에 어떻게 대응해야 할지 동쪽의 6개 영역 국가(제·연·초·한·위·조)의 위정자들은 늘 고심하고 있었습니다. 이 여러 나라를 돌아다니며 6국의 연합을 주장한 자가 소진이고, 그와 동문인 전략가이면서 진나라의 뜻을 받들어 각 나라 군주에게 진나라와의 연대를 권유하여 6국 연합을 해체시킨 이가 장의입니다. 종(從)은 세로, 횡(衡)은 가로의 의미인데, 진나라 이외의 6국이 연합하는 상황을 지도 위에 그리면 세로선이 되고, 각국과 진나라의 연맹을 그리면 6개의 가로선이 생겨나지요. 이로부터 그들과 같은 군사 외교에 관한 건책(建策)을 가지고 여러 나라를 돌며 유세한 사람들을 제자백가 가운데 종횡가(縱橫家)라고 부릅니다.

　　『전국책(戰國策)』 등을 통해 알려진 이 일화는 경제잡지 등에서 종

　　　　　　　　　　　　　　　환경으로 보는 고대 중국

종 경영전략으로 언급되기도 하는 일본인이 좋아하는 이야기입니다. 그 경우 아마도 애초 일본인들이 '외교'에 서투르기 때문인지, 언어·문화 등이 다른 인간집단을 상대하는 '외교전략'이라는 점보다는 오로지 이해관계의 존재를 이해할 수 있는 사람들 간의 정치 전략으로 평가받고 있는 것처럼 느껴집니다. 그러나 소진이 설득한 각국의 왕

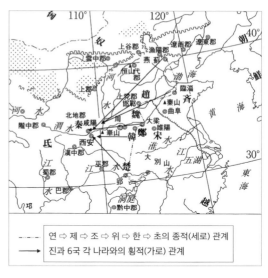

전국시대 6국과 진나라의 합종과 연횡 개념도

은 꼭 사회·경제의 구조를 공유하는 사람들은 아니었던 것 같습니다. 우선 합종책으로의 참가를 설득하기 위해 북방 연나라 왕의 비위를 맞추기 위해 연나라를 치켜세웠던 소진의 명연설을 살펴봅시다.

연나라의 동쪽에는 조선(朝鮮)과 요동(遼東)이 있고 북쪽에는 임호(林胡)와 누번(樓煩)이 있으며, 서쪽에는 운중(雲中)과 구원(九原)이 있고 남쪽에는 호타(嘑沱)와 역수(易水)가 있습니다. 연나라 땅의 면적은 사방 2천여 리이고, 갑옷으로 무장할 수 있는 병사는 수십만 명, 전차는 6백 승, 기마는 6천 필이나 있습니다. 또한 곡물은 수년 치 비축되어 있습니다. 남쪽으로는 갈석(碣石)과 안문(鴈門) 근처의 풍족함, 북쪽에는 대추와 밤의 이로움이 있어서 백성들은 곡물 생산조차 하지 않으나 대추와 밤으로 식

『史記』蘇秦列傳, 『戰國策』燕策	『사기』소진열전, 『전국책』연책
燕東有朝鮮·遼東, 北有林胡·樓煩, 西有雲中·九原, 南有嘑沱·易水, 地方二千餘里, 帶甲數十萬, 車六百乘, 騎六千匹, 粟支數年. 南有碣石·雁門之饒, 北有棗栗之利, 民雖不佃作 [不由田作] 而足於棗栗矣 [棗栗之實, 足食於民矣]. 此所謂天府者也. ([ ] 안은 현행본 『戰國策』의 표기)	연나라는 동쪽에 조선과 요동이 있고 북쪽에 임호와 누번이 있으며, 서쪽에 운중과 구원이 있고 남쪽에 호타와 역수가 있으며, 땅은 사방 2천여 리에 갑옷 입은 군사는 수십만이고 전차는 6백 승, 군마는 6천 필이며, 조는 수년을 버틸 만큼 많다. 남쪽에는 갈석과 안문의 풍요로움이 있고 북쪽에는 대추와 밤의 이로움이 있어서 백성들이 경작하지 않더라도[경작에 의지하지 않아도] 대추와 밤으로 족하다[대추와 밤 열매는 백성들을 먹이는데 족하다]. 이곳은 이른바 천혜의 땅이다.

량이 충분합니다. 이것은 말하자면 파라다이스라고 할 수 있겠지요.

『전국책』은 전한 말 유향(劉向)이 편찬한 책으로 여겨지는데, 산일(散逸)되어 현존하는 두 계통의 판본에는 내용이나 서술 순서에 다소 차이가 있습니다. 그런데 1972년 발견된 호남성 장사(長沙)의 마왕퇴(馬王堆) 한묘(漢墓)에서 출토된 『전국종횡가서(戰國縱橫家書)』라는 백서(帛書, 흰 비단에 기록한 문헌)에 현행『전국책』과 거의 대응하는 많은 문장이 기록되어 있었습니다. 그 이후로 많은 연구 성과가 발표되어 현재의『전국책』은『전국종횡가서』를 비롯한 몇몇 전거가 있어서 편찬되었을 것이라는 추정이 거의 확인되었습니다.

그렇지만 여기에 인용한 기록과 소진이 처음으로 진나라에 갔을 때의 이야기, 더욱이 제·한·위·조·초 각국에 합종책을 설파할 때 각국의 왕에게 올린 '미혹의 말'로 여겨지는 각각의 토지 사정·환경을 묘사한 기록은 『전국종횡가서』에서는 일절 보이지 않습니다.

이에 비해 『사기』 소진열전에는 자료 코너에서 보았듯이 거의 같은 문장이 남아있습니다.

'미혹의 말'의 내용

그러므로 여기서 볼 수 있는 내용은 『사기』 및 『전국책』 성립 시점, 곧 전한 시대에 일정한 보편성을 가지고 "전국시대 각지의 상황은 과연 이런 식이기도 했을 것"이라고 받아들여지고, 또한 인구에 회자될 수 있는 내용이었다고 생각됩니다. 다른 나라들에 관한 내용을 대략적으로 정리하면 〈표1〉과 같습니다. 이 '미혹의 말'은 매우 유형적이므로 이러한 묘사는 각각의 특징을 약간 과장하여 표현한 허구에 가까운 것일 가능성도 없지는 않습니다.

　그렇다고 하더라도 '전국칠웅(戰國七雄)'으로서 이름 높은 대국인 연나라에 관해, 그 백성은 곡물을 생산하지 않는다고 명기되어 있습니다. 백성이 '주식'으로 삼고 있는 것은 대추·밤 등의 견과류로, 일본의 예로 말하자면 산나이마루야마(三內丸山) 유적에서 확인되었듯이 밤 재배 등을 기반으로 하는 이른바 '조몬(繩文) 농경'에 상당하는 생활이 묘사되고 있는 셈입니다. 그리고 소진은 이러한 내용을 아오모리현(靑森縣)과 같은 정도의 위도에 있는(북위 40°49′28˝-역주) 연나라가 '천혜의 땅' 즉 극락·파라다이스와 같다고 찬양하는 의도로 서술하고 있는 것입니다. 결코 연나라를 폄하하거나 험담하려는 것은 아니며, 또한 연나라 왕도 특별히 불쾌해하지 않고 합종책에 동의하고 있으므로, 곡물을 생산하지 않고 살아갈 수 있는 상황은 문화적 열세를 보여주는 것이 아니라 오히려 자랑할 수 있는 지역 특성이 됩니다. 사마천을 포함한 한대(漢代) 사람들이 잘 알고 있는 연나라 땅, 즉 현재의 북경 주변에 대추나 밤이 자라지 않았다면 이러한 묘사를 할 수 없었을 것입니다.

이러한 실태는 정말 있었던 것일까요.

〈표1〉 소진열전의 각국 환경요소 묘사

국명	면적	지리적 요소				물산	인적·사회적 요소
		동	서	남	북		
연	2천여 리	조선(朝鮮)·요동(遼東)	운중(雲中)·구원(九原)	호타(嘑沱)·역수(易水)	임호(林胡)·누번(樓煩)	조는 수년을 버틸 만큼 많다. 남으로 갈석·안문의 풍족함이 있고, 북으로 대추와 밤의 이로움이 있다.	백성들은 경작하지 않더라도 대추와 밤으로 먹고 족하다.
		[조] 전구마마(旃裘狗馬)의 땅					
진	2천여 리	관하(關河)	한중(漢中)	파촉(巴蜀)	대마(代馬)	[조] 낙타, 좋은 말	[조] 약국(弱國) [조] 묘음미인(妙音美人)
조	2천여 리	청하(清河)	상산(常山)	하장(河漳)	연국(燕國)	갑옷 입은 병사는 수십만, 전차는 천 승, 기마는 만 필, 조는 수년을 버틸 만큼 많다.	[조] 묘음미인(妙音美人)
위	천 리	회(淮)·영(潁)·자조(煮棗)·무서(無胥)	장성의 경계	홍구(鴻溝)·진(陳)·여남(汝南)·허읍(許邑)·곤양(昆陽)·소릉(召陵)·무양(舞陽)·신도(新都)·신처(新郪)	하외(河外)·권(卷)·연(衍)·산조(酸棗)	전사어무(田舍廬廡)의 수가 매우 많아, 예전부터 오히려 목축할 곳이 없다.	
	[조]	① 이름난 산이나 큰 강의 제약이 없다. ② 탕목지봉(湯沐之奉)					
한	9백여 리	완(宛)·양(穰)	의양(宜陽)	형산(陘山)	공률(鞏㶉)	갑옷 입은 병사는 수십만, 천하의 강하고 튼튼한 활은 모두 한나라에서 나온다.	[조] 묘음미인(妙音美人)

환경으로 보는 고대 중국

국가	리	지역·요새		병력·특징	비고 ([ ])
한	9백여 리	유수(洧水) 상판지새(商阪之塞) 성고지면(成皋之面)		계자(谿子)·소부시력(少府時力), 거래(距來)는 모두 6백 보 밖까지 쏠 수 있다. … 한나라 군졸의 칼과 창은 모두 명산(冥山)·당계(棠谿)·묵양(墨陽)·합부(合膊)·등사(鄧師)·완풍(宛馮)·용연(龍淵)·태아(太阿)에서 나와, 모두 육지에서 소나 말을 자르고, 물에서 고니와 기러기를 벤다.	한나라 군졸이 용맹함으로 단단한 갑옷을 입고, 튼튼한 활을 메고, 날카로운 칼을 차면 한 사람이 백 사람에 맞서는 것은 말할 필요도 없다.
[조]			③ 이름난 산이나 큰 강이 제약이 없다. ④ 탕목지봉(湯沐之奉)		[조] 묘음미인(妙音美人)
제	2천여 리	낭야(琅邪) 청하(清河)	태산(泰山) 발해(勃海)	강옷 입은 병사는 수십만, 조는 구산(龜山)을 이룰 정도와 같다.	임치 안에 7만 호가 있는데, 신이 가만히 이를 헤아려보니, 매 호마다 세 명의 남자가 있으므로, 3 곱하기 7을 하면 21만이니, 멀리 떨어진 현에서 징병을 기다리지 않아도 임치의 군졸만으로 이미 21만이다. …
[조]		물고기와 소금이 나는 바다			[조] 묘음미인(妙音美人)
초	5천여 리	하주(夏州)·해양(海陽) 검중(黔中)·무군(巫郡)	동정(洞庭)·창오(蒼梧) 형새(陘塞)·순양(郇陽)	갑옷 입은 병사는 백만, 전차는 천 승, 기마 만 필, 조는 수년을 버틸 만큼 많다.	
[조]		곡과 유자가 나는 동산			

* 각 셀의 점선 아래는 [ ] 안의 나라에 대해 설명된 특별 사항

* 이 외에 책략이 성공하면 중산(中山)에 관해서도 조나라에 '탕목지봉(湯沐之奉)'을 제공할 것이라는 전망이, 위(衛)나라에 관해서도 조나라에 '묘음미인(妙音美人)'을 제공할 것이라는 예상이 이야기되고 있다.

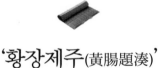

'황장제주(黃腸題湊)'

북경 관광의 중요한 지점은 아닙니다만 북경시 남쪽 교외의 대보대(大葆臺) 한묘(漢墓)는 연구자 사이에서 비교적 알려진 한대(漢代) 유적입니다. 한무제 시대에 일어난 오초칠국(吳楚七國)의 난 등에 관계된 연왕(燕王) 단(旦)의 묘라는 설도 있었는데, 근년에는 그 후의 광양국(廣陽國) 경왕(頃王) 유건(劉健)의 것으로 확정된 것 같습니다. 이 묘는 발견 당시 중국 국내에서도 드문 '황장제주(黃腸題湊)의 묘실'이었다는 점으로 유명하게 되었습니다.

　이 밖에 북경 주변에서는 정현(定縣) 팔각랑(八角廊)의 중산회왕묘(中山懷王墓), 삼반산(三盤山)의 중산왕묘(中山王墓) 등도 '황장제주'로 여겨지고 있습니다. '황장제주'란 수목의 껍질을 제거한 황색 심(芯) 부분만을 많이 모아서 쌓아 올렸다는 의미입니다. 즉, 측백나무(침엽수)와 같이 나무줄기가 황색이 되는 큰 나무의 심재(芯材)를 블록처럼 가지런히 쌓아 올려 벽을 만든 묘실이라는 것이지요. 『한구의(漢舊儀)』등 한대(漢

　　　　　　　　　　　　　　　　　　　환경으로 보는 고대 중국

代)의 예제(禮制)를 기록한 문헌에서는 '제왕의 상징'으로 다뤄지고 있는데, 상세한 기록은 눈에 띄지 않습니다. 오늘날 볼 수 있는 것으로는 『한서(漢書)』곽광전(霍光傳)(무제의 고문격으로 다음 대인 소

황장제주

제(昭帝, 재위 기원전 87-74)의 외척이었던 곽광(?-기원전 68)의 전기)에 그의 묘가 '황장제주'로 만들어졌다고 기록되어 있는 정도입니다.

이와 같은 사료의 잔존상황 가운데 주목하고 싶은 것은 1999년 12월에 발견된 북경 석경산구(石景山區)의 노산(老山) 유적입니다. 현재 아직 발굴조사는 종료되지 않은 것 같으나, 여기서 출토된 '제주(題湊)'는 513개의 정형 목재로 높이 2.5미터 폭 5미터로 19층을 이루며 한 층에 20개씩 쌓여있다고 합니다. 중국임업과학원의 조사에 의하면 측백나무가 아니라 밤나무와 소나무가 혼용되었을 가능성이 크다고 합니다. 따라서 황색으로 빛나는 '황장제주'가 아닌 단순한 '제주'로 약간 갈색 비슷한 정도인 모양입니다. 그렇지만 이것이야말로 바로 전국시대 연나라의 토지가 침엽수뿐만 아니라 보다 온난·습윤한 환경을 필요로 하는 밤나무 등의 낙엽 활엽수로도 덮여 있었다는 것을 보여주는 알맞은 재료라고 말할 수 있겠지요.『한서』곽광전에서는 '제왕의 상징'으로 여겨지며 '고가'의 목제 건축 양식으로 지은 묘가 밤나무를 이용할 수 있었던 당시 광양국(廣陽國, 지금의 북경)에서는 비교적 쉽게 조영될 수 있었다고 생각

위: 향산 아래: 북경 팔대처의 용천(龍泉)

할 수 있습니다.

따라서 이러한 한묘(漢墓) 건축에 앞선 전국시대 연나라에서 사람들의 생계를 지탱할 수 있는 풍부한 밤이 산출되었다는 합종연횡에 관한 위의 여러 사료도 단순한 레토릭이 아니라 이 지역의 실태를 보여주는 기록으로 봐야 하지 않을까요.

그도 그럴 것이 지금 북경은 도시형 생활의 보급과 함께 물 부족을 외치고 있지만, 석경산구에 흩어져 있는 팔대처(八大處, 종교시설)나 향산(香山)공원 등 북경 시민의 휴양지로 가서 울창하고 무성한 수목 속 암반에서 스며 나오는 맛있는 물로 우린 차를 음미해 보면 분명히 알 수 있듯이, 원래는 지하수가 풍부한 지질 조건을 가지고 있습니다. 수백, 수천 년 전의 환경은 밤을 주식으로 할 만큼 풍부한 삼림지대였던 것입니다.

환경으로 보는 고대 중국

한 제국 초기의
다양한 환경

그렇다면 '수년을 버틸 만큼 많다'라고 여겨진 '조', 다시 말해 곡물-군량(軍糧)은 이 땅의 물자를 바탕으로 교역을 통해 축적된 것으로 추정하지 않을 수 없습니다.

그것은 제1화에서 백성이 곡물 생산 등을 하지 않고 수렵과 과수의 육성을 업으로 삼고 있었기 때문이겠지요. 수목을 끝까지 다 베어 경지로 만들려고는 하지 않았던 것입니다. 이것은 앞의 표에서 예를 들어 위(魏)나라에 관해 "전사여무(田舍廬廡, 자택에서 멀리 떨어진 경지의 경작을 위해 며칠 동안 머물 수 있도록 만든 집)가 많아 방목할 수 있는 유휴지 등이 전혀 없을 정도입니다"라고 기술되어 있는 것과 대조하면 명확하겠지요.

또한 후대의 기록입니다만 연나라보다 더 북쪽 지역인데 『후한서(後漢書)』에서 볼 수 있는 읍루(挹婁) 등은 곡물을 생산하고 있었다고 기록되어 있습니다. 동북 지방의 성대성(成帶性) 초원지대(지구 규모의 기후대가 만들어내는 여러 조건만이 작용한 경우에 초원이 되는 토양이 분포하는 지역)에는 벌채가 필요한 대삼림이 적었기 때문이라고 생각됩니다. 베어 쓰러뜨리기 어려운 큰 나무가 풍부한 연나라는 거꾸로 말하면 곡물 생산지의 '개발'이 곤란한 토지였다고도 말할 수 있습니다. 물론 서주(西周) 초기 북경 부근에 주 왕조로부터 '봉건'된 세력(곧, 주 왕조 풍의 문화를 보유하고 있음을 확인할 수 있는 세력)이 거주하고 있었다는 점은 서주 연도(燕都)의 발굴을 통해 오늘날 명확해지고 있습니다. 그러므로 그 주변에서 어느 정도 곡물이 생산되었을 가능성이 크지만, 그것은 전국시대 연나라의 '영역' 안에서 보편적인 백성의 생업은 아니었다고 이상의 여러 사료는 서술하고 있습니다.

교역된 물품

그뿐만이 아닙니다. 고고학에 흥미가 있는 분이라면 알고 계실지도 모르겠지만, 연나라 영역에서는 도화(刀貨)가 다량 출토되었습니다. 이것들은 춘추시대 중반부터 사용되었다는 점이 발굴보고를 통해 분명해졌으며 에무라 하루키(江村治樹)는 이를 상세히 분석했습니다. 한대(漢代)에도 곡물 생산을 하지 않던 연나라의 토지에서 더 한랭했던 춘추시대에 곡물이 풍부하게 생산되었다고는 생각할 수 없습니다. 결국은 비농경지대에서의 교역, 그것도 화폐를 매개로 한 교역의 발생을 인정해야 한다는 것입니다. 얼마 전까지 고등학교 역사교과서 등에서 종종 "철제 농기구의 보급으로 농업 생산이 발전하고, 잉여가 발생하자 그것을 교환하는 교역도 활발해졌다"라는 식의 이해를 볼 수 있었는데, 전국시대 연나라의 경우는 이러한 조건에 들어맞지 않으며, 즉 곡물 생산을 하지 않는 상황 속에서 이미 화폐를 매개로 하는 곡물의 교환이 개시되고 있었던 것입니다.

그렇다면 도대체 무엇을 화폐를 통해 교환했던 것일까요.

〈표1〉에서 보았듯이, 소진은 조나라에 대해 합종책이 성공하면 연나라의 '전구구마(旃裘狗馬)'의 산지가 수중에 들어온다고 말합니다. '모직물과 모피 코트, 개와 말'의 산지라는 의미입니다. 또한 〈표2〉에서『사기』화식열전에 보이는 연나라 및 연나라의 교역 상대로 여겨지는 지역에 관한 기록을 정리해봤습니다. 여기서는 연나라에서 풍부한 물자를 '어염조율(魚鹽棗栗)'로 기록하고, 북쪽으로 이웃한 오환(烏桓)과 부여(夫餘), 동쪽으로는 예맥(穢貊)과 조선·진번(眞蕃)에서 생산되는 물자를 통한 이익을 수중에 거두고 있다고 되어있습니다. 물고기와 소금은 물론 바다의 소산, 대추와 밤은 삼림의 소산이지요. 예맥과 조선·진번이라면 이는 아주 분명하게 당시 중원 사람들과는 다른 언어·문화를 가진 사람들로 생각해야 하는데, 그 소산으로서는 당연히 제3화에 서술한 모피를 들 수 있습니다. 하지만 북쪽 지역에서 이루어지고 있던 것은 '어염조율'과 모피의 물물교환과 같은 수준의 교역만이 아니었습니다.

제5화에서도 언급한『관자(管子)』규도편(揆度篇)에 다음과 같은 이야기가 있습니다.

환공(桓公)이 관자에게 물었다.

"내가 듣기로는 해내(海內, 세상)에 7가지 옥폐(玉幣)―매개 기능을 하는 물건이 7개―가 있다고 한다. (어떠한 것인지) 들려줄 수 있겠는가"라고 하였다. 관자가 대답하였다.

"음산(陰山)에서 채굴한 흰 바탕에 붉은 줄무늬 모양이 들어간 돌(사도닉스)이 하나입니다. 연나라 자산(紫山)에서 채굴한 백금(白金, 은의 의미)이 하나요. 발

(發)과 조선(朝鮮)에서 노획된 아름다운 모양의 모피가 하나요. 여수(汝水)·한수(漢水) 우구(右衢)에서 나는 황금(黃金)이 하나요. 장강(長江)의 북쪽 기슭에서 채취한 진주가 하나요. 진(秦)나라 명산(明山)의 청금석이 하나요. 우씨(禹氏)의 지배지역 깊은 산속에서 채굴한 옥이 하나요. 이것들은 산출량이 적으므로 가치가 높고, 좁은 지역에서 밖에 산출되지 않기 때문에 널리 유통되는 것입니다. 천하 정책의 비법은 이러한 경중의 원리를 다하는 것입니다."

여기서는 연나라에서 은이 채굴되었다고 합니다. 또한 조선에서 아름다운 모피를 구한 사실도 보입니다(덧붙여 이 기록이 중국 문헌에서 '조선'이라는 글자가 처음으로 나타난 것이라고 생각함).

요컨대 도화(刀貨)의 원재료인 동을 포함한 광산자원도 연나라의 산물로 유명했던 것입니다. 이것도 농업 생산과는 무관하게 입수할 수 있는 물자입니다. 채굴하는 사람의 음식물은 몇 번이나 말한 '대추와 밤'으로 해결되기 때문이지요.

나아가 〈표2〉에서 제시한 대(代)·종(種)에 대한 평가와 같이 사마천이 연나라와 관련지어 서술한 대(代)·종(種)·운중(雲中)·오원(五原)·정양(定襄)·안문(雁門)이라는 호칭의 장소는 한마디로 말하자면 곡물 생산을 주산업으로 하지 않은 사회였던 것 같습니다.

또한 〈표1〉에서는 생략했지만, 『전국책』에는 현재의 태행(太行)산맥에 있던 '중산(中山)'이라는 나라에 관한 '중산책(中山策)'이라는 부분이 있습니다. 왕묘에서 호화로운 황금으로 된 마구(馬具)가 다수 출토된 이른바 기마민족의 지배영역이었다고 생각되고 있습니다(한대의 중산에 대해서는 〈표2〉의 기록이 있음).

'전국칠웅'이라는 말이 너무나도 유명하여 무심코 간과하는 경향이 있지만, 전국시대의 화북 전역이 이후의 중국 여러 왕조 하에서와 같은 곡물 생산을 중심으로 하는 사회였던 것도 아니려니와, 칠웅에 의해 구석구석 철저히 영역 지배되고 있었던 것도 아닙니다.

환경으로 보는 고대 중국

합종책의 실태

이상과 같이 전설에서는 소진이 합종책을 설파한 것으로 되어있는 상대방의 실상을 구체적으로 살펴보면, 제2화·제3화·제4화에서 언급한 곡물 생산을 주산업으로 하려는 정책이 시행되었던 지역과는 다른 환경에 있던 사람들에게도 동맹을 제안했던 셈입니다. 초나라는 벼농사가 이루어지던 장소입니다.

위나라에 관해 언급된 바와 같이 중원에서 곡물 생산지가 확대되면 모피는 물론 목축지도 감소하고, 모직물도 갈(褐, 제2화 참조)도 입수하기 어려워집니다. 그렇기 때문에 연나라는 이러한 교역을 통해 병량도 군비도 충실하게 할 만큼의 이익을 얻었던 것입니다.

그리고 이러한 다른 자연환경, 다른 문화 영역 간의 사람·물자·정보의 교역 루트가 소진의 유세를 가능하도록 네트워크를 형성하고 있었던 셈입니다. '전국칠웅' 사이에 결코 공통된 정치방침과 사상기반이 있었던 것은 아닙니다. 오히려 완전히 다른 생활양식의 지역이 복수 존재

	연번	『사기』 화식열전
연나라의 지리적 조건	(1) 입지	사람과 물자의 일대 집산지. 남쪽으로 제나라·조나라와 통하고, 동북쪽으로 호(胡, 흉노)에 접한다.
	(2) 풍속	상곡(上谷)에서 요동(遼東)까지는 중앙에서 멀고 인민이 드물기 때문에 자주 침략당한다. 조나라와 대나라의 풍속과 유사. 백성은 날렵하지만, 사려는 부족하다.
	(3) 경제	어염조율(魚鹽棗栗)은 풍부함. 북쪽이 오환(烏桓)과 부여(夫餘)의 근처로, 동쪽에서 예맥(穢貊)·조선·진번(眞蕃)의 이익이 들어온다. 연나라도 대나라도 수렵·목축하며 양잠도 한다.
관련영역	(4) 종(種)· 대(代)	호(흉노)에 접하고 있으므로 자주 침략당한다. 인민은 솜씨가 좋고 시원시원하고, 의협심이 강하여 멋대로 행동하며, 농상(農商)에 종사하지 않는다. 북이(北夷)에 가까워서 자주 군대가 출병하는데, 중국(中國)으로 돌아가면 진귀한 이익을 얻을 수 있다. 백성은 춘추시대부터 날렵하고 사나워서 진(晉)나라의 전성시대에도 애를 먹었는데, 분열되어 조나라의 지배하에 들어가자 조나라 무령왕(武靈王)이 그 풍속을 격화시켰다. 서쪽으로는 상당(上黨)과 거래하고, 북쪽으로는 조(趙)·중산(中山)과 거래한다.
	(5) 한단(邯鄲)	장수(漳水)·황하(黃河) 사이에 사람과 물자의 일대 집산지. 북쪽으로는 연(燕)과 탁(涿)으로 통하고, 남쪽으로는 정나라 위나라가 있다.
	(6) 중산(中山)	땅은 척박하고 인구가 많은데, 영역 내의 사구(沙丘)는 은나라 주왕(紂王)이 어지럽힌 땅의 자손이므로 백성의 습속도 조급하고 교활하며, 이해타산이 빠르고 장사로 생활한다. 남자는 모여서는 놀고 장난치며 슬픈 노래를 불러 울분을 터뜨리며, 일어나면 싸움질·쉬면 무덤을 털고 악행을 저지르나, 잘생긴 이들이 많아서 배우가 된다. 여자는 악기와 춤에 능하여 귀인이나 부호를 유혹하고, 어느 제후의 후궁으로도 들어가 있다.

〈표2〉 연나라 및 관련 영역에 대한 화식열전의 환경묘사 개요

하고 있었기에 모르는 사람끼리 진나라에 대항하여 동맹을 맺어볼까 하는 분위기도 생겨났다고 봐야 하는 것은 아닐까요.

그렇지만 그것이 맥없이 무너지고 말았던 것은 꼭 장의의 연횡책이 우월했기 때문이 아니라 오히려 단결하기 어려운 이문화의 인간집단을 하나로 모으려고 한 소진의 의도에 적지 않은 한계 혹은 무리가 있었기 때문일지도 모릅니다.

참고문헌

佐藤武敏監修, 藤田勝久·早苗良雄·工藤元男訳注, 『馬王堆帛書—戦国縱橫家書』(朋友書店, 1993)에 상세한 정리가 되어있고, 平勢隆郎, 『新編史記東周年表』(東京大学出版会, 1995) 등에도 『戦国縱橫家書』의 분석이 있다.

『北京晨報』(2000.8.3)

江村治樹, 『戦国秦漢時代の都市と国家』(白帝社, 2005)

제7화

스파이 정국(鄭國)의 운명

― 진(秦)의 중국 통일과 대규모 관개(灌漑) ―

'통일'사업 완성의
경위

기원전 221년, 진(秦)나라 시황제(始皇帝)가 제나라를 무너뜨리고 중국을 통일했다는 것은 수험용 세계사에서 '암기'해야 하는 '중요 사항'이지요.

어째서 진나라가 이러한 군사적 성공을 거둘 수 있었는지에 관해서는 수많은 개설서와 전문서가 나와 있어 백가쟁명(百家爭鳴)의 상태인데, 모든 사람이 한결같이 지적하는 것은 자료 코너에 게재한 『사기』하거서(河渠書)의 기술로서 정국거(鄭國渠)라는 관개수로를 조성하여 관중(關中)을 비옥하게 만들어 병량을 확보할 수 있었다는 점이 진나라가 부강해진 일대 요인이라고 간주하는 것입니다.

그것은 대체로 맞는 말이라고 생각합니다만, 제2화에서 서주(西周)의 왕이 관중에서 배수 공사를 했던 기록이 있다는 점을 말씀드렸었지요. 그렇다면 왜 같은 관중인데 진나라에는 관개가 필요하게 되었던 것일까요.

환경으로 보는 고대 중국

Ⅰ. 『史記』河渠書	Ⅰ. 『사기』하거서
… 西門豹引漳水漑鄴, 以富魏之河內. 而韓聞秦之好興事, 欲罷之, 毋令東伐, 乃使水工鄭國間說秦, 令鑿涇水自中山西邸瓠口為渠, 並北山東注洛三百餘里, 欲以漑田. 中作而覺, 秦欲殺鄭國, 鄭國曰,「始臣為間, 然渠成亦秦之利也」. 秦以為然, 卒使就渠, 渠就, 用注填閼之水, 漑澤鹵之地四萬餘頃, 收皆畝一鐘, 於是關中為沃野, 無凶年, 秦以富彊, 卒并諸侯, 因命曰鄭國渠.	… 서문표는 장수의 물을 끌어와 업(鄴) 땅에 물을 댐으로써 위나라 하내(河內)를 부요하게 만들었다. 그러나 한나라는 진나라가 일을 일으키기 좋아한다는 말을 듣고, 그들을 지치게 하여 동쪽으로 정벌하지 못하게 하려고, 곧 수공(水工) 정국으로 하여금 진에 첩자로 보내 유세하게 하였는데, 진나라가 경수(涇水)를 뚫어 중산(中山)에서 서쪽으로 호구(瓠口)에 이르기까지 수로를 만들어 북산을 따라 동으로 낙수(洛水)까지 3백여 리를 흐르게 함으로써 논을 관개시키고자 하였다. 중반쯤 진척되었을 때 발각되어, 진나라는 정국을 죽이려고 하였다. 정국이 말하기를 "처음에 신은 첩자로 왔지만, 수로가 완성되면 또한 진나라에 이익이 됩니다"라고 하였다. 진나라는 그렇다고 여겼으므로 결국 수로를 완성하도록 하였다. 수로가 완성되자 진흙이 섞인 물을 끌어와 염분이 많은 토지 4만여 경을 관개하여, 1무(畝) 당 1종(鐘)의 수확을 거두었고, 이에 관중은 비옥한 땅이 되어 흉년이 없어졌으니, 진나라는 이로써 부강해져서 마침내 제후국들을 병합하였다. 이로 인해 그 수로를 '정국거'로 명명하였다.

이 글의 대강의 의미는 이러합니다.

6국의 항쟁도 치열해진 전국시대 말쯤, 진나라의 동쪽 이웃에 해당하는 한나라에서는 진나라가 토목 공사에 열심이라는 말을 듣고 그들을 지치게 만들어 한나라를 공격하지 못하게 하려고 수리 기술자인 정국이라는 자를 스파이로 진나라에 보냈다. 그에게 (대토목사업 계획을) 교묘히 제안하도록 한 것이다. 그 계획은 경수에서 물을 끌어와 중산에서 서쪽으로 호구에 이르는 거수(渠水, 관개수로)를 건설하고, 그 수로는 또한 북산에 나란히 동쪽으로는 낙수(洛水)로 흐르는 총계 300여 리 거리의 수로를 건설하여 이것으로 경지를 관개하도록 하자는 일대 구상이다. 잘 될 것 같았으나 결국 진나라 측에 정체를 들키고 말아서 정국의 목숨은 풍전등화(風前燈火)와 같았는데, 정국이 말한 필사의 변명은 "확실히 처음에 저는 스파이였습니다. 그렇지만 이 관개수로가 완성되면 그것은 진나라의 이익이 됩니다"라는 것이었다. 진나라 측에서는 과연 그렇다고 여겼으므로 병졸을 거수 공사에 종사(공사를 속행)하도록 한 것이다. 거수는 완성되었고, 댐 호수에 모인(일설에는 진흙이 섞인) 물을 흘려보내 알칼리화했던 습지 사만여 경을 관개하여 그 수확은 어디라도 1무(畝, 약 4.62아르) 당 1종(鐘, 6석(石) 4두(斗). 여기에서는 1석=1곡(斛)=10두. 1곡은 약 34리터)이 되었다. 이를 통해 관중은 비옥하게 되었고 흉년이 없어져 진나라는 부국강병을 실현하고 마침내 제후를 병합했다. 이러한 경위를 기념하기 위해 수로는 정국거라고 명명되었다.

이러한 의미의 이야기입니다. 스파이의 극적인 목숨 구걸이 진나라를 풍요롭게 하여 중국 통일을 가져오게 되었다는 것인데, 만일 수로 건설이 진나라의 위정자에게 해볼 만한 가치가 있다고 느껴지지 않았다면 정국은 목숨을 건질 수 없었을 것입니다. 그의 변설이 기묘하게도 중국 역사상의 일대 전환점과 이어졌던 것은 왜였을까요.

여기서 관개된 토지를 택로(澤鹵)라고 표기하고 있는 점에 우선 주
목해봅시다.

'택로(澤鹵)'가 출현한
장소

이 수로의 경로에 대해서는 여러 가지 의견이 있는데, 예를 들면 섬서사범대학 리잉푸(李令福)는 대체로 〈지도Ⅰ〉과 같은 경로였다고 보고 있습니다.

섬서성의 북쪽은 이른바 황토고원인데, 크게 활처럼 굽은 황하(黃河)가 에워싼 황토고원은 린아이밍(林愛明)의 설에 따르면 황하의 북상이 만들어낸 복잡한 습곡 지형입니다.(〈지도Ⅱ〉) 린아이밍에 따르면 황하는 본래 현재의 위수(渭水) 위치에서 흐르고 있었으나, 히말라야 조산운동에 의해 서남쪽으로부터의 압박이 가해져 동북 방향으로 밀어 올려져서 현재의 유로(流路)가 만들어진 것이라고 합니다. 따라서 황토고원은 그 이름의 유래인 '황토(정확히는 황면토(黃綿土))'로 덮여있는 장소도 있지만, 원래 황하 하안(河岸)에 있던 모래땅이 표층에 노출된 장소나 제4 빙하기 이전에는 지하에 있던 오래된 지층인 적토의 점토가 지표 가까이 밀어 올려져 더욱이 표층을 씻어내려 노출된 장소도 있습니다. 또한 황

환경으로 보는 고대 중국

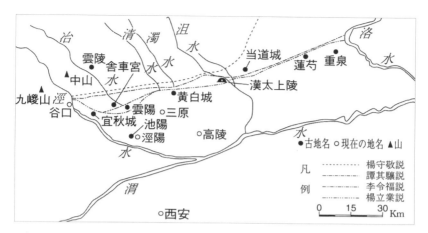

〈지도 I 〉 리잉푸(李令福)가 정리한 정국거 거도(渠道)에 관한 제설(諸說) 안내도(李令福, 『关中水利开发与环境』, 人民出版社, 2004를 바탕으로 작성)

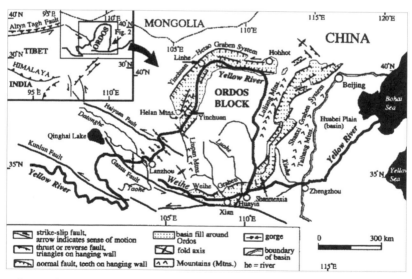

〈지도 II 〉 林愛明, 'How and when did the Yellow River develop its square bend?'(Geology, Vol.29 No.10, 2001)

면토가 퇴적된 부분이 침식되어 생긴 깊은 골짜기로 분단되어 있습니다. 수 미터의 도랑(비가 내리면 작은 개울이 됨)을 사이에 두고 떨어져 있을 뿐으로, 오른쪽 언덕은 쥐라기에 물밑에 있었다는 증거인 조개가 파묻힌 자갈과 작은 암석의 퇴적층이고, 왼쪽 언덕은 새빨간 점토층의 상태입니다. 표층이 이러하므로 지하수도 복잡한 위치에 존재하고 있는 듯한데, 고원 전체로서는 내부에 습곡(주름진 듯한 요철)을 끼고 남쪽의 위수로 물이 흘러가는 지세에 있다고 말할 수 있습니다.

　이 황토고원과 위수가 중앙을 흐르는 관중 분지의 경계에는 꽤 급경사로 이루어진 장소가 많은 것 같습니다. 정국거는 대체로 이 경계 부근에서 건설되었습니다. 이러한 장소에서는 황토고원의 지하를 흐르는 지하수가 지표면의 급한 기울기의 변화로 인해 지표에 가까운 얕은 수위가 되기 쉽습니다(지하수는 그때까지 같은 경사로 흘러도 지표면이 갑자기 낮아지므로 지하수가 지표로 스며 나오거나 벼랑에서 솟아나기도 함). 선상지(扇狀地)에서 솟아나는 물과 비슷하지요. 그곳은 습지대가 되는 경우도 있고, 수목이 무성한 늪이 되는 경우도 있습니다. 정국거가 건설된 토지의 이전(사마천이 본) 상황을 보여주는 '택로(澤鹵)'라는 단어의 '택(澤)'은 일본에서 쓰는 '沢'의 정자체입니다. 그러나 일본어의 '沢'이 저습지, 냇가의 얕은 여울이라는 이미지를 가진 것과는 조금 다릅니다. 이 글자는 물을 나타내는 삼수변(氵)과 '역(睪)'으로 이루어져 있습니다. 시라카와 시즈카(白川靜)에 의하면 '역'은 동물의 유해가 쓰러져 있는 모양일 것입니다. 물가에 겨우 다다른 동물이 그곳에서 쓰러져 죽은 음침하고 축축한 장소를 나타내고 있다고 여겨집니다. 상술한 것처럼 황토고원으로부터의 물이

환경으로 보는 고대 중국

모이기 쉬운 관중 분지 북단에서는 큰 나무를 베면 수목이 흡수하고 있던 물이 그곳에 모여 '택(澤)'이 출현하는 것이지요.

그런데 정국거가 경수에서 물을 끌어온 장소인 호구(瓠口) 부근은 서주시대에 '초확수(焦穫藪)'로 불리며 주나라를 대표하는 '미림(美林)'이었던 장소입니다. 제4화에서 언급한 『이아(爾雅)』에서는 주나라의 '초확수'를 다른 지방의 삼림과 합하여 '십대 미림'의 하나로 보고 있습니다. 또한 『시경』 소아(小雅)에 있는 주나라 선왕(宣王) 때의 전설을 읊은 시인 '유월(六月)'에도 "험윤(玁狁)의 무리가 우리 호경(鎬京)에 가까운 초확수까지 닥쳐왔다. 참으로 무례한 …"이라는 시구가 남아있습니다. 목축·수렵민이었다고 생각되는 '험윤'이 베이스캠프를 차린 장소, 곧 수목과 물이 풍족한 초록이 넘치는 장소였던 것입니다.

서주의 왕이 관중의 습지를 배수하여 경지를 조성했던 것은 제3화에서 말했습니다. 그러나 삼림을 경지로 만드는 일 같은 것은 서주시대에는 불가능했습니다. 왜냐하면 당시의 공구 대부분이 석기였기 때문입니다. 큰 나무를 베어 쓰러뜨리는 것은 곤란했습니다. 게다가 도읍인 호경에 가까운 삼림인 초확수는 연료나 생활에 불가결한 여러 동식물을 수렵 채집하기 위한 중요한 물자공급지이기도 했을 터이므로 이를 베어버리는 것은 생각할 수 없었던 것입니다.

고대의 '환경파괴'

그러나 제4화에서 서술했듯이 춘추시대 말부터 전국시대에 철기가 널리 보급되었고, 철 도끼를 사용하며 큰 나무를 벨 수 있게 되었습니다. 그리고 관중을 실제적으로 지배했던 것은 현재 감숙성 천수 부근이 근거지였던 원래 말 목축민인 진족(秦族)이었습니다. 천수에는 목판에 그려진 시황제 때의 지도가 출토되었던 것으로 유명한 방마탄(放馬灘)이라는 장소가 있습니다(사진). 근대 이후가 되어서도 목축이 행해지고 있는데, 그 토지의 삼림을 관리하는 소농산(小隴山) 임업실험국 왕젠잉(王建英) 부국장에게 물어보니 바로 최근까지도 방목을 위해 매년 5월 5일에 산에 불을 질러 마른 풀을 태웠다고 합니다. 그 정도로 비가 많아서 수목의 생장이 빠른 장소입니다. 서안에서 300여 킬로미터도 더 서쪽의 실크로드에 있는데, 육반산계(六盤山系)에 부딪힌 편서풍이 비를 내리게 하지요. 이러한 장소에 친숙한 진족에게 수목 등은 매년 베어도 다시 자라나는 것이라고 여겨졌을지도 모릅니다.

또한 진나라가 관중에 진출한 이후에도 옛 땅인 천수 부근은 장강 유역과의 분수령을 이루고 있어 초나라 등 남쪽 세력과 대항하기 위해서는 중요한 교통 루트로서 확실히 확

방마탄 삼림공원 입구

보하고 있었습니다. 전술한 지도는 천수 부근을 그린 것이지만, 군사상의 루트를 기록한 것이나 하천을 이용한 목재의 반출 루트를 기록한 것도 포함됩니다. 게다가 관중에서 천수까지의 경로는 농산(隴山)의 산기슭을 통해서 가는데 그 도중 해발 천 미터를 넘는 천하(千河) 부근에는 '현포수(弦蒲藪)'라고 불리는 역시 저명한 미림이 한대(漢代)에도 남아있었습니다. "그곳에서 생산하는 '유미묵(隃麋墨)'이라는 먹 2매(당시에는 '매'로 세었던 것으로 보임)를 매월 관리에게 지급한다"라는 규정이 『한구의(漢舊儀)』에 보입니다. 즉, 먹의 재료가 되는 우량한 목재를 한대(漢代) 이후에도 구할 수 있었던 것입니다. 그러므로 기마에 뛰어난 춘추전국 시기의 진족에게 수목의 공급지는 꼭 초확수일 필요는 없었고, 다소 떨어져 있어도 지배지역 내에 있으면 괜찮았다고도 말할 수 있겠지요.

더욱이 전국시대 말기가 되어도 도읍 함양(咸陽, 주나라 도읍 호경의 유적지 부근)의 바로 옆에는 적(翟)이라는 비농경민 세력이 있어서 진나라 왕족과 통혼하는 경우도 있었던 듯하지만, 교전하는 경우도 있었습니다. 농경을 중시하게 된 진나라로서는 그러한 세력이 근거지로 삼기 쉬운

삼림을 도성 부근에 방치하는 것을 피하고 싶은 사정도 있었던 것은 아닌지 싶습니다.

그렇지만 뭐니 뭐니 해도 제나라 우산과 마찬가지로 대도시 함양 근처의 삼림인 초화수는 사람들의 일상생활용 연료와 진나라의 대군을 지탱할 무기 등 철기 생산의 연료로서 큰 나무도 모두 벌채되었다고 생각됩니다. 하지만 원래부터 습지였으므로 수목을 벌채해도 조 등의 재배에는 부적합한 질퍽질퍽한 토지가 노출된 것뿐으로 누구도 경지로 이용하지 않았을 가능성도 높습니다. 그렇다면 나무를 벤 곳에서는 진족에게 중요한 가축이 방목되는 경우도 있었겠지요. 수목을 베어 버리면 차츰 그 부근의 공기는 건조해집니다. 관중은 천수만큼 비가 내리지는 않았습니다. 육반산계를 넘어 관중으로 부는 서풍은 수분을 잃은 건조한 공기이기 때문입니다. 그렇더라도 그러한 차이를 진족에게 인식하라고 말해도 무리였을 것입니다. 수목이 필요해서 잘랐으므로 벤 자리가 습지면 방목에 이용하면 되기 때문이죠. 나아가 삼림이 소실되면 제4화에서 언급한 삼림의 기능, 유기질을 토양에 돌려주어 부식(腐植)을 생성하고 단립구조로 만드는 일이 없어집니다. 토양이 단립구조라면 경단 내부에는 물이 유지되고 경단과 경단 사이에는 물이 지나므로 수분 유지도 배수도 괜찮지만, 풀의 역할을 하던 부식이 없어지면 단립구조를 유지할 수 없게 되어 토양의 표층이 점점 건조해지기 쉽게 되는 것입니다.

한편 공기가 건조한 지방에서는 종종 토양 위에 염분 혹은 알칼리 성분이 모입니다(염류집적). 산동반도의 연안부나 일본의 하치로우가타(八郞潟)와 같이 해수의 영향을 받아 그 해수 속의 염분이 쌓이는 곳 뿐만이 아닙니다. 바다에서 수천 킬로미터나 떨어진 내륙부, 사막의 한가운데서도 염분이 쌓인 토지가 있습니다. 그것은 토양의 심층에 존재하는 지하수가 공기가 건조한 장소에서는 증발하기 쉽게 되기 때문입니다. 초등학교 과학 시간에 배운 모세관현상이라는 것을 기억하시나요. 특히 토양의 입자가 작고 균등한 곳에서 전술한 단립구조가 소실되면, 똑바로 쌓여 있는 토양입자와 입자 사이에 모세관과 같은 미세한 공간이 생기므로, 그곳을 통해 몇 미터나 지하수가 상승하기도 합니다. 그래서 물은 공중으로 증발하지만 지하수에 녹아 있던 성분은 증발하지 않고 지표에 남습니다. 그 성분이 중성의 염분인지, 알칼리성 염분류인지는 장소의 조건에 따라 다릅니다.

이렇게 지표에 여기저기 염분 덩어리가 생긴 토양을 한자로 '노(鹵)'라고 표현하는 것은 제5화에서 설명하였습니다. '택(澤)'은 전술한 습지의 의미이므로, '택로(澤鹵)', '석로(舃鹵)'는 글자 그대로 수분이 모이기 쉬운 늪이나 간석지가 어떠한 원인으로 인해 건조해졌을 때 생기는 토양의 상태이며, '척로(斥鹵)'는 땅속에서 염분이 배어 나와 '석출(析出)'된 상황을 표현하는 말입니다.

수목을 잃은 초확수에서도 이 현상이 발생했던 것입니다.

요컨대 정국거를 건설한 장소는 주대(周代)에는 울창했던 푸른 삼림·초확수였던 장소가 수목의 벌채와 공기의 건조화로 인해 '택로'로 변모한 곳이었던 것입니다.

이러한 진나라 영역에서의 환경악화 정보를 한나라는 알아채고 정국을 보냈던 것이겠지요. 그런데 감쪽같이 대토목공사를 진행하도록 하여 진나라의 국력을 쓰게 해도, 공사가 성공하여 진나라가 부강해지자 본전도 찾지 못하게 되었습니다. 그래도 공사가 실패했다면, 설령 스파이라는 것을 들키지 않았더라도 당연히 정국은 책임을 질 수밖에 없으므로, 한나라의 계략으로는 공사 도중에 도망치라고 지시했던 것은 아니었을까요. 그렇지만 실제로는 정국의 목숨은 풍전등화의 상태가 되었습니다. 정국으로서는 공사가 성공하여 사면받기 위해 어떤 일이 있어도 '택로' 개조가 성공할 계획을 다듬지 않을 수 없었습니다.

'택로' 이용법의
역전 기법-벼농사

이러한 염분이 분출된 토양의 출현이라는 현상은 전국시대 관중-곧 진나라의 영역-에서만 발생한 것만은 아닙니다.

　　이미 전국시대 초기 위나라에서는 문후(文侯)의 신하였던 서문표(西門豹)라는 인물이 태행산맥의 산기슭에 있는 업(鄴)이라는 지방에서 장수(漳水)의 물을 끌어와 관개했다는 전설이 있습니다. 장수는 태행산맥의 산속을 수원지로 하고 산계의 능선에 거의 평행하여 동북쪽에서 서남쪽으로 흐르는데, 업 부근에서 크게 선회하여 완전히 반대로 서남쪽에서 동북쪽 방향으로 유로를 바꿉니다. 이 선회점에 해당하는 업 주변에는 당연히 물이 모이기 쉬운 장소-반고(班固)의 표현으로는 '석로(舃鹵)'-가 생깁니다. 업에 부는 서풍도 여량(呂梁)산맥 등을 넘어오므로 건조합니다(단 여름철의 바람은 동남쪽에서 불어오는 해풍이므로 강우량은 관중보다는 많을 것임). 급속하게 부국강병책을 추진한 위나라에서의 목재 수요도 진나라와 마찬가지로 높았겠지요. 삼림이 벌채되면 여기서도 초확수와 같이 간석지에 염분이 집적되었을 것입니다.

이러한 토지를 농지로 이용하기 위해서는 표면의 염분을 물로 흘려보내는 방법이 가장 손쉬운 길입니다. 이즈음부터 고대 중국의 대규모 수리 공사는 습지와 늪의 배수·간척형에서, 염분을 뽑아낸 토지를 세정하는 형태로 각지에서 주류가 변화한 모양입니다. 그만큼 삼림벌채의 영향이 전국화한 것인지 모르겠습니다.

단 자료 코너에 제시하였듯이 이 전설에는 이설이 있는데, 반고는 문후의 손자 시대에 사기(史起)라는 인물이 관개했다는 설을 『한서』에 채용하고 있습니다. 그 기록을 살펴봅시다.

서문표가 증조부대의 유능한 가신이었기 때문에 "나의 가신들도 그와 같이 되기를 바란다"라는 말로 양왕(襄王)에게 건배사를 받게 되자 자존심이라도 상했던 것인지, 사기(史起)는 장수를 관개에 이용하지도 않아 종래대로 다른 토지의 반액의 생산량밖에 올리지 못하는 지금의 업지역은 서문표의 무능함의 결과라고 단언한 것입니다. 어쩌면 발탁·승진을 노린 허세였을지도 모르겠지만, 여하간 사기는 업현의 현령으로 기용되었고 관개농업에 성공합니다. 그러자 이 결과에 기뻐한 백성들이 불렀다는 노래도 반고는 수록하고 있습니다.

마지막 1구가 그것입니다. '석로'를 관개하여 '도량(稻粱)'이 생육했다고 되어있네요. '벼와 차조'입니다.

인공적으로 수로를 끌어와 염분이 쌓인 토지를 세정하여 농지로 만드는 것인데, 우선적으로 벼를 심었다는 것은 매우 합리적인 방법인 것입니다.

환경으로 보는 고대 중국

II.『漢書』溝洫志

魏文侯時, 西門豹為鄴令, 有令名. 至文侯曾孫襄王時, 與群臣飲酒, 王為群臣祝曰「今吾臣皆[如]西門豹之為人臣也」. 史起進曰「魏氏之行田也以百畝, 鄴獨二百畝, 是田惡也. 漳水在其旁, 西門豹不知用, 是不智也. 知而不興, 是不仁也. 仁智豹未之盡, 何足法也」. 於是以史起為鄴令, 遂引漳水溉鄴, 以富魏之河內. 民歌之曰「鄴有賢令兮為史公, 決漳水兮灌鄴旁, 終古舄鹵兮生稻粱」.

II.『한서』구혁지

위나라 문후 때 서문표가 업령(鄴令)이 되어, 잘 다스렸다는 명성이 있었다. 문후의 증손자인 양왕 때에 이르러 군신과 술을 마시는데, 왕이 군신을 위해 축하하며 말하기를 "나의 신하들이 모두 서문표와 같은 신하가 될지어다"라고 하였다. 사기가 나아가 말하기를 "위나라의 전제(田制)는 백 무(畝)를 단위로 했는데, 업(鄴)만은 2백 무로 했으니 이는 토지가 좋지 않았기 때문입니다. 장수(漳水)가 그 옆에 있는데도 서문표는 이를 이용할 줄 몰랐으니, 이것은 지혜롭지 못한 것입니다. 알고도 공사를 하지 않았다면, 이것은 어질지 못한 것입니다. 어짐이나 지혜라는 측면에서 서문표는 아직 이를 다하지 않았으니 어찌 모범으로 하기에 충분하겠습니까"라고 하였다. 이에 사기를 업현의 현령으로 삼으니, 마침내 장수를 끌어와 업을 관개함으로써 위나라의 하내(河內)를 부유하게 하였다. 백성들은 이를 노래하며 말하기를 "업에 어진 현령이 있으니 사공(史公)이시다. 장수를 터서 업의 곁에 물을 대니, 오랜 세월 동안 석로(舄鹵)였는데 벼와 조를 생산한다"라고 하였다.

현대에도 예를 들어 "사막화를 막자!"라는 구호 아래 자본과 기술을 동원하여 관개가 추진되는 경우는 적지 않습니다. 알칼리성 토지의 개조라면 관개밖에 방법이 없는 것처럼 외치던 때도 있었습니다. 그런데 관개는 상당히 까다로운 작업입니다.

공기가 건조한 장소에서 지표에 집적된 염분을 관개수로 씻어내면,

그 염분은 지하로 내려갑니다. 이것을 관개에 사용한 물과 함께 경지에서 멀리 떨어진 큰 하천 등으로 옮겨버리는 것이 가능하면 문제는 없습니다. 하지만 그러기 위해서는 그 경지의 원래 지하수가 있던 깊이보다도 더욱더 깊게 관개수 배출 전용의 배수구를 파야 할 필요가 있습니다. 그러지 않으면 애써 씻어낸 지표의 염분은 그 장소의 지하수에 섞여버리고 맙니다. 경지가 밭이고 재차 공기가 건조해지면, 그렇습니다, 흘려보냈던 염분은 다시 지하수와 함께 지표로 떠오르고 말겠지요. 더구나 한번 씻어낸 염분이 다시 지표에 상승하면 제9화에서도 서술하겠지만 '재생 알칼리화 현상'이라고 불리는 관개해도 씻기지 않는 물질이 생겨나는 귀찮은 일이 일어나게 됩니다.

그 때문인지 시황제의 생부(라고 사마천은 쓰고 있음) 여불위(呂不韋)가 편찬한 『여씨춘추』라는 서적에는 일반 농민에 대해 "충분한 노동력도 없는 자가 관개수로를 조성해서까지 농지 개척을 해서는 안 된다"라는 금령(禁令)이 쓰여 있습니다(자료 코너).

그렇더라도 수도권 근처에 넓은 면적의 황폐지가 있다면 어떻게든지 이용하고 싶어지는 것도 당연합니다. '재생 알칼리화'와 같은 일이 일어나지 않기 위해서는 어떻게 하면 좋을까요.

답은 간단합니다. 지하수가 상승하지 않도록 하면 됩니다. 원래 택로나 석로가 되는 장소는 지하수가 머물기 쉬운 장소입니다. 공기의 건조는 그리 간단하게 개선할 수 없습니다. 그렇지만 경지의 지표면이 물로 덮여 있으면 지하수는 상승할 수 없습니다. 모세관과 공기가 접촉하지 않게 되어 염류는 집적할 수 없게 됩니다. 관개하여 염분을 씻어내고,

환경으로 보는 고대 중국

III. 『呂氏春秋』上農篇 然後制野禁, … 野禁有五. 地未辟易, 不操麻·不出糞. 齒年未長, 不敢爲園囿. 量力不足, 不敢渠地而耕, … 爲害於時也.	III. 『여씨춘추』 상농편 그런 후에 야금(野禁)을 제정한다. … 야금(농경 지역 사람들에 대한 금령)에는 다섯 조항이 있다. 토지의 개간이 아직 이루어지지 않았다면 마(麻)를 심지 말고, 거름을 내지 않는다. 나이가 아직 많지 않으면 감히 동산의 일을 하지 않는다. 역량이 부족하면 감히 땅에 도랑을 파서 경작하지 않는다, … 농사 때에 방해가 되기 때문이다.

다시 경지의 지표면을 물로 덮는, 다시 말해 업(鄴)에서 시도된 것처럼 논으로 하면 재생 알칼리화는 발생하지 않는 것입니다.

제1화에서 서술했듯이 낙양(洛陽)·정주(鄭州) 부근에서는 신석기시대에, 서주(西周)시대에는 관중에서 벼농사가 이루어졌습니다. 시간이 흘러 한무제(漢武帝) 무렵까지 관중에는 '도전사자(稻田使者)'라는 관리가 있어, 논은 특별한 관리체계에 놓였던 것 같습니다(이것은 진나라가 국력을 기울여 건설한 정국거에서 급수하는 경지를 국가의 직접경영과 같은 형태로 이용했으므로, 한나라도 그것을 계승했다고 추정됨. 그러나 원래 정국거가 건설된 장소인 초화수는 주 왕조가 관리하는 삼림이었으므로 그 자리를 영유한 진나라도 위정자 직영지-국영목장이라든가-로 삼은 것은 충분히 생각할 수 있음. 논으로 개조한 뒤에도 당연히 국가의 직할지였을 것이며, 관개수로를 국가가 건설했으므로 그 유역을 경작하는 농민에 대한 지배가 강력해졌다는 설도 일찍이 주창되었지만 조금은 사태의 인과관계를 전도시킨 논리가 아닐까 싶음). 이와 같이 벼농사의 흔적은 여기저기 기록에 남아있었지만, 종래에는 그다지 중시되지 않았습니다. 그것은 다음과 같은 사정 때문입니다.

건조지에서의 논농사는 그것이 가능한 조건, 곧 충분한 양의 맑은 중성 지표수를 얻어야만 성공합니다. 알칼리성의 흙탕물과 같은 물로는 잘 생육할 수 없습니다. 용수(湧水) 같은 것은 너무 차가운 경우도 있을 수 있습니다. 그 때문에 이후 한대(漢代)에 지어진 『범승지서(氾勝之書)』라는 책에는 "우물물 등을 사용해 벼농사를 할 경우는 특별히 우회로를 만들어 물을 따뜻하게 하라"라는 지시까지 있습니다.

또 하나의 조건은 이것도 상식적인 이야기인데 기온과 일조(日照)입니다. 연간 적산온도(積算溫度)가 부족하면 냉해가 발생합니다.

이 두 개의 조건, 맑은 물과 온난함이 고대 화북에 존재했다는 것은 종래 고려되지 않았던 것입니다. 그렇지만 경수는 제2화에서 말씀드렸듯이 원래 논농사가 가능한 맑은 물이 흐르는 강이었습니다. 정국거가 건설된 단계에서 거수(渠水)로는 다른 하천의 물도 도입된 것 같은데, 그것들도 당연히 맑은 물이었겠지요. 관중의 삼림은 거의 없어지고 있었지만, 하천의 수원인 황토고원의 수목은 경사지에 있었으므로 모조리 베지는 못했을 터입니다. 연안에 수목이나 초지가 있으면 그 뿌리가 토사를 고정시켜, 하천의 물은 잘 탁해지지 않습니다. 근현대와 고대의 이러한 환경의 차이에 대해 그다지 고려되지 않았던 것이 정국거에 관한 이해가 불충분했던 원인의 하나였습니다.

정국의 행운

한나라 사람이었던 정국은 물론 업(鄴)에서의 관개와 벼농사의 성공 사례를 알고 있었다고 생각됩니다. 관개수로 건설을 헌책한 이상 수로를 이용한 경지는 논농사를 벌일 계획이었겠지요. 그것에 이용할 수 있는 맑은 물의 존재도 확인하고 있었을 것입니다. 그러므로 성공할 자신을 가지고 변명한 것일지도 모릅니다.

그렇지만 그가 구사일생으로 살아날 수 있었던 최후의 조건은 전국 시대부터 한대에 걸쳐 다시 화북이 은대(殷代) 정도는 아니라도 온난기를 맞이하면서 벼농사를 통해 높은 수확을 얻을 수 있었던 점에 있습니다.

참고문헌

林愛明, 'How and when did the Yellow River develop its square bend?'(Geology,
    Vol.29 No.10, 2001)

水収支研究グル―プ編,『地下水資源学―広域地下水開発と保全の科学』(共立出版, 1973)

中野政詩,『土の物資移動学』(東京大学出版会, 1991)

天野元之助,「中国における自然改造'とくに含塩土と風沙土の改造について」(『アジア研究』
    12-2, 1965)

제8화

사마상여(司馬相如)의 그녀는
감자 아가씨?

― 진한 시기 사천 사람들의 기상 ―

멋쟁이 선비의
과부 획득 작전

사마상여(司馬相如)와 탁문군(卓文君)의 사랑이야기를 알고 계시는지요.

사마상여는 한무제에게 그 재능으로 인해 총애를 받았고 오늘날까지 수많은 작품이 전해지고 있는 뛰어난 문인입니다. 또 탁문군은 촉나라(현재의 사천성)에서도 약간 오지인 임공(臨邛)의 대부호 탁왕손(卓王孫)의 딸로 고대 중국의 왕후(王侯)의 아내나 딸이 아닌 여성으로는 드물게 개인 이름(아호(雅號)나 통명(通名)일지도 모르지만)이 전해지는 존재입니다. 물론 이 두 사람의 사랑이야기가 『사기』를 비롯해 여러 문헌에 남아있어서겠지만, 사마상여와 동시대 사람으로 무제를 섬긴, 말하자면 동료이기도 한 사마천이 왜 이 이야기를 상세하게 전했는가에 대해서는 여러 가지 설이 있음에도 뭐하나 확실하지 않습니다.

우선은 사마상여의 전기를 통해 두 사람의 만남을 살펴보도록 합시다.

(사천 성도에서 태어난) 사마상여(자는 장경(長卿))는 모시고 있던 양효

환경으로 보는 고대 중국

Ⅰ.『史記』司馬相如傳

是時卓王孫有女(卓)文君新寡, 好音, 故相如繆與令相重, 而以琴心挑之. 相如之臨邛, 從車騎, 雍容閒雅甚都. 及飮卓氏, 弄琴. (卓)文君竊從戶窺之, 心悅而好之, 恐不得當也. 旣罷, 相如乃使人重賜文君侍者通殷勤. 文君夜亡奔相如, 相如乃與馳歸成都. 家居徒四壁立. 卓王孫大怒曰「女至不材. 我不忍殺, 不分一錢也」. 人或謂王孫, 王孫終不聽. 文君久之不樂, 曰「長卿第俱如臨邛, 從昆弟假貸猶足爲生, 何至自苦如此」. 相如與俱之臨邛, 盡賣其車騎, 買一酒舍酤酒, 而令文君當鑪. 相如身自著犢鼻褌, 與保庸雜作, 滌器於市中. 卓王孫聞而恥之, 爲杜門不出. 昆弟諸公更謂王孫曰「有一男兩女, 所不足者非財也. 今文君已失身於司馬長卿, 長卿故倦游, 雖貧, 其人材足依也, 且又令客, 獨奈何相辱如此」. 卓王孫不得已, 分予文君僮百人, 錢百萬, 及其嫁時衣被財物. 文君乃與相如歸成都, 買田宅, 爲富人.

Ⅰ.『사기』사마상여전

이때 탁왕손에게는 이제 막 과부가 된 (탁)문군이라는 딸이 있었는데 음악을 좋아했다. 이 때문에 상여는 현령과 서로 존중하는 체하고, 거문고로 마음을 사로잡으려고 하였다. 상여가 임공으로 갈 때 거마를 뒤따르게 했는데, 용모가 조용하고 우아함이 심히 품위가 있었다. 탁씨의 집에서 술을 마시며 거문고를 탔다. (탁)문군은 몰래 문틈으로 이를 엿보고, 마음에 끌려 좋아하게 되어, 그를 얻지 못할까를 염려하게 되었다. 이윽고 마치게 되자, 상여는 곧장 사람을 시켜서 문군의 시종에게 후한 선물을 주고 정성을 전하였다. 문군은 야밤에 도망쳐 상여에게로 달려갔고, 상여는 곧바로 함께 달려 성도로 돌아갔다. 집이라고 해야 네 벽만 서 있을 뿐이었다. 탁왕손은 크게 노하여 말하기를 "딸은 변변치 못하다. 나는 차마 죽이지는 못하겠지만, 한 푼도 나눠주지 않겠다". 사람들 중에는 왕손에게 마음을 돌리라고 말하는 자도 있었으나 왕손은 끝내 듣지 않았다. 문군은 이 생활이 길어지자 버티지 못하고 말하기를 "장경, 혹시 함께 임공에 가면 형제들로부터 돈을 빌리는 것도 가능하여 또한 생활을 하는데 족할 것인데, 어째서 스스로 고생하며 이와 같이 살아야 하겠습니까"라고 하였다. 상여는 함께 임공으로 가서, 거마를 모두 팔아서 술집 하나를 사서 술을 팔고, 문군으로 하여금 화로에서 일하게 했다. 상여 자신은 스스로 독비곤(犢鼻褌)을 입고 고용인과 섞여 일을 하고, 저잣거리에서 그릇을 닦았다. 탁왕손은 이것을 듣고 수치스러웠으므로, 문을 걸어 잠그고 나가지 않았다.

형제들과 제공(諸公)은 번갈아 가면서 왕손에게 말하기를 "아들 하나와 두 명의 딸이 있고, 부족한 것은 재산이 아닙니다. 지금 문군은 이미 몸을 사마장경에게 맡겼고, 장경은 원래 처세에 태만하여 비록 가난하지만, 그의 재능은 의지하기에 충분합니다. 또한 현령의 손님인데 어찌 이와 같이 욕되게 하십니까"라고 하였다. 탁왕손은 어쩔 수 없이 문군에게 하인 백 명과 돈 백만 전, 시집갈 때 준비했던 의복과 재물을 나눠주었다. 문군은 이에 상여와 성도로 돌아가 논과 집을 사서 부자가 되었다.

왕(梁孝王)이 죽어 성도로 돌아와 아무것도 하지 않고 지내던 때, 전부터 알던 임공의 현령 왕길(王吉)의 주선으로 지역의 부호 탁왕손을 방문합니다. 이때 왕손의 딸 문군은 남편을 잃고 친정에 돌아와 있었습니다. 그녀가 음악을 좋아한다는 정보를 확실히 파악하고 있던 왕길과 상여는 목적한 바대로 공동 작전을 펼쳐 상여의 음악 실력을 뽐낼 수 있도록 준비하고, 거문고 음색에 기대어 문군의 관심을 이끌어 내려고 한 것입니다. 그래서 상여는 방문할 때 멋진 거마를 따라 느긋하고 우아하면서 세련된 분위기를 띠도록 충분히 작정하고 있었습니다. 탁씨와의 주연(酒宴)이 시작되고 계획대로 거문고를 탑니다. 문군은 음악 소리에 이끌려 몰래 방문에서 훔쳐보며 상여의 모습을 눈에 담고,(감쪽같이 계략에 걸렸던 것인데) "어머 멋져, 생각한 것보다도 내 취향이네"라고 생각하면서도 "그래도 역시 어려운 일이려나"라고 망설였습니다.

상여는 탁씨의 집을 떠나자마자 즉시 사람을 통해서 문군의 측근에게 잔뜩 선물을 하고, "아무쪼록 잘 부탁합니다"라고 은근하고 정성스레 회유하였습니다(물론 은밀한 만남을 부드럽게 진행시키기 위해서였고, 이때 주었다는 러브레터도 『사기』 이외의 서적에는 채록되어 있는데 여기서는 생략함). 이윽고 문군은 밤중에 몰래 빠져나와 상여에게로 도주하였고, 상여는 곧장 문군과 말을 달려 성도로 도망쳐 돌아갔습니다. 그런데 사마상여의 집이라고 해봐야 단지 사방에 벽이 있는 정도의 것이었고 텅텅 빈 빈털터리였던 것입니다.

탁왕손은 물론 성이 나서 길길이 뛰며 "내 딸은 완전히 바보의 극치이다! 차마 죽이지는 못하겠지만 돈은 한 푼도 나눠주지 않을게다!"라고 야단을 칩니다. 사람들이 화해시키려고 해도 왕손은 완강하게 허락하지 않습니다. 그 사이 문군은 이런 빈곤한 살림이 언제까지 계속될지 진절머리가 나서 "저기 여보, 만약 함께 임공에 가주신다면 종형제들(동생으로 읽는 것이 일반적이지만, 여기서는 변호해주었던 숙부들의 자녀라고 생각됨)에게 돈을 빌려 어떻게든 먹고 살 수 있을 거예요. 뭐가 좋아서 이렇게까지 괴로운 삶을 살아야 하죠"라고 푸념을 하였습니다. 그래서 함께 임공으로 되돌아옵니다. 얼마 안 되는 재산인 수레와 말을 남김없이 전부 팔아 그 돈으로 어떤 술집을 사들여 술을 팔았는데, 문군에게 술 데우는 사람(요컨대 바(bar)의 마담 혹은 선술집의 여주인을 의미함) 역할을 맡겼습니다. 상여 자신은 짧은 홑바지 한 장만 걸치고 허드렛일을 하거나 자질구레한 일을 하면서 시장(에 개업한 가게)에서 그릇을 닦았습니다.

이것이 탁왕손의 귀에 들어갔으므로 너무나 부끄러워서 결국 저택의 문을 잠가버리고 밖에 나가려고도 하지 않습니다. 친척들이 보다 못해 제각기 왕손의 설득에 매달렸습니다. "아들 하나에 딸 둘, 돈이 없는 것도 아니잖아요. 더욱이 문군은 사마장경에게 몸을 허락해버렸고요, 애초 장경은 유학(游學)·사관(仕官)에 질렸을 뿐으로 가난하기는 해도 재능은 제법입니다. 게다가 현령의 손님을 이렇게까지 비참한 꼴을 당하도록 두지 않는 것이 좋지 않겠습니까!"라는 것이지요. 탁왕손은 하는 수 없이 문군에게 하인 백 명, 돈 백 만전과 원래 시집갈 때 맞추었던 의복과 도구를 나누어주었습니다. 그래서 문군은 상여와 성도에 돌아가 논밭과 저택을 사고 부자가 되었습니다.

탁문군의 실상은?

이 이야기는 일반적으로 난봉꾼인 사마상여가 부잣집 딸과 사랑의 도피를 했다는 뉘앙스로 받아들여지고 있는 듯합니다. 그중에는 탁문군을 '규중의 영애'라고 형용하는 문헌도 있습니다. 자, 일설에는 이때 탁문군은 17세였다는 전설도 있으므로, 젊어서 격에 맞는 명문가에 시집갔으나 얼마 되지 않아 남편이 죽어 이러지도 저러지도 못하게 된 세상 물정에 어두운 면은 있었을 것입니다. 재능도 지위도 있는 척했던 가난한 사마상여와 왕길의 책략에 감쪽같이 속아 사랑에 빠졌던 것이라고요. 그렇더라도 '요즘 젊은이'의 이야기가 아닙니다. 중원의 여러 나라에 대해 중매인 없는 결혼으로 태어난 아이를 신분적으로 차별한다는 등의 내용이 적혀있는 문헌까지도 있을 정도입니다. 진나라에서는 정복지 주민과 원래 진나라 호적을 가진 자 사이의 결혼에도 신분적 제한을 두었다고 볼수 있는 법률 문서도 출토되고 있습니다. 그러한 사회 속에서 이러한 사랑의 도피행을 결행하는 데에는 탁문군에게도 상당한 용기가 필요했을 것입니다. '사랑의 정열'만으로 정리할 수 있을까요. 그래서 근대에 와서 궈머뤄(郭沫若)가 희곡 『탁문군』에서 그녀를 '부덕(婦德)'이라는 규범에 대한 반역자로 묘사한 것도 일리가 있다고는 생각합니다. 그러나 그러한 개념적인 이해로 과연 그녀의 전체상을 파악할 수 있을까요.

또한 『사기』는 그녀의 외형적인 아름다움과 추함에 관해서는 아무 것도 기록하고 있지 않지만, 여러 가지 문헌이나 연극 등에서는, 물론 '절세의 미녀'로 다룹니다. 확실히 지나치게 용모에 문제가 있으면 여주 인으로 장사하는 데에도 지장이 있었겠지요. 고래(古來) 수많은 시문·희 곡·회화 등등의 소재가 되어온 것은 말하자면 양귀비나 서시에 견줄 만 한 미인의 대표격으로 간주되어 왔기 때문이겠지만요.

그래도 이 탁문군은 실은 '감자 아가씨'였습니다. 아니, 차별적인 의 도로 쓴 용어는 아닙니다. '대나무에서 태어난 가구야히메(かぐや姫, 헤이 안시대 문학작품인 다케토리모노가타리(竹取物語)의 여주인공으로 가난한 집에서 태 어난 미인을 비유적으로 일컫기도 함 – 역자)'가 아니라 문자 그대로 '감자가 풍 족한 지역에서 태어난 아가씨'였던 것입니다.

　　　　　　　　　　　　　　환경으로 보는 고대 중국

탁문군의 선조

탁문군의 선조에 관해『사기』화식열전에서는 그 파란만장한 성공담을 소개하고 있습니다.

Ⅱ.『史記』貨殖列傳

蜀卓氏之先, 趙人也, 用鉄冶富. 秦破趙, 遷卓氏. 卓氏見虜略, 獨夫妻推輦, 行詣遷処. 諸遷虜少有餘財, 爭與吏, 求近処, 処葭萌. 唯卓氏曰「此地狹薄. 吾聞汶山之下, 沃野, 下有蹲鴟, 至死不飢. 民工於市, 易賈」. 乃求遠遷. 致之臨邛, 大喜, 即鉄山鼓鋳, 運籌策, 傾滇蜀之民, 富至僮千人. 田池射猟之樂, 擬於人君.

Ⅱ.『사기』화식열전

촉(蜀)의 탁씨 선조는 조(趙)나라 사람이다. 제철을 통해 부유해졌다. 진나라는 조나라를 쳐부수고 탁씨를 이주시켰다. 탁씨는 포로가 되어 약탈당하였고, 오로지 부부가 수레를 끌고 이주지를 향하여 갔다. 이주하게 된 많은 포로들 중 조금이라도 재산이 있는 사람들은 앞다투어 관리에게 주고 가까운 곳을 요구하여 가맹(葭萌)에 자리를 잡았다. 오직 탁씨만은 말하기를 "이 땅은 좁고 척박하다. 내가 듣기로 문산(汶山)의 아래는 기름진 들판으로 그 아래에 준치(蹲鴟, 토란-역자)가 있어 죽을 때까지 굶지 않는다. 백성들은 장사에 뛰어나고 교역을 한다"라고 하였다.

백성들은 장사에 뛰어나고 교역을 한다"라고 하였다. 즉 먼 곳으로 이주할 것을 요구하였다. 그래서 임공으로 보내니 크게 기뻐하고 철산에 가서 쇠를 녹여 물건을 만들고, 주책(籌策)을 펼쳐서 전(滇)과 촉의 백성들을 끌어들이니 그 부유함은 하인 천 명에 이르렀다. 논과 연못에서 수렵하는 즐거움은 군주에 비할 정도였다.

촉나라 탁씨(곧 탁왕손과 탁문군의 일족)의 선조는 조나라 사람이었습니다.

철의 주조를 생업으로 하여 부유하게 되었습니다. 그런데 진나라는 조나라를 물리치고, 다른 큰 세력을 가진 조나라의 주민과 마찬가지로 탁씨를 강제로 이주시켰습니다. 탁씨는 포박되어 하인도 없이 부부끼리 손으로 수레를 밀어 가까스로 유배지인 촉에 도착합니다. 포로가 된 많은 사람 중 다소 재산이 있는 이들은 모두 앞다투어 그들을 관리·연행하는 관리에게 뇌물을 바치며, 조금이라도 고향에 가까운 장소에 정주하게 해달라고 부탁하였고 가맹(葭萌)에 살게 되었습니다.

그런데 탁씨만은 이렇게 말했던 것입니다.

"여기(가맹)는 토지가 좁고 척박한 땅입니다. 듣자 하니 문산(汶山) 기슭에 기름진 평야가 있고, 그 아래에는 웅크려 앉아있는 부엉이 정도 크기의 감자가 묻혀 있다고 하네요. 그것을 먹으면 죽을 때까지 굶을 일은 없다고도 듣고 있습니다. 그 주변의 백성은 시장에서 수공업을 영위하며 교역·매매를 하고 있다고도 들었습니다."

환경으로 보는 고대 중국

그러면서 보다 멀리 떨어진 곳으로 이주시켜 줄 것을 부탁한 것입니다. 그래서 관리는 탁씨를 임공으로 가게 합니다.

탁씨는 매우 기뻐하며 철광석 광산을 발견하고, 조나라에서 하던 것과 마찬가지로 풀무를 써서 고온으로 철광석을 녹이는 주조법을 통한 제철을 개시했습니다. 인근 전촉(滇蜀)의 백성이 이전부터 만들었던 철기와는 비교가 안 되었으므로 기존 대장장이들의 시장을 완전히 빼앗는 데 대성공을 거두었고, 머지않아 재산은 하인(노예)을 천 명이나 고용할 수 있을 정도가 되었으니 사냥과 낚시 같은 유행(遊行) 삼매경으로는 왕후 귀족에게도 필적할 정도가 되었던 것입니다.

탁씨의 계획

촉나라는 광물자원이 풍부한 토지를 가졌습니다. 은주(殷周) 시대의 것으로 생각되는 삼성퇴(三星堆) 유적에서 발견된 이상하게 큰 가면이나 키가 큰 신상(神像)은 일본에서도 몇 번인가 공개되었으므로 보신 분도 있으시겠지요. 구리와 주석 광산이 있었고, 물론 철광산도 있습니다. 오늘날에도 사천(四川)은 제철업이 왕성한 지역입니다. 어쩌면 조나라에 있을 때부터 동업자로서 탁씨는 전국 각지의 철제품 생산지에 관한 정보를 가지고 있었고, 그중에 촉나라의 제철에 관한 지식도 섞여 있었을 것으로 보입니다.

제철에는 크게 나누면 두 가지 방법이 있습니다. 주철(鑄鐵)과 단철(鍛鐵)입니다.

주철은 철광석을 고온으로 녹여서 불순물을 제거하고 거푸집에 부어서 만드는 제조법으로 중국에서는 고대부터 이 방법이 주류였습니다. 단단한 철을 만들 수 있지만, 무른 것이 결점이라고 합니다. 풀무 등 설비투자가 필요하지만, 공정 중에는 기술이 필요하지 않은 작업도 있어 그 부분을 노예에게 종사시키는 노동 형태가 가능했습니다. 그래서 대량 생산할 수 있는 것도 특징으로 철제 농기구의 보급 등은 이 제조법의 보급이 있었기에 비로소 가능했다고 말할 수 있습니다. 아마도 은대(殷代) 이래 고도의 청동기 제작기술의 영향도 있었을 것으로 생각됩니다.

이에 비해 단철은 철광석을 비교적 작은 도가니에 넣고 가열하여 불순물을 대강 제거한 뒤에 여러 번 두들겨서는 물에 넣었다가 다시 가열하는 공정을 반복하면서, 철의 분자를 질서정연하게 가지런히 만들어 나가는 방법입니다. 강도는 뒤떨어지는 듯하나 부드럽고 유연한 도구를 만들 수 있어서 칼과 같은 날붙이에 적합합니다. 서구에서는 오랫동안 이 방법이 주류였습니다. 이른바 '마을의 대장간'에서 뚱땅뚱땅하는 바로 그것입니다. 소규모 생산이 되는 점과 기술이 필요하다는 점에서 장인에게서 도제로 전승되는 기술이었던 것 같습니다. 하지만 작은 화로에서 생산이 가능하므로 고정된 대규모 설비는 불필요합니다. 이동하는 유목민 등에게는 이쪽이 편리했다고 생각됩니다. 예를 들면 후대의 일이지만 돌궐(突厥) 초기의 리더 토문(土門) 등은 당초 복속하고 있던 연연(蠕蠕, 혹은 여여(茹茹)라고도 표기함)에 군사력의 여세를 몰아 혼인을 요구했을 때, "그대는 우리의 단노(鍛奴)인데 어찌 그러한 무례한 말을 하는 것인가!"라고 매도당했다는 기록(『주서(周書)』, 『북사(北史)』 등)이 있습니다. 단철 제조기술을 가진 인간 집단이 한데 모여 다른 집단에 예속하고 있던 양상을 엿볼 수 있습니다.

탁씨가 관리에게 이야기한 말에 '백성들은 장사에 뛰어나다'라는 것이 있습니다(시장에서 교역을 능숙하게 한다고 일반적으로 해석하지만, 그것으로는 잠시(蠶市)도 있었다는 촉나라 '시장(市)'에 대한 묘사로는 불충분함). 문산 기슭 근처인 임공에서 그가 유배되기 이전부터 철제품이 제작되고 있다는 점을 알고 있었던 것이겠지요. '시장'은 어떤 작은 집락에서라도 그 나름대로 사람의 왕래가 있을 터입니다. 그렇지 않다면 물건은 팔리지 않습니다(앞에서 보았던, 나중에 사마상여와 탁문군이 연 술집도 '시장'에 있고, 전국시대 이래 중원의 많은 나라에서 상업의 영업장소를 '시장'으로 고정하는 정책이 채택됨). 아마도 야채와 직물, 장식품, 목공제품 등을 판매하는 노점과 목공·대나무 세공장인의 제조직매소 등에 섞여 작은 대장간이 가게를 열고 수리도 포함하여 철제품을 만들고 있다는 이야기를 들었을 것이라고 생각합니다. 많은 사람들이 모여드는 곳에 후에 탁씨가 만든 것 같은, 또한 중원의 여러 나라에서 공적 관리 하에 영위되었던 대량의 연료와 노동력, 풀무를 사용하는 대규모 주조공장이 있었다고는 생각되지 않습니다. 그렇다면 탁씨 이전에 시장에서 영위되고 있던 제철은 단철법을 통한 소규모 영세한 것이었겠지요. 더구나 철광석이나 사철(砂鐵) 등을 가까이에서 채취할 수 있었고요. 거기서 탁씨는 활로를 찾아냈던 것이라고 생각됩니다.

유배의 고통을 겪으면서 그저 고향을 그리워하는 생각에 젖어 우물쭈물하고 있던 다른 사람들을 거들떠 보지 않고 '촉에서 살아갈 길'을 생각하고, 몸에 밴 제철업 지식과 경험을 살릴 수 있는 거주지를 조망하며 실행에 옮긴 탁씨는 이미 그 결단 자체가 성공을 내포하는 것이었을지 모릅니다.

환경으로 보는 고대 중국

제철로 생계를
유지하는 조건

그런데 탁씨의 생각이 성공하기 위해서는 또 하나 결정적인 요소가 있습니다.

그것은 관리에게 말한 "문산 기슭 기름진 평야에 웅크려 앉아있는 부엉이 정도 크기의 감자가 묻혀있어 그것을 먹으면 죽을 때까지 굶주리지 않을 것"이라는 전해 들은 지식입니다.

철은 먹을 수 없습니다. 철이든 구리든 금속 가공품이나 목공제품, 의료품(衣料品)이든 대개 식품이 아닌 물건을 많이 만들어 생활하려면 생산하는 사람의 식료품이 필요합니다. 그렇지만 유배 온 사람들 대부분이 선택했을 농민으로 살아가는 길을 택하면 농업 생산을 하는 것만으로 생활은 힘에 부치게 될 터입니다. 아내와 밀고 온 손수레의 짐 속에는 약간의 화폐나 귀금속도 숨겨져 있었을 것이나, 그것을 아무것도 하지 않고 먹기 위한 식료품 구입에 충당하면 눈 깜빡할 사이에 곤궁해졌을 것입니다. 그런데 자생하는 감자가 있다는 정보는 제철업을 궤도에 올리

화상석(畵像石)에 새겨진 주조(1930년 산동성 등현(藤縣) 출토)

기까지 농업을 하지 않아도 살 수 있는 가능성을 보여줬던 것입니다.

부엉이가 웅크러 앉아있는 듯한 모양의 큰 감자는 아마도 참마과의 대형 토란류였을 것으로 보이는데, "백성은 쌀과 생선을 먹고, 흉년의 걱정 없다"라고 말해지듯이 꽤 온난 습윤한 분지인 사천의 습지라면 자생했을 것이라고 충분히 생각할 수 있습니다. 단단한 토양을 농기구를 사용해 열심히 개간하여 파종·제초와 같은 다른 손질을 할 필요도 없이 대수롭지 않은 작업으로 배를 채울 수 있는 식물을 손에 넣었고, 그것도 사람들이 둘러싸고 점유권을 주장할 만한 장소도 아니며, 그 일대에서 감자가 캐지는 '기름진 평야'가 있는(원문의 '옥(沃)'자는 원래 물이 풍부하게 있다는 의미) 꿈같이 좋은 입지였습니다. 이 정보를 얻고 있으면서, 게다가 '그 무렵' 당장 채굴권을 손에 넣을 수 있는 철광산을 발견하여 주조할 수 있는 설비를 갖추고, 약간의 노동력을 확보할 때까지 사치 등을 하지 않고 자생하는 감자를 먹으며 연명하자는 지식과 각오가 있었기에 비로소 탁씨의 계획은 성공한 것입니다.

은나라나 주나라 왕권 하에서 금속공업 실무를 담당했던 사람들은 예속민이었던 것 같습니다. 앞선 돌궐의 사례에서도 금속공업 종사자가 다른 사람에게 예속할 필요성은 엿보입니다. 거주지 일대가 농경이나 목축으로 살 수밖에 없는 장소에서 먹을 수 없는 것을 생산하는 것은 누군가에게 먹을 음식을 제공 받아야 할 필요가 있다는 것을 의미합니다. 예

환경으로 보는 고대 중국

속하지 않을 수 없겠지요. 거꾸로 지배하는 측에서 보면 먹을 수 없는 것을 특정한 인간에게 생산시키고, 그들에게 식료품을 지급할 수 있다는 것은 그만큼 풍부한 부와 강대한 권력을 보유해야만 비로소 가능한 일이기도 한 것입니다.

하지만 이것은 어디까지나 농경이나 목축을 하는 것 외에 식료품을 조달할 방법이 없는 장소에서의 이야기입니다. 수렵 채집을 통해 살아가는데 필요한 식재료를 입수할 수 있다면, 게다가 쉽게 입수할 수 있다면 대부분의 노동력을 금속공업에 쓰는 것은 가능할 것입니다.

늪지를 파면 나오는 감자가 있는 토지, 이것은 미지의 장소에서 아무것도 없는 상태로부터 제철업을 일으키려는 탁씨에게 절호의 장소였던 셈입니다. 사천은 오늘날에도 물이 풍부하고 삼림도 많으며, 평평한 분지와 산악이 서로 마주하고 있는 다채로운 환경을 보전한 중국에서는 드문 지역입니다. 벼도 전설 시대부터 재배한 듯한데, 물론 현재도 작물의 경작이 가능하고 과수 재배도 왕성하여 1950~60년대에는 철강업의 중심지이기도 했습니다. 소수민족도 많이 거주하고 있습니다. 애당초 탁씨가 가지고 있던 정보인 '장사에 뛰어난' 사람들도 만든 물품이 팔리지 않을 때는 결국 감자로 연명했던 것은 아닐까요.

역으로 말하면 이러한 환경에서 살 수 없었다면, 탁씨에게 미래는 없었다고 말할 수 있겠지요. 감자가 자라는 환경이야말로 탁씨 일족이 다시 일어선 열쇠였던 것입니다.

감자가 풍족한 지역에서 태어난
탁문군

탁문군은 확실히 부유한 가정에서 자란 아름다운 여성이었을지 모릅니다.

그렇지만 밤을 틈탄 사랑의 도피뿐만 아니라 성도의 사마상여의 집에서는 살아갈 수 없다고 판단한 후의 전환의 적확함, '세상 체면' 등은 아랑곳하지 않고 살아가기 위해서 술집을 꾸려나가는 것도 개의치 않는 기상 등등은 실로 강인하게 느껴지지 않나요. 연약하고 미덥지 못한 '아가씨' 따위가 아니었다는 인상을 받습니다.

또한 만년에 사마상여가 사망한 뒤의 일화인데, 무제에게 총애를 받아 일대 명성을 떨쳤음에도 불구하고 그가 사망한 뒤에 무제가 보낸 사자가 뭔가 유작은 없는지 찾아보라는 무제의 명을 받아 물었더니, 탁문군은 단 한 편만을 보이며 "남편은 많은 작품을 남겼습니다만, 글을 쓴 처음부터 어느 분인가가 가져가시니 이것밖에 없습니다. 이것은 '내가 죽은 뒤에 누군가가 유작을 찾으러 오거든 바치시오'라고 유언한 것입니다"라고 말했다고 합니다. 탁문군뿐만 아니라 사마상여도 '저축을 지향하는' 성격과는 인연이 멀었던 것은 아니었을까요. 재주에 따라 많은 작품을 지어낼 수는 있어도 일부러 그것을 모으려고는 생각하지 않는 감성, 임기응변으로 눈앞의 소재를 가지고 무언가를 만들어 가는 정신, 그러한 감성이 실로 두 사람을 맺어준 인연의 중심이었을지도 모릅니다. 사마상여도 성도, 곧 사천의 사람이었으니까요.

'상식' 등에 얽매이지 않고 현실을 직시하며 당장의 궁핍함에도 태연하지만 한 방에 역전을 노리는 기개도 갖춘, 그러한 정신과 앞서 이야기한 지식과 기술을 통해 탁씨는 성공을 거두었습니다. 감자를 먹고 연명한 목숨으로 거기까지의 길을 걸었던 것입니다. 촉나라뿐만 아니라 장안(長安)에까지 널리 떨친 부자로서의 명성은 단적으로 말하면 감자가 만든 것이었습니다. 탁왕손도 탁문군도 촉나라 임공에 감자가 없었더라면 이 세상에 태어나지 못했을 것입니다.

몇 세대가 흘러 태어난 탁왕손은 태어나면서부터 탁씨 일족의 가장으로서 어느 정도 남들과 같은 보수적인 심정 내지는 '상식'을 가지게 되었을지도 모릅니다.

그렇지만 딸 탁문군은 약간은 조상들과 가까운 유전자를 가지고 있었던 것은 아니었을까요. 선조 탁씨의 기상을 강하게 계승하고 있었다고 생각합니다.

그래서 탁문군은 '감자 아가씨'라고 진심으로 칭찬의 마음을 담아 말하고 싶습니다.

참고문헌

大室幹雄, 『正名と狂言―古代中国知識人の言語世界』 (せりか書房, 1975)

佐原康夫, 『漢代都市機構の研究』 (汲古書院, 2002)

제9화

'공공사업'은 예나 지금이나……

─ 한무제 시기의 대규모 관개와 후유증 ─

진흙은
분명히 비옥하지만……

중국 전근대 시대의 대규모 토목공사라고 하면 진시황제에 의한 만리장성과 아방궁의 건설이 유명합니다. 제7화에서 말한 정국거의 건설도 시황제 때입니다. 공공사업이 국가재정을 압박하는 것은 지금도 마찬가지지만, 전근대의 대규모 공사는 사람들에게 의무적인 요역을 부과해 실시하는 것이 일반적이었으므로 공사에 동원된 민중들의 진나라 통치에 대한 원망은 이만저만이 아닙니다. 진나라의 멸망도 공사에 소집된 집합기일에 늦은 진승(陳勝)과 오광(吳廣)이 어차피 죽을 바에는 반란이라도 일으키고 죽겠다고 결의한 것이 직접적 원인입니다.

그래서 그 후 전국 지배에 나선 한나라 유방(劉邦)은 사람들의 생활 안정을 기본적인 정치방침으로 삼았고, 흉노(匈奴)와의 전쟁도 다액의 조공을 하는 것으로 회피했습니다. 이 때문에 경제(景帝, 재위 기원전 156-141년) 시대가 되면 국고에 곡물이 넘쳐났다는 기록이 있습니다.

이것이 일변한 것은 7대 황제 무제의 시대로 그는 흉노 등의 외부

환경으로 보는 고대 중국

『漢書』溝洫志	『한서』 구혁지
田於何所	밭을 만든다면 어느 곳으로 할까.
池陽·谷口.	지양일까, 아니면 곡구가 좋을까.
鄭國在前,	앞에 있는 것은 정국거
白渠起後.	뒤에는 백거도 생겼구나.
舉臿為雲,	삽을 들어 올리니 구름이 나온 듯하고
決渠為雨.	도랑을 트니 비가 내리는 것 같구나
涇水一石,	경수 한 석에
其泥數斗,	그 진흙은 여러 두
且溉且糞,	물을 대고 거름을 주니
長我禾黍.	조와 기장이 크게 자라고
衣食京師,	도성의 사람 억만 명의
億萬之口.	배를 채우고 옷을 입히네.

세력에 대해 원정을 거듭했는데, 전쟁 비용의 조달을 위해서도 세수를 올릴 수 있도록 왕성하게 수리 공사를 진행했습니다. 정국거도 이 무렵 기능이 쇠퇴한 것 같고, 그 물길과 거의 평행하게 건설된 백거(白渠)를 노래한 '민가(民歌)'가 남아있습니다.

고대의 관개공사에 관해서는 사마천의 『사기』에도 「하거서(河渠書)」 라는 정리된 기록이 있지만, 어째서인지 백거에 대해서는 기록되어 있지 않습니다. 그것이 건설 시기와 『사기』의 집필 시기와의 관계에 의한 것 인지, 다른 이유가 있는 것인지는 불분명합니다. 따라서 백거에 관해서 는 반고의 『한서(漢書)』 구혁지(溝洫志) 만이 전하고 있습니다. 그것이 이 노래입니다.

여기서 알 수 있는 것은 백거 유역에서는 '조와 기장'의 생산, 곧 밭농사가 행해졌다는 사실입니다. 그리고 백거는 경수(涇水)로부터 물뿐만 아니라 그 진흙도 끌어넣어 비료로 이용하려는 계획이었던 것입니다.

전국시대 진나라는 법가(法家)의 구상으로 대전곡작주의(大田穀作主義)를 실시하여 전 지역에 걸쳐 경지개발을 추진했으므로, 개발은 관중뿐만 아니라 제2화에서 말씀드렸던 빈(豳)지방, 바로 경수 유역인 현재의 황토고원에까지 미친 듯합니다. 경사면의 경지화에 따라 유실되기 쉬운 표토(表土)의 행선지는 우선은 경수와 낙수(洛水), 연하(延河) 혹은 청곡수(淸谷水)·탁곡수(濁谷水)·석하수(石河水) 등의 지류였지만, 위수(渭水) 내지 황하로 유입된 물과 진흙은 최종적으로는 황하를 통해 발해만(渤海灣)에까지 도달합니다. 원래 '하(河)'라고만 불리던 황하가 특별히 '황(黃)'하로 불리게 된 것은, 즉 그 정도로 항상 진흙으로 탁한 하천이 된 것은 전국시대 이전의 기록에서는 확인할 수 없습니다. 그래서 아주 오래전부터 이 문제에 주목했던 쓰니엔하이(史念海)는 아마도 전국시대 이후의 변화였을 것이라고 말합니다. 말할 필요도 없이 오늘날에도 황하의 원류는 맑은 물이고, 감숙성(甘肅省)에서 영하회족자치구(寧夏回族自治區), 섬서성(陝西省) 북부로 방향을 트는 만곡부(湾曲部)를 거치며 누렇게 탁해지기 시작합니다. 한대가 되면 황하의 대규모 결괴(決壞, 둑이나 방죽이 물에 밀려서 터져 무너짐-역자)의 기록이 출현하는데, 무제 시대에 호자(瓠子)라는 장소에서 발생한 결괴는 특히 유명합니다. 주나라 무렵 7월의 마을에서는 벼농사도 가능할 정도로 맑은 물이었던 경수는 진흙의 하천이 되었던 것입니다. 그 진흙에는 상류의 방목지 등에서 토양에 공급되는 유기질도 유입되므로, 백거의 관개 방법은 대체로 유효했던 것으로 보입니다.

밭농사 관개의 맹점
- 재생 알칼리화

그런데 생각해 보세요. 제7화에서 말씀드렸듯이 진나라 때 정국거가 만들어지고 이제 또 백거(白渠)가 만들어진 황토고원과 관중 분지의 경계 지점은 원래 건조해지면 알칼리화되는 지세였습니다. 밭농사 관개를 하면 모세관 원리가 재차 작동하게 됩니다. 집적되어 있던 염분은 관개를 하면 일단 씻겨 내려가지만, 밭에서는 물의 공급이 멈추면 표토(表土)가 건조해집니다. 그 장소의 지하수위가 모세관 작용에 의한 지표로의 상승 가능한 정도의 깊이밖에 안 되면, 염분은 다시 상승하게 되는 것입니다. 일차적인 알칼리 토지의 경우와 달리, 이미 한번 관개되어 염분이 지하에 남아있는 토지에서는 상승한 지하수가 증발할 때, 중탄산나트륨 등이 생성되어, 재생 알칼리화라는 현상이 발생합니다. 재생 알칼리는 물에 녹지 않는 물질입니다. 또 관개를 통해 씻겨 내려가지도 않습니다. 다시 말해 벼농사를 하지 않고 관개하는 밭농사 지역은 정국거 건설 이전부터 더욱 농작물에 유해한 토지로 변해 버리는 것입니다.

이것을 방지하고자 조와 기장 등을 관개하여 재배하기 위해서는 경지의 지하수위보다 낮은 깊이로 도랑을 파고, 관개한 뒤의 배수를 공급하는 물과는 다른 계통으로 배출할 필요가 있습니다. 이것은 대공사로서 이 원리는 근년이 되어 겨우 해명된 문제입니다. 고대는 물론 20세기가 되어서도 그다지 원리적인 이해가 이루어지지 않았습니다. 그래서 1950년대, 60년대의 남아시아·서아시아 등 세계 각지에서 건조지를 경지(밭)로 만들기 위해 관개하고, 당초에는 성공했으나 몇 년 지나자 염류 집적이 발생하여 농업 생산을 할 수 없게 되는 현상이 빈발하여 실패를 가져왔습니다. 메소포타미아의 우르 제1왕조가 쇠퇴한 것도 이러한 관개 ⇨ 경지의 알칼리화 ⇨ 농업 생산의 쇠퇴라는 메커니즘에 의한 것이라고 보는 설도 있습니다. 섬서성에서도 50년대에 관개 실패에 의한 재생 알칼리화 현상의 대규모 발생이 보고되었습니다.

한대(漢代)에 이것을 막기 위한 치밀한 공사를 할 수 있었다고는 생각되지 않습니다.

또한 관개지 뿐만 아니라 관개수가 유출되어 간 하류에서도 염류집적이 발생합니다. 흘러나온 것은 어딘가에 모이게 됩니다. 이 결과 위수의 하류, 황하와 합류하는 부근에는 염분이 집적되어 당나라 시대에는 국영 제염 시설까지 만들어졌습니다.

『사기』하거서나 『한서』구혁지는 대규모 거수(渠水) 건설의 기록을 다수 남기고 있는데, 그것이 농업 생산에 유효했다고 읽을 수 있는 기록도 있습니다. 그렇지만 눈앞의 현상만으로 대규모 개발이 환경에 미치는 영향은 이해하기 어렵습니다. 사마천도 반고도 왕조의 관리였으므로 정부의 사업이 마이너스 효과를 가져왔다고는 생각하지 않았겠지요. 특히 반고는 유가적 발상에 신경을 쓰는 인물로 곡물 생산이야말로 국가의 기간산업이 되어야 한다는 주장이 강한 인물이었기 때문에 농업 면에서의 성공을 주장하고 싶었다고 여겨집니다. 그러나 실제로는 백거에 관해서 앞서 소개한 노래 외에는 '매우 풍요로워졌다'라고 밖에 기록하지 않았습니다. 그러한 기록을 액면 그대로 받아들일 수 있을까요.

대전법(代田法)
- 재개발의 비책

그건 그렇고 일단 재생 알칼리화한 토지는 완전히 쓸모없는 것일까요.

오늘날에는 이러한 현상이 발생하지 않도록 경지조성의 초기부터 지하수위보다도 낮은 배수구를 설치하는 것은 물론 건조지에서의 밭농사 관개에는 땅속을 통과하는 파이프 등으로 물을 침투시켜 관개수와 공기의 접촉을 단절시키는 방법(적관법(滴灌法)으로 부름)이 고안되었습니다.

하지만 이것은 물론 근대과학기술이 가져온 것입니다. 전근대에는 어떻게 대응할 수 있었을까요.

이에 관해 중요한 시사를 제기한 것은 1930년대 중국 동북 지방 농업을 정밀하게 조사한 아마노 모토노스케(天野元之助)입니다. 그의 조사에 의하면 강력한 재생 알칼리 토양에서도 농경을 계속하기 위해 채용되는 수단은 우선 경지의 사방에 깊은 배수구를 파고, 경지를 두둑짓기로 정비하여 고랑에 파종하는 것이라고 합니다. 두둑짓기를 할 때 염분이 집적된 지표의 흙을 피해 이랑에 쌓고, 씨는 알칼리 성분이 없는 깊은 고랑 속에 뿌리는 것입니다. 연약한 발아 시기를 덮치는 초봄의 건조함을 지낼 수 있다면, 머지않아 비가 내리고 이랑에 피해 둔 알칼리 성분은 비가 땅속 깊이(물리적으로) 떠내려 보내 배수구로 배출됩니다. 그 후로는 일반적으로 경작할 수 있다는 것입니다.

확실히 이 방법과 딱 부합하는 경지 정비법이 『한서』 식화지에 기록되어 있습니다.

자료 코너

『漢書』食貨志·代田法條(拔萃)
武帝末年, 悔征伐之事, 乃封丞相爲富民侯, 下詔曰, 「方今之務在於力農」. 以趙過爲搜粟都尉, 過能爲代田, 一畝三甽, 歲代處. 曰代田, 古法也. … 而播種於甽中. 苗生葉以上, 稍耨隴草, 因隤其土以附苗根, 故其詩曰, 「或芸或耔, 黍稷儗儗」. 芸, 除草也. 耔, 附根也. 言苗稍壯, 每耨輒附根, 比盛暑, 隴盡而根深, 能風與旱. 故儗儗而盛也. 其耕耘下種田器, 皆有便巧. 率十二夫爲田一井一屋, 故畝五頃, 用耦犂二牛三人, 一歲之收常過縵田畝一斛以上, 善者倍之. 過使敎田太常·三輔, 大農置工巧奴與從事, 爲作田器. 二千石遣令長·三老·力田及里父老善田者受田器, 學耕種養苗狀.

『한서』 식화지·대전법 조항
무제 말년, 정벌의 일을 후회하고, 곧 승상을 봉하여 부민후로 삼아 조칙을 내려 말하기를 "현재의 임무는 농사에 힘쓰는 데에 있다"라고 하였다. 조과를 수속도위로 삼았다. 조과는 대전(代田)을 만들었다. 1무(畝)에 3개의 두둑을 만들고, 해마다 경작하는 곳을 바꿨다. 이 때문에 대전이라 하였고, 예로부터 전하는 법이다. … 그리고 두둑 사이에 파종하였다. 싹이 돋아 나오게 되면, 두둑의 잡초를 남김없이 제거하고, 그리하여 그 흙을 헐어서 뿌리가 잘 내릴 수 있도록 하였다. 그러므로 시경에서 말하기를 "어떤 이는 김을 매고 어떤 이는 북을 돋우니, 기장이 무성하게 되었다"라고 하였다. 운(芸)은 제초이다. 자(耔)는 뿌리가 잘 내릴 수 있도록 흙을 덮는 것이다. 말하기를 싹이 조금 자라 김을 맬 때마다 곧 뿌리를 잘 내리게 하면, 한여름에도 뿌리를 깊이 내려 바람과 가뭄을 견딜 수 있다. 따라서 무성하게 번성하였다.

밭을 갈고 김매고 씨 뿌리는 기구는 모두 편리하고 정교함이 있었다. 대략 12부(夫)는 밭 1정(井) 1옥(屋)이 되니, 그러므로 무(畝)로는 5경(頃)이 다. 우리(耦犁)는 소 두 마리와 세 사람을 쓰고, 한 해의 수확은 늘 만전(縵田)보다 무(畝)당 1곡(斛) 이상을 넘으며, 좋은 것은 그 배나 된다. 조과는 밭 만들기를 태상·삼보에 가르쳤고, 대농은 공교노를 두어 함께 일에 종사하고, 이를 위해 농구를 만들게 하였다. 이천석은 현장·삼로·역전 및 마을의 부로 중 좋은 밭을 만든 자를 보내어 농구를 받게 하고, 밭을 갈고 씨를 뿌리고 싹을 키우는 방법을 배우게 하였다.

무제 말년, 무제는 여기저기로 감행한 대외 정벌 정책을 후회하고, 승상(전천추(田千秋))에게 부민후(富民侯)라는 칭호를 주고 "지금의 급무는 농업에 힘쓰는 것이다"라는 조칙을 내렸다.

이와 같은 문장으로 시작되는 이 한 단락에 묘사되고 있는 농법을 일반적으로 '대전법(代田法)'이라고 부릅니다. 이 농법은 수속도위(搜粟都尉)라는 농업에 관계된 차관급 관직에 임명된 조과(趙過)라는 인물이 고안한 것이었습니다. 대전법이라는 말의 의미는 "1무의 토지에 폭도 깊이도 1척(약 13cm)의 고랑 3개를 파고 해마다 고랑의 장소를 바꾼다. 그래서 대전(代田)이라 부른다"라고 설명되어 있습니다.

이 고랑에 씨를 뿌리고 싹이 나와서 두둑의 높이 정도가 되면 잡초를 제거하면서 싹의 뿌리 밑에 두둑의 흙을 순차적으로 뿌립니다. 여름이 되면 두둑은 없어지고 싹의 뿌리는 땅속 깊이 박히게 되므로 바람에도 가뭄에도 견딜 수 있게 되는 것이죠.

서툰 그림이라 민망하지만, 대략 다음과 같은 형태가 될 것이라고 생각합니다.

대전법의 특징은 이러한 정지법(整地法)만은 아닙니다. 식화지는 "땅을 갈아 일구거나 씨를 뿌리는 도구는 어느 것이나 다 편리한 방법이 고안되어 있었다"라고 서술하였고, 우리(耦犁)라는 쟁기를 사용하며 그 쟁기는 두 마리의 소로 끌고 세 사람이 작업한다고 적고 있습니다.

이것이 구체적으로 어떠한 도구를 어떻게 다루는가에 관해 여러 설이 있었는데, 60년대 섬서성 각지에서 매우 커다란 가래와 땅을 일굴 때 흙을 양측에서 뒤집는 마름모꼴의 보습이 발굴되어, 이것을 사용하여 우경(牛耕)으로도 두둑짓기가 가능하게 되었다는 점은 거의 확실하게 되었습니다. 우리(耦犁)에 관해서는 제4화에서 언급한 우경(耦耕)이라고 불린 수작업 농법에서, 땅을 일군 후 곧장 씨를 뿌리고 토양을 잘게 부수어 씨

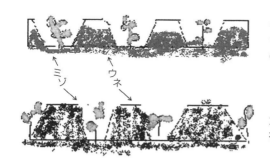

첫해에 고랑에 뿌린 씨가 싹이 튼 단계. 두둑에는 알칼리 성분이 쌓여있다.

2년째는 지난해의 작물이 생육한 장소 옆에 고랑을 판다.

대전법의 두둑짓기를 보여주는 그림

를 덮는 '곰방메' 작업과 동일한 작업을 우경의 속도에 맞춰 할 수 있도록, 이것도 섬서성 각지에서 발굴된 누리(耬犁)라고 불리는 끝에 구멍이 난 쟁기를 세트로 하여 작업했다고 생각하고 있습니다.

어쨌든 이 농법은 정밀한 두둑짓기와 치밀하게 신경을 쓰는 제초작업을 필요로 하는 대단히 노동집약적인 농법이었습니다. 이러한 농업의 방식을 국가가 지시하고 이것에 필요한 농기구도 국가의 공장에서 제작해서 각지로 배포했다고도 기록되어 있습니다. 정신적으로 힘든 노동력을 필요로 하는 농법이야말로 동아시아 농업의 특징을 이루는 '정경세작(精耕細作, 농사일을 정성스럽고 꼼꼼하게 함-역자)' 방식의 농업입니다. 이것을 확실하게 국가가 주도한 '대전법'의 사례는 이후의 중국 환경에 큰 의미를 지녔던 것입니다.

위: 섬서성에서 출토한 대형
가래와 거기에 덮어씌운 보습
아래: 가래('여관(犂冠)')

환경으로 보는 고대 중국

백거(白渠)를 기록한
의의

이렇게 본다면 백거 관개는 다액의 재정지출을 투여하면서 실효가 있기는
커녕 피해를 발생시킨 전형적인 '정부의 공공사업'이었다고 생각됩니다.

다만 고대의 대규모 공사에 관해서는, 예를 들면 "이집트의 피라미
드 건설은 가난한 사람들에게 임금을 주기 위한 공공사업이었다"라는 설
명이 최근 주창되고 있는 듯합니다. 이러한 발상은 고대 중국에도 없었
던 것은 아닌데, 춘추시대 제나라에서 이러한 임금 지급을 위한 토목공
사를 기획했다는 설명을 『안자춘추(晏子春秋)』라는 책에서 볼 수 있습니
다.

그렇다고 하더라도 그 사업이 환경을 악화시켜버린 경우는 '공공사
업이므로 용서된다'라는 식으로 끝날 일도 아닐 것입니다. 역시 실패는
실패로 인정했어야 한다고 생각하지만, 역사서는 그러한 기술을 남기고
있지 않습니다. 그러므로 실패의 원인은 과학적으로 연구될 수 없었고,
그 후 2천 년이 지나도 재생 알칼리화의 비극이 되풀이된 것입니다.

그렇지만 이러한 실패가 있었기 때문에 그 후 중국농업을 지속 가능한 것으로 만든 가축을 이용하면서 수작업으로 제초를 행한다는 '정경세작(精耕細作)' 농업의 기본형태, 곧 대전법을 창조할 수 있었던 것입니다.

환경에 부담을 주는 공공사업은 진행해 버린 후 어떻게 그 실패를 활용할 것인가에 대해 지혜를 발휘하는 방법이야말로 중요한 것이 아닐까요.

참고문헌

西山武一,『アジア的農法と農業社会』(東京大学出版会, 1969)

熊代幸雄,『比較農法論』(御茶の水書房, 1969)

天野元之助,『中国農業史研究 (増補版)』(御茶の水書房, 1979)

西嶋定生,『中国古代の社会と経済』(東京大学出版会, 1981)

제10화

'귀순'한 흉노(匈奴)의 벤처사업

― 한대의 '페트병'과 대수렵 이벤트 ―

고대 중국의
휴대 용기

페트병을 함부로 버리는 것에 대한 대응이나 재활용이 환경 문제의 일부로서 화제가 되고 있습니다. 예전에는 존재하지 않았던 것이 생활필수품이 되었는데, 그것을 다루는 생활 규칙-곧 습속이 되어가는 일-은 아직 확립되지 않았다는 것이겠지요. 페트병 같은 것이 없었던 시대, 우리들은 무엇을 사용하고 있었을까요. 얼마 전까지는 플라스틱이나 알루미늄으로 된 물통, 옛날에는 항아리나 병에 저장했다가 운반할 때는 대나무통이나 표주박 등을 사용했지요. 표주박은 처마 끝에 시렁을 만들어두시는 가정도 있었지만, 일본인에게는 대나무도 표주박도 보통 '덤불', 즉 그다지 손을 대지 않는 토지의 소산이라는 이미지입니다.

그렇지만 중국에서는 이미 한대에 대나무와 표주박은 '상품작물'이었습니다. 사마천의 『사기』 화식열전에는 천호(千戶)의 봉읍(封邑)을 받은 제후에도 필적하는 부자로서 위수 분지 장안 근교와 사천 분지에서 '천 무(畝)의 대나무 덤불'을 경영하는 사람을 들며, 대나무 장대 1만 곡

(斛, 1곡은 약 34리터)을 거래하는 사람은 '천승(千乘)의 가문', 곧 마차(전차) 천대를 지휘하는 장군과 동등한 수입이 있다고 기록하고 있습니다.

그런데 이 대나무는 무제 시기 이후 화북의 한랭화·건조화가 진행됨에 따라 장안 주변에서의 생육은 머지않아 곤란하게 된 것 같습니다. 그렇게 되면 또 다른 휴대용 용기인 표주박의 수요는 높아졌으리라고 생각할 수 있습니다.

『범승지서(氾勝之書)』의
농법

후위(後魏) 때 사람인 가사협(賈思勰)이 저술한 『제민요술(齊民要術)』이라는 농서에는 그 이전의 농업과 관계된 문헌이 다수 인용되어 남아있는데, 그중 하나로 전한의 선제(宣帝, 유순(劉詢), 재위 기원전 91–49년) 시대 의랑(議郞)이라는 황제의 비서관 같은 직무에 있던 범승지(氾勝之)라는 인물의 저서 『범승지서』가 있습니다. 범승지에 관해 반고는 삼보(三輔, 경조윤(京兆尹)·좌풍익(左馮翊)·우부풍(右扶風)의 세 지구. 장안 주변의 수도권에 해당하는 지역)에서 경작을 가르쳤으며, 농업에 관심이 있는 자는 스승으로서 우러렀다고도 기록합니다. 이케다 온(池田溫)은 돈황문서(燉煌文書, 중국 서부 돈황에서 출토된 호적 등 일련의 문서)를 분석하여 범씨 일족이 서쪽 지역과 관계된 사람들이었다는 것을 고증했습니다.

　　오늘날 여러 책에서 인용되면서 전해진 『범승지서』에는 '구종(區種)', '구전법(區田法)' 등으로 불리는 특수한 농업기술이 기록되어 있습니다. 이것은 협소한 토지에서 많은 수확을 얻기 위해 경지 전체를 경작하

　　　　　　　　　　　　환경으로 보는 고대 중국

Ⅰ.『氾勝之書』逸文 粟區種法 上農夫, 區, 方深各六寸, 間相去 九寸. 一畝三千七百區. 一日作千 區. 區, 種粟二十粒, 美糞一升, 合 土和之. 畝用種二升. 秋收, 區別 三升粟, 畝收百斛. 丁男長女治十 畝, 十畝收千石. 歲食三十六石, 支 二十六年.	Ⅰ.『범승지서』일문 속구종법 상농부는 구덩이(區)를 팔 때 사방으로 각 6 촌(寸) 깊이로 하고, 사이는 9촌으로 한다. 1 무(畝)는 3700구(區)이다. 하루에 1000구 를 만든다. 각 구마다 조 20알을 뿌리고, 미 분(美糞, 잘 썩은 거름 - 역자) 1승(升)을 흙 에 잘 섞어 준다. 각 무마다 2승의 종자를 사용한다. 추수 때에는 각 구(區)별로 3승 의 조, 각 무(畝)마다 100곡(斛)을 거둔다. 성인 남녀가 10무를 경작하면, 10무에서 1000석(石)을 거둘 수 있다. 매년 36석을 먹는다고 하면, 26년을 지탱할 수 있다.

지 않고 종자를 심을 구멍만을 파서 거기에 많은 비료(아마 가축의 배설물
이겠지요)를 투입하는 방법입니다. 구멍의 크기나 간격은 작물에 따라 다
른데, 자료 코너에서 예로 든 조의 경우, 6촌(1촌(寸)은 약 2.3센치) 구멍을
9촌 간격으로 만들면 부부 두 사람이 10무(약 46.2아르)를 경영해서 1년에
1000석(한대까지 석(石)은 보통 1곡(斛)을 의미하는 양사(量詞)로서 사용됨), 대략
26년분의 식량을 수확할 수 있다는 것이므로 놀랍습니다.

그리고 표주박의 재배법도 이 책에서 볼 수 있습니다. '구종'이 아닌
보통 재배법 부분을 예로 들었습니다.

이와 같이 표주박이라고 해도 역시 많은 비료를 사용하는데, 여기
에서는 특히 '잠시(蠶矢) 1승'으로 한정되고 있습니다. '잠시(蠶矢)'란 양
잠의 과정에서 나오는 폐기물, 누에의 배설물·빈 껍질·먹다 남은 뽕나
무 잎이나 작은 가지, 누에를 기르고 있던 돗자리 중 오래된 것 등등입

Ⅱ. 『氾勝之書』逸文 種瓠法

以三月耕良田十畝. 作區, 方深一尺. 以杵築之, 令可居澤. 相去一步, 區種四實. 蠶矢一斗, 與土糞合, 澆之, 水二升. 所乾處, 復澆之. 著三實, 以馬荳殼其心, 勿令蔓延 - 多實, 實細. 以藁薦其下, 無令親土多瘡瘢. 度可作瓢, 以手摩其實, 從蔕至底, 去其毛 - 不復長, 且厚. 八月下, 收取. …… 一本三實, 一區十二實. 一畝得二千八百八十實. 十畝凡得五萬七千六百瓢. 瓢直十錢. 并直五十七萬六千文. 用蠶矢二百石, 牛耕, 功力, 直二萬六千文, 餘有五十五萬. 肥豬明燭利在其外.

Ⅱ. 『범승지서』일문 종호법

3월이 되면 좋은 땅 10무를 간다. 구덩이(區)를 만들 때 사방으로 깊이를 각각 1척(尺)으로 한다. 공이로 이를 다져 쌓고, 물기가 머물도록 한다. 구덩이 사이는 1보(步)씩 떨어지도록 하고, 구덩이마다 씨를 네 개씩 심는다. 잠시(蠶矢) 1두(斗)를 토분(土糞)과 섞고, 여기에 2승(升)의 물을 붓는다. 마르는 곳을 찾아 재차 물을 댄다. 세 개의 열매를 맺으면 마수(馬荳, 말 채찍-역자)로 그 심을 쳐서 더 이상 자라지 못하도록 하라 - 열매가 많을수록 열매는 가늘다. 짚을 그 밑에 깔아 열매가 땅에 닿아 창반(瘡瘢, 자국, 상처-역자)이 많이 생기지 않도록 하라. 만들어야 하는 박의 크기를 계산하고, 손으로 그 열매를 문질러 열매의 꼭지에서 맨 밑에 이르기까지 그 털을 제거한다 - 이렇게 하면 다시 길어지지 않으며, 또한 두꺼워진다. 8월 말 거두어들인다. …… 한 줄기에서 세 개의 열매를 거두면 한 구덩이에 12개의 열매이다. 1무에 2,880개의 열매를 얻게 된다. 10무에 대략 57,600개의 박을 얻을 것이다. 박은 10전의 가치이므로, 곧 576,000문(文)의 가치에 필적한다. 잠시(蠶矢) 200석, 우경과 공력을 쓰면 26,000문이 필요하므로, 남는 것은 55만문이다. 돼지를 살찌우거나 촛불을 밝히는 것 등의 이익은 그 외의 것이다.

니다. 그리고 이것이 구입한 비료로서 명확하게 기록되어 있는 것이 놀랍습니다. 동시에 경우(耕牛)의 임대와 농업노동의 삯일이 있었다는 것도 알 수 있습니다. 그런데 표주박 재배를 시도하는 사람 측에 관해서는,

소 -적어도 쟁기를 걸고 경작에 사용할 수 있는 소-는 소지하고 있지 않은 경우가 상정되어 있지만, 인력을 고용하는 것은 상정하고 있습니다. 표주박을 매각할 때의 이익 계산까지 보여주고 있는데, 경영면적은 앞선 조의 구종법과 똑같이 10무이므로 '대토지소유자'를 대상으로 한 기술은 아닐 것입니다.

　　이러한 특수한 농업은 왜, 그리고 누구를 위해 개발되었던 것일까요.

　　한대의 궁중에서는 현대인의 상상 이상으로 진보한 실험적인 농업이 행해졌는데, 예를 들면 부추나 아욱 같은 야채(실태는 오늘날 분명하지 않음. 샐러드류라는 설이 유력함) 등 청채(靑菜)를 한겨울에 온실을 만들어 재배하고 있던 것도 알려져 있습니다. 종묘 등에 바칠 공물로서 개발되었던 것 같습니다. 그런데 표주박이라면 이것은 대부분 식품은 아니겠지요. 자료 코너에서는 생략한 부분에 용기로 사용하기 위한 건조법 등도 기록되어 있으므로, 기록되어 있는 가격 10전은 용기로서 시장에 나온 경우라고 생각됩니다. 하나하나의 열매 표면에 난 털을 밭에 있을 때부터 손으로 비벼 제거하는 등의 작업은 건조하기 쉽게 하고, 매끈매끈한 용기로서의 상품 가치를 높이는 것이겠지요. 표주박은 오늘날 일본에서는 취미용 물건이나 박고지의 재료 정도밖에 되지 않지만, 전술했듯이 그 열매를 도려내 건조시킨 다음 표면에 광택을 내서 가공한 표주박은 용기로서, 또 반으로 잘라 손잡이를 붙인 것은 국자로서 생활필수품이었습니다. 부유한 자라면 청동 등의 금속기나 도자기를 사용했을지도 모르는 방식도 10전의 표주박으로 족했던 것입니다. 더욱이 생략한 부분의 기술에 따르면 표주박을 만들기 위해 도려낸 안의 내용물에서 씨를 골라내

표주박(사진출처 : amanaimages)

어 기름을 취하고, 겨릅대 등에 적셔서 횃불과 같은 등불에 사용하며, 그러고 남는 것은 돼지의 먹이로 하는 매우 유용한 작물이었습니다. 그래서 이익 계산의 마지막 부분에서 55만 문의 판매 이익 이외에도 돼지가 살찌거나 밝은 등불을 얻을 수 있는 이득이 있다고 기록하고 있는 것입니다. 곧 재배의 목적은 이것을 판매하여 수입을 얻기 위함으로 구입하는 사람도 필시 일반 민중이겠지요.

『범승지서』에는 표주박 외에도 곡물로는 벼·기장·겨울밀·봄밀·보리·피·삼·콩·팥 등을 들고 있고, 차조기나 '목숙(苜蓿)=클로버[!]'에 관한 기록도 볼 수 있습니다. 또한 이 책의 연구자로서도 저명한 농업사학자 쓰성한(石聲漢)은 이 농법이 시행된 것은 경사가 급한 산간지·구릉지였던 것은 아닐까 추정하셨는데, 저도 그렇다고 생각됩니다. 하지만 시장에서 꽤 떨어진 산악지대에서는 수송이 어려우므로, 조와 같은 주식이 되는 곡물은 고사하고 하나에 10전인 표주박 재배는 이익이 되지 않을 것입니다. 고대 세계 유수의 거대도시 장안 근교에서 행해졌던 농업을 상정하고 있다고 보는 것이 자연스럽겠지요.

곧 상정할 수 있는 재배자는 이렇습니다. 표준적인 경작면적을 100무로 하는 한대 이전의 사회에서 10무 정도밖에 되지 않는 협소한 토지의 경영으로 생활을 꾸려갈 필요가 있고, 부부 이외에는 일꾼이 부족하

환경으로 보는 고대 중국

나 일꾼을 고용할 자본은 가지고 있으며, 경우(耕牛)는 보유하고 있지 않지만 비료원이 되는 가축은 사육하고 있고(조 등 표주박 이외의 작물 재배법에서 '미분(美糞)'으로 여겨지는 비료의 사용량을 계산해보면, 소로 환산해서 최저 세 마리 이상을 사육하지 않으면 1년 동안 모을 수 없는 양임. 양이나 닭·돼지라면 더 많은 사육 두수가 필요함), 더욱이 표주박을 대량으로 내다 팔 수 있는 장안 시장 근처의 경사지 등에 사는 사람들을 대상으로 『범승지서』는 쓰였다는 이야기가 됩니다. 그럼에도 불구하고 관료인 범승지의 집필이므로 국가적 권농책이라는 문제도 생각하지 않으면 안 될 것입니다.

흉노와 한의 관계

Ⅲ.『漢書』揚雄傳 下
明年, 上將大誇胡人以多禽獸, 秋, 命右扶風發民入南山, 西自褒斜, 東至弘農, 南敺漢中, 張羅罔罝罘, 捕熊羆豪豬虎豹狖玃狐菟麋鹿, 載以檻車, 輸長楊射熊館. 以罔為周阹, 從[縱]禽獸其中, 令胡人手搏之, 自取其獲. 上親臨觀焉. 是時, 農民不得收斂.

Ⅲ.『한서』 양웅전 하
명년, 황상(성제)은 바야흐로 호인에게 금수를 많이 가지고 있음을 크게 자랑하려고, 가을에 우부풍에 명하여 백성을 징발해 남산에 들어가게 하고, 서쪽은 포사(褒斜)로부터 동쪽은 홍농(弘農)에 이르기까지, 남쪽은 한중(漢中)에 달려가, 올가미와 그물 등을 쳐서 큰곰, 호저, 호랑이, 표범, 원숭이, 여우, 토끼, 고라니, 사슴을 잡아 함거(檻車)에 실어 장양(궁의) 사웅관(射熊館)으로 보내게 하였다. 그물로 주위를 잘 막고, 금수를 그 안에 풀어 호인으로 하여금 손으로 이것을 잡아 스스로 그 잡은 것을 취하게 하였다. 황상은 친히 임하여 이것을 보았다. 이때 농민에게 세금을 거두지 않았다.

무제 시기 위청(衛靑)과 곽거병(霍去病)의 활약, 사마천의 지기(知己) 이릉

(李陵)의 비극 등을 섞어서 한은 흉노를 '격퇴'했다는 식의 인상을 가지신 분은 적지 않다고 생각합니다.

하지만 실제로 이것은 후세의 사료가 암묵적으로 가지고 있던, 한을 주축으로 역사 전개를 파악하려는 경향에 상당히 영향을 받은 인상인 것 같습니다.

구리하라 도모노부(栗原朋信)를 시작으로 근년 흉노와 한의 관계를 객관적으로 재검토하는 연구가 진행되어 적어도 유방이 백두산에서 묵돌선우(冒頓單于)에게 포위된 이후의 한나라는 매년 엄청난 양의 술·비단·곡물 등을 흉노에게 제공하고 형으로 모심으로써(곧 흉노가 형, 한나라가 동생으로 교류한다는 의미로, 한나라는 흉노의 '속국'이었다는 견해도 있음), 가까스로 안정된 약 백 년을 보냈다는 인식이 확대되었습니다.

이러한 상황에 커다란 변화를 만든 것이 무제 시기였음은 분명합니다. 위청, 곽거병, 이광리(李廣利) 등의 저명한 장군들이 잇따라 대군을 이끌고 출격하였고, 각각의 전투에서는 수천 명, 수만 명의 흉노를 토벌하였으며 소와 말, 가축을 포획했다고 한나라 측의 사료는 전합니다. 그러나 일반적으로 인식되고 있는 정도로 '전승(戰勝)'에 의해 흉노를 멸망시켰다고 말할 수 있을지는 조금 의문입니다. 왜냐하면 『사기』와 『한서』에서조차 흉노제국 와해의 원인을 한나라의 전쟁 승리에 의한 것이라고는 기록하고 있지 않기 때문입니다. 유목민사회의 결합·구조는 일반적으로 영토를 획정하고 관료를 파견하는 형태가 아니라, 이른바 인간집단과 인간집단과의 네트워크가 전부인 경우가 많았던 모양으로 카리스마적인 지도자에 의한 통솔, 혹은 이해관계에 기초한 인적 결합이 소멸하면 넓은 지역의 지배권을 확립하는 것은 곤란해지는 것 같으니까요.

흉노의 경우 현실적으로 그 세력을 약화시킨 것은 첫째로 한랭화였다고 생각할 수 있습니다.

기원전 105년 오유선우(烏維單于)가 사망함에 따라 이듬해 그 뒤를 이은 나이 어린 선우(單于)는 '아선우(兒單于)' 등으로 불리며 여러 집단을 잘 통합하지 못하였고, 그 모습을 간파한 무제는 인우장군(因杅將軍) 공손오(公孫敖)에게 명하여 거연(居延) 북쪽에 수항성(受降城)을 쌓게 합니다. 그런데 그 해는 대설이 내려 흉노의 사람들에게 불안이 확대됨과 동시에 대량의 가축이 굶어 죽었습니다. 또한 소제(昭帝) 사후의 혼란기를 거쳐 선제(宣帝)가 즉위한 지 얼마 되지 않았을 무렵 한나라 황실의 여성을 아내로 맞이한 오손(烏孫)의 활동이 활발해져 흉노와 적대합니다. 이에 대해 기원전 71년 오손에 대한 반격을 시도한 흉노는 노인과 아이들을 포로로 삼아 돌아오는 도중 대설에 휩쓸려 사람도 가축도 모두 동사하여 1할도 귀환할 수 없었습니다. 거기에 오손과 그때까지 흉노에 복속해왔던 오환(烏桓) 및 정령(丁零)도 일제히 공격을 가해 수만 명이 죽었습니다. 더욱이 굶어 죽은 사람은 인구의 3할, 가축의 5할에 이르고, 한나라도 3천 명 정도를 포로로 삼았습니다. 이후 흉노는 쇠약해졌고 여러 부족과 여러 나라의 연대는 와해되었다고 기록되어 있습니다.

환경으로 보는 고대 중국

고가(藁街)의
주민들

기원전 71년의 항쟁을 틈타 한나라가 흉노를 포로로 삼았다고 말했습니다만, 실은 몇몇 흉노 집단의 사람들이 한에 복속하게 되었던 것은 이것이 처음은 아닙니다. 거듭된 전쟁으로 많은 사람들이 죽었는데, 큰 세력의 호인, 흉노(라고 일단 사료는 전하지만 그 후의 전개에 비춰보면 강족(羌族) 등타 인간집단도 섞여 있었을 가능성이 큼)에서 '귀순'(한나라의 '덕을 사모해' 그 백성이 되려고 왔다는 해석 하에 이렇게 표현되는 경우가 많은데, 실은…)한 사람들도 상당수에 이르고 있습니다. 빠른 것은 무제 시기인 기원전 119년 곤사왕(昆邪王)이 투항했을 때에는 4만 명 내지는 10만 명을 동반한 것으로 보이며, 이주한 흉노는 북방 5개의 군(郡)―농서(隴西)·북지(北地)·상군(上郡)·삭방(朔方)·운중(雲中)―의 황하 이남에 거주시켰습니다. 이때 한나라 땅에 살게 된 사람 중에 나중에 무제에게 발탁되어 오래지 않아 고관에 오른 김일제(金日磾) 등도 있습니다.

이처럼 흉노 중에서도 상층의 사람들은(예를 들면 선제 때 호한사선우

(呼韓邪單于) 아래에서 좌이질자(左伊秩訾)였던 이가 천여 명을 이끌고 항복한 경우, 한나라는 그를 20등작의 최상위인 관내후(關內侯)로 삼고 식읍[영지처럼 그곳 주민의 수확물에서 징수를 허락받은 장소] 3백 호와 왕의 인수(印綬)를 주었음) 장안에 있었다고 여겨지는 고가(藁街)라는 지역에 오손(烏孫)과 누란(樓蘭), 차사(車師) 등 다른 서역 여러 지역(오아시스 도시 등)에서 온 사람들과 함께 제대로 된 거주 공간을 받았던 것 같습니다. '고가'는 후세의 문학 등에서 일종의 외국인 거류지를 표현하는 어구가 되었습니다.

이러한 전략적으로 의미가 있는 '호인'에 대해서는 일종의 데모까지 열렸던 것으로 보입니다.

원연(元延) 3(기원전 10)년(『자치통감(資治通鑑)』에 의함.『한서』성제기(成帝紀)·양웅전(揚雄傳) 등 간에 기년의 모순이 있는 듯한데, 일단은 호삼성(胡三省)의 주석에서 인용한 『통감고이(通鑑考異)』에 따름), 장안의 서쪽(우부풍)에 있던 이궁(離宮) 장양궁의 사웅관에서 '호인'에게 한나라에는 야생동물도 풍부하다고 자만하는 파티가 열렸습니다. 서쪽은 남산의 양측 계곡 사이인 포곡(褒谷)·사곡(斜谷)으로부터 동쪽으로 홍농군(弘農郡)에 이르기까지 도처에 그물을 펼쳐 야생동물을 포획했다는 기사가 남아있습니다. 진령(秦嶺)의 북쪽 기슭은 오늘날에도 삼림은 남아있지만, 홍농군의 경우 현재에는 의천현(宜川縣) 부근에 다소 잡목림을 볼 수 있는 정도로 도저히 곰이나 불곰, 맷돼지, 호랑이, 표범에 오소리, 긴팔원숭이, 여우, 토끼, 사슴과 같은 다종다양한 동물이 보통 생식할 수 있는 환경이 아닙니다. 아니, 이때조차도 아마 장안 부근에 이미 이궁 이외의 삼림은 남아있지 않았고, 이 때문에 포획한 야생동물을 우리에 넣어 나를 수밖에 없었다고

환경으로 보는 고대 중국

생각됩니다. 실제로는 '풍부'하지 않았기 때문에 국가권력을 가지고 이러한 일대 수렵사업을 행할 필요가 있었던 것이지요.

이 무렵 흉노에서는 왕소군(王昭君)을 아내로 맞았던 호한사선우가 건시(建始) 2(기원전 31)년에 사망한 뒤, 그의 네 아들들이 차례로 선우가 되었습니다. 파티가 있었던 해는 세 번째 아들로 호한사선우가 가장 이뻐했다는 차막거(且莫車)가 선우였던 시기에 해당합니다. 다시 말해 왕소군의 의붓아들의 시대였다고 말할 수 있습니다. 사신의 왕래도 빈번했던 듯합니다. 반고(班固)는 이벤트의 개최 동기를 "한나라에도 풍부한 동물 자원이 있다"라고 자만하기 위해서였다고 적고 있습니다만, 정말로 수렵에 나가는 것이 아니라 잡아 온 맹수를 맨손으로 붙잡는 등의 놀이로 그 목적이 달성되었는지 어떤지는 의문입니다. 오히려 야생동물과의 격투로 사냥감을 획득하게 하여 장안살이에 지루해하는 체류 '호인'의 스트레스 발산을 노렸다고 봐야하는 것은 아닌지 모르겠습니다. 일반적인 농민은 수확도 순조롭지 못한 해였는데 이러한 이벤트를 개최하면서까지 환심을 살 필요가 있었다면, 그 경우의 '호인'은 당시 흉노 견제를 위해서도 흉노 이상으로 중요한 외교 상대로 수렵민으로서의 성격이 강했던 오손이 중요한 '손님'이었을지도 모릅니다.

단, 오해하지 말아야 하는 것은 이 시대를 끝으로 관중에서 삼림과 야생동물이 근절되었던 것은 아니라는 점입니다. 후한은 수도를 낙양으로 옮겼고, 관중에서는 강족과 저족(氐族)이 활발하게 활동했습니다. 5호16국 시대 관중을 지배한 것은 저족이 세운 전진(前秦)이었지만, 그 2대 왕인 부생(符生)의 시대, 진(晋)의 영화(永和) 12(356)년 동관(潼関)에서 장안 일대(즉 진령 산악지대가 아니라 위수 부근의 평야부)에 호랑이가 출몰하여 가축은 먹지 않고 사람만 습격하여 7백 명 이상이 살해되었다는 기록이 있습니다. 이러한 호랑이의 출몰 자체가 삼림을 무대로 하는 식물 연쇄가 잘 기능하지 못했다는 점을 말해주는 것이기는 합니다만(우에다 마코토(上田信)의 저서를 참고할 것), 그렇다 치더라도 야생동물이 돌아오고 있는 셈입니다. 인구의 감소, 농경지의 축소가 있으면 회복한 삼림도 있었겠지요. 수렵민이 감소하면 포획되는 개체도 줄고 결과적으로 야생동물이 증식하기도 하며, 다만 그 증식을 통해 이번에는 야생동물 간의 먹이 쟁탈전이 발생하여 개체수의 감소로 향하는 사태도 일어날 수 있습니다. 이 기록이 어떠한 국면을 말하고 있는지는 확실하지 않지만, 자연환경의 '악화'는 정도에 따라 다르다고는 해도 회복 가능한 경우도 있습니다.

그런데 이 이벤트가 개최된 시점은 한나라와 흉노의 관계가 머지않아 왕망(王莽)의 고압적인 억압책에 농락당하기 직전인, 이른바 최후의 화친기였습니다. 그렇기 때문에 한나라 측이 이미 일상의 행사라고 할 수 없게 된 수렵 이벤트를 조직하는, 말하자면 비한(非漢) 문화에 대한 폭넓은 이해와 양보를 보여주는 것이거나 또는 약간 '영합'해 보여주는 그러한 분위기가 있었던 것은 아닐까 생각됩니다.

다비료 농업의
경영자

그렇지만 '귀순'한 흉노와 그 외의 서역·북방의 사람들 가운데 이러한 '특별대우'를 받은 사람은 물론 일부였다고 생각됩니다.

삼보(三輔)의 인구는 경조윤(京兆尹) 682,458명, 좌풍익(左馮翊) 917,822명, 우부풍(右扶風) 836,070명으로 합계 2,436,350명이고, 장안의 인구는 그 중 약 1할인 24만 명으로 여겨지므로, 수도권 농촌부만으로는 약 2백만 명 정도의 인구였다고 생각됩니다. 매년 몇만, 몇천씩 유입되는 인구에 대해 제공할 수 있는 토지는 한정되어 있었을 것입니다.

그중에는 노예가 된 사람도 많이 있었겠죠. 사실 전한도 말기가 되면 이토록 많은 전비를 써서 격파했으므로 사로잡은 호인 등은 모두 노예로 삼아야 한다는 상주(上奏)도 볼 수 있습니다. 실제로 무제 시기에는 전국에서 1천만 명의 노예가 신고되었고, 물론 그중에는 중원의 백성으로 범죄에 연루되거나 빈곤으로 몸을 판 사람도 많이 있었겠지만, 평제(平帝) 원시(元始) 2(2)년의 전인구가 약 6천만 명이므로(노예는 보통 포함되지 않음) 흉노와 강족 중에서 한나라로 '유입'된 사람들도 포함되어 있었을 가능성은 있습니다.

그렇지만 실제로는 이러한 상주는 채택되지 않았고, 정주지가 마련되었습니다. 꽤 많은 사람들이 앞서 언급한 곤사왕이 투항할 때의 흉노와 마찬가지로 지정된 거주지에서 생활하도록 방향이 정해졌던 것 같습니다. 그리고 이러한 흉노의 장군 등을 따라 '귀순'한 사람들 이외에, 한랭화로 목축을 할 수 없게 되어 방황 끝에 장성을 넘어온 사람들이 어느 정도 있었는지 기록으로는 보이지 않지만 상상하기 어렵지 않습니다.

그럼 최초로 언급한 『범승지서』의 농법을 한 번 더 살펴봅시다.

"매우 협소한 토지밖에 보유하고 있지 않으며, 소가족으로 다수의 가축만은 가지고 있지만, 어쨌든 그날그날 수입은 필요하고, 경작기술이나 양잠 기술 등에는 그다지 정통하지 않은 존재"로서 유입된 흉노 등의 목축민을 상정하는 것이 자연스러울 것이라고 생각합니다. 한나라의 지배자는 그러한 사람들을 받아들이는 한편 '대전곡작주의(大田穀作主義)'를 중심으로 하는 중국의 생활양식을 가지고 통치할 책임이 있다고 생각하고 있었겠지요. 물론 '덕을 사모'해 '귀순'해 왔을 터의 그들에게 '이적의 풍속'인 목축은 계속될 수 없습니다. 현실적인 문제로서 오늘날에도 목축으로 생활해나가기 위해서는 여러 가족을 하나의 단위로 이동하는 모양인데, 각각의 가족별로 주거(파오 등)를 설치할 장소는 20킬로미터 정도 떨어져 있지 않으면 가축을 기를 수 없다고 합니다. 그럴 여유는 삼보 지역에는 없습니다.

범승지가 서주 이래의 농민도 또한 살고 있었을 터의 삼보에서 농업기술을 지도할 수밖에 없었던 것은 그곳에 유입된 농업에 서투른 사람들이 많았기 때문은 아니었을까요. 서역의 사람들과 인연이 있는 그라면 흉노인의 정주책을 고안하는 과정에서 목축을 그만두고 농업사회에서 살아가는 길로서 우선은 수중에 있는 가축을 이용하는 경제작물 재배를 중심으로 한 농법을 고안했다고 보아도 부자연스럽지는 않을 것입니다.

물론 종래의 농민으로 빈곤에 허덕이던 사람도 많이 있었는데, 그러한 사람들은 힘들어지면 맨 먼저 가축 등을 팔았을 것입니다. 대량의 비료를 사용하는 농업 등은 도저히 무리였습니다.

사실 1950년대 소위 대약진운동 즈음에 『범승지서』의 농법 중 구종법의 실험이 섬서성 북부에서 시도되었고 실험의 성과로서는 확실히 고수확을 얻었다는 보고가 있습니다. 그러나 실제로 일반 농민으로의 보급은 불가능했습니다. 이 정도로 다량의 비료는 마련할 수 없었기 때문입니다.

다만 이러한 다량의 비료를 투하하는 방법 이외의 측면에서 『범승지서』에 보이는 농법적 특장점-결국은 어마어마한 노동 집약농법이라는 것이 됩니다만-은 이후의 농업 발전에도 큰 영향을 미쳤습니다.

표주박으로
돈을 번다는 발상

앞에서 본 『사기』 화식열전에서 넓은 면적에 작물을 심으면 고수입을 얻을 수 있다고 여겨지는 작물로는 대나무 이외 대추, 밤, 귤 등의 과수, 개오동나무와 같은 고급 목재, 공예품 재료인 옻나무, 의료품 원료인 뽕나무와 삼베, 염료가 되는 치자나무와 꼭두서니, 그리고 도시 근교 농업에 한정하면 곡물과 생강, 부추 등의 채소를 언급하고 있습니다. 그렇더라도 거기에 표주박은 볼 수 없습니다.

『범승지서』가 표주박 재배를 추천하고 있는 것은, 앞서 말했듯이 사마천 시대보다도 더 진행된 한랭화에 의해 대나무의 발육이 악화되었던 것에 영향을 받은 부분이 많다고는 생각합니다. 그렇지만 점차 진흙 강이 증가하는 경향을 보이고 있던 이 무렵, 낯선 땅에서는 이동할 때 마실 물을 입수하기가 어려워집니다. 액체를 휴대할 수 있는 용기의 유용성을 숙지하고, 실제 재배에 착수해보려고 결의한 사람은 종래의 농경민보다도 피대(皮俗, 짐승의 가죽으로 만든 가방-역자)에 물이나 술을 넣고 다니는 이동

환경으로 보는 고대 중국

생활에 익숙했던 유목민 출신의 농업 참가자였던 것은 아니었을까요.

우물과 샘, 하천 등 수원지 근처에 상시 거주하는 것이 당연했던 농경민이 아니라 사막이나 황야의 이동을 수없이 경험해온 유목민이 가축의 감소로 만들기 어려워진 피대를 대신하여 한대의 '페트병 개발'로 한 밑천을 잡고, 생활의 안정을 얻을 수 있었다면 조금은 다행이라고 생각합니다.

참고문헌

池田温,「敦煌氾氏家伝残巻について」(『東方学』第24号, 1962)

杉山正明,『遊牧民から見た世界史: 民族も国境もこえて』(日本経済新聞社, 1997)

上田信,『トラが語る中国史―エコロジカル·ヒストリ―の可能性』(山川出版社, 2002)

제11화

바다와 여자와 술과 '반란'

─ 왕망(王莽) · 신(新)나라의 세제와 환경 ─

바다가 떠받친
일본의 농업

일본열도는 주위가 바다에 둘러싸여 있습니다. 우리 대다수는 평소 그것의 의미에 그다지 주의를 기울이지 않고 있는지 모릅니다. 그렇지만 이것은 사실 지구상에서도 꽤 드문 매우 행복한 일이라고 생각합니다. "헤엄을 전혀 못 치고, 바닷바람은 기분 나쁘며, 생선도 싫어하니까 별로…"라고 생각하시는 경향이 있을지도 모르겠습니다. 그렇지만 생선을 싫어하는 분이라면 밥이나 빵, 육류, 야채 등은 더욱 많이 드시겠네요. 그중 밥, 다시 말해 벼입니다만, 실은 일본의 식료 자급률을 간신히 지탱하고 있는 벼농사는 정어리나 조개, 바닷말 등의 해초류와 같은 바다의 소산에 의해 몇백 년이나 유지되어 온 것입니다. 이것들은 사람이 식료로서 섭취할 뿐만 아니라, 한정된 토지에서 연작을 계속하면 머지않아 수확률이 떨어지게 되는 곡물 생산을 계속해 나가는데 있어 필수 불가결한 비료로 사용되어 왔습니다. 패총(貝塚)을 남긴 조몬인(繩文人) 이후 기본적으로 목축을 하지 않고, 주요 단백질 공급원은 해산물이었으므로 사람의

환경으로 보는 고대 중국

분뇨도 에콜로지컬하게 생각하면 일본에서는 바다의 소산입니다. 즉 2천년 이래 벼농사를 해온 일본에서 비료원은 우선 바다에서 채집한 것이었다고 말할 수 있겠지요(방어나 새우 등의 양식 기술의 발전에 따라 해산물을 인위적으로 생산할 수 있게 된 것은 최근 수십 년간의 성과임). 에도시대의 인구증가를 지탱한 신전(新田) 개발은 말린 정어리 등 '금비(金肥, 구입비료)'가 있어 가능했다고 후루시마 도시오(古島敏雄) 등이 일찍부터 밝혀 왔습니다. 더욱이 곡물을 '주식'으로 하면 꼭 필요한 소금-영양학적으로 말하면 미네랄입니다-은 일본에서는 거의 100% 바다 소금으로 값이 저렴했습니다.

비가 많이 오고 수목이 많은 일본열도에서는 마른 잎 등 삼림의 소산도 분명히 비료로서 중요했습니다. 하지만 그 비도 태양에 달궈진 바다의 수증기가 일본열도에 내리는 계절이 많다는 것을 알고 계실 것입니다.

그런데 바다에서 먼 내륙부의 면적이 넓은 중국에서는 이러한 바다에 의존한 식료섭취나 곡물 생산의 여지는 상당히 제한되어 있었습니다. 물론 어개류(魚介類)를 먹지 않았던 것은 아닙니다. 오늘날에도 생선요리는 축하상에 나오는 훌륭한 요리로 여겨집니다. 『시경』에서 물고기는 연애를 암시하는 모티브로 등장하는 듯하고, 춘추전국시대의 제나라에서 국왕에게 바치기 위한 생선을 가득 실은 수레가 도로를 막을 정도로 많이 도착하는 모습 등은 근년 출토된 『은작산안자(銀雀山晏子)』에도 생생히 기록되어 있습니다.

그러나 해안선에서 천 킬로미터나 떨어진 장안에서 해산물을 입수하는 것은 한 제국의 황제라고 해도 쉽지 않았던 것 같습니다.

I.『漢書』食貨志	I.『한서』식화지
故御史屬徐宮, 家在東萊, 言往年加海租, 魚不出. 長老皆言武帝時縣官嘗自漁, 海魚不出, 後復予民, 魚乃出. 夫陰陽之感, 物類相應, 萬事盡然.	이전 어사의 속관 서궁의 집은 동래에 있었다. 왕년에 해조(海租)를 늘리니 물고기가 잡히지 않았다고 말하였다. 장로들이 모두 말하기를 무제 때 현관(縣官)이 일찍이 스스로 물고기를 잡으려 해도 바다에서 물고기가 나오지 않았으나, 나중에 다시 백성에게 돌려주니 물고기가 이내 잡혔다고 하였다. 무릇 음양의 감각, 물류는 상응하며, 만사가 모두 그러하다.

바다 사나이의
사보타주

자료 I은 『한서』 식화지에서 볼 수 있는 선제(宣帝) 오봉(五鳳) 연간(기원전 57-54)의 기사입니다. 당시 대사농(大司農, 재무대신과 같은 관료가 통괄하는 관청입니다)의 중승(中丞, 차관급의 관리) 경수창(耿壽昌)이 후에 상평창(常平倉, 빈민구제의 명목으로 설치된 비축창고) 설치로 이어지는 곡물의 가격 조정책을 진언하며, '해조(海租)'를 3배로 하자고 상주했습니다. 선제는 이것에 따랐던 것인데, 이에 대해 당시의 어사대부(御史大夫) 소망지(蕭望之)가 상주한 반론이 위에서 언급한 부분입니다. 대강의 의미는, "이전 어사대부의 속료(屬僚)였던 서궁이란 자의 집은 동래(東萊, 산동반도 중부 발해만 연안)에 있는데, 그가 말하기를 지난날 해조를 증액했더니 물고기의 어획과 유통이 이루어지지 않게 되었다고 합니다. 장로들이 모두 말하기를 무제 때 현에 설치된 정부의 관청 자체가 어업을 경영했던 때에도 바다는 물고기를 내어주지 않았고, 후에 다시 백성에게 어업권을 돌려주자 물고기는 이내 나오게 되었다는 것입니다. 원래 음양의 감각이라는 것이 있고, 물과 류는 상응하는 것으로 만사는 모두 그러한 법입니다"라는 내용입니다. 세금 이야기를 하는데 음양이 어쩌고, 물류 상응과 같은 미묘한 레토릭을 쓰고 있네요.

우선 이로부터 한 제국에서는 해산물에 대해서 세금이 부과되었고, 때때로 국가의 징수가 강화되는 경우도 있었다는 것을 알 수 있습니다. 이러한 해조, 곧 바다의 소산에 매기는 세금에 관해서는 이미 가토 시게시(加藤繁) 이래 여러 가지로 언급되었고, 근년에는 야마다 가쓰요시(山田勝芳) 선생이 검토를 덧붙이셨는데, 야마다 선생도 지적하듯이 생산량의 10분의 1을 신고 납세하는 것이었던 듯합니다. 이것은 수렵이나 목축에 종사하는 것과 동일했습니다. 이 일화가 보여주는 연해부 어민의 동향을 통해서는, 무제 및 선제 시기 관의 수탈강화에 대해 어민이 저항했던 모습을 엿볼 수 있습니다. 뒤에서 말하겠지만 선제 시절 산동에서는 공수(龔遂)라는 관리가 농업진흥책을 채택한 것을 선전하고 있는데, 그 시책대상이었던 '말기(末技)를 좋아하는 제나라의 백성'에게는 이러한 어민 출신자도 상당수 포함되어 있었다고 생각됩니다. 어업을 포함한 수렵 채집 경제는 상대적으로 자유로운 경제활동으로, 조업의 자유도 있다면 자연조건에 따라 '굶어 죽을 자유'도 있었던 셈입니다. 토지에서 떨어질 수 없는 농경민과는 달리 국가의 규제를 쉽게 받아들일 성격의 사람들이 아닙니다. 아무리 관리가 물고기를 공출하라고 명해도, 배를 내보내 하루 종일 낮잠을 자고 "오늘은 어획이 없었습니다. 아무래도 해신님의 기분을 상하게 한 것 같아서 …"라고 말하면 그만입니다. 다시 말해 사보타주는 매우 합리적으로 할 수 있습니다. 그렇게 되면 관리는 몸소

환경으로 보는 고대 중국

지위가 낮은 하급 관리에게 명하여 고기를 잡아 오라고 하지만 비전문가가 그렇게 생각하는 대로 잡을 수 있는 것이 아니겠지요(후한 초 서역에서는 관리가 낚시를 시킨 기록도 출토되고 있음). 상당한 숙련기술이 필요하고, '판자 한 장 아래는 지옥'인 큰 바다에서 목숨을 걸고 배를 저어 간신히 손에 넣게 되는 물고기입니다. 그것을 바다 사나이에게 "폐하, 드세요"라며 바치도록 하려면 그 마음에 울리는 무언가가 권력 쪽에서도 필요했던 것은 아니었을까요.

소망지가 음양설을 빙자하여 말하고자 한 것은, 그 주변의 '호흡'이 중요하다는 점으로 그것을 당시의 용어·개념에 따라 설명하는 하나의 방법이었다고 생각할 수 있습니다.

그런데 이러한 기미를 전혀 분별하지 못한 인물이 국가권력의 중추를 장악하는 사태가 벌어졌던 때에는 해안지역에도 큰 혼란이 발생한 것 같습니다.

왕망의
새로운 세금 제도

시건국(始建國) 2(8)년 신나라를 세우고 황제가 된 왕망(王莽)은 전년 발표한 왕전제(王田制)에 이어 새로운 재정정책을 발표했습니다. 일반적으로 육관제(六筦制)라 불리는 새로운 세금 제도입니다. 아무래도 그때까지는 포착되지 않았던 업종에서도 확실하게 징세하려는 의도였다고 생각할 수 있을 것 같습니다. 유력한 외척 왕씨 집안의 도련님으로 자란(그렇다고는 해도 일족 중에서는 비교적 찬밥 신세였던 것 같지만) 왕망은 공부한 『주례(周禮)』 등의 고전에서 볼 수 있는 이상적 세계를 실현하자는 과대망상광이라고 해야 할지, 말만 많고 행동이 따르지 못하는 사람이라고 해야 할지, 말하자면 주변 사람에게 폐를 끼치는 인물이었던 것 같습니다. 딸을 평제(平帝)의 황후로 삼고, 착착 실권을 장악해 순조롭게 정권 찬탈에 성공하여 염원하던 『주례』를 근거로 실시한 정책 중 하나가 이 육관제인데, 그 일부로 보이는 『주례』를 근거로 했다는 신규 과세의 세목이 자료 II입니다.

Ⅱ.『漢書』食貨志	Ⅱ.『한서』식화지
又以周官稅民. … 諸取衆物鳥獸魚鼈百蟲於山林水澤及畜牧者, 嬪婦桑蠶織紝紡績補縫, 工匠醫巫卜祝及它方技, 商販賈人坐肆列里區謁舍, 皆各自占所爲於其在所之縣官, 除其本, 計其利, 十一分之, 而以其一爲貢. 敢不自占, 自占不以實者, 盡沒入所采取, 而作縣官一歲.	또한 주관(周官, 주례-역자)에 따라 백성에게 세금을 부과한다. … 여러 만물, 새와 짐승, 물고기와 자라, 온갖 벌레를 산림, 수택에서 잡는 자와 목축하는 자, 부녀자 중 양잠, 길쌈, 방적, 바느질하는 자, 공장(工匠)·의무(醫巫)·복축(卜祝)과 다른 방기(方技)·장사하는 상인 중 점포를 연 자들은 모두 각자 스스로 있는 곳에서 그곳의 현관(縣官)에 등록하며, 그 본전을 제외하고 그 이익을 계산하여 이를 11로 나누어 그 1을 세금으로 한다. 감히 스스로 등록하지 않는 자와 스스로 등록하는데 실제대로 하지 않은 자는 얻은 것을 모조리 몰수하고 현관에서 1년 동안 일하도록 한다.

수공업자·의사·주술사와 점쟁이·상인 거기에 여성의 의복 생산에만 종사하는 자와 더불어 수렵·어로·목축을 영위하는 자에게 매년 수확·수입에서 밑천을 뺀 나머지의 1할을 신고하고 공납하며, 신고하지 않거나 허위로 신고하면 수확물을 몰수하고 각 현에 있는 정부 관청에서 1년간 노역시킨다는 것입니다.

이러한 제도가 생기기 이전, 즉 앞 장에서 본 선제 시기 해산물에 대한 과세는 집락 단위(혹은 부족 단위)의 주먹구구식으로 이루어졌을 가능성이 높다고 생각합니다만, 이 새로운 세금 제도는 당연히 개개인에게 부과되었던 것이지요. 몇 사람의 공동작업으로 간신히 수확물을 얻을 수 있는 어업이나 수렵의 경우, 개인단위로 과세되면 곤란했겠지요. 어업의 경우 '밑천을 빼라'라고 해도 무엇을 어떻게 계산하면 좋았을까, 배나 그물이나 낚싯바늘을 만드는 데 필요한 비용일까요. 원가 상각과 같은 개념이 없었던 시대에 그것은 어떻게 인정받을 수 있었을까요. 산에는 삼림이 남아있던 산동 부근이라면 스스로 나무를 베어 배를 만든 경우 어떻게 계산할 수 있었을까요. 수송선 등을 재산으로 간주하여 무제 시기 이후 과세하게 된 산민전(算緡錢)의 예(제12화 참조)도 있습니다. 배의 재료비 등을 계상해도 "그것은 네 재산으로 이 물고기를 사들이는 '밑천'이 아니다"라고 퇴짜를 놓았을지도 모릅니다. 어쩌면 그러한 계산상의 이치를 무시하고, 관리가 원하는 양만큼 어획량을 빼앗겼던 것은 아닐까요. 일부밖에 내지 못하거나 혹은 정말 어획량이 없는 날이었다면 관리의 마음에 들지 않는 인물의 경우 '부실한 신고'라며 투옥되어 노역형에 처해 졌을지도 모르는 일입니다.

왕망이 멸망하기 전년인 지황(地皇) 3(22)년, 거센 비난을 받고 이러한 터무니없는 세금 제도는 폐지됩니다. 하지만 거기에 이르기까지 많은 희생자가 바다에서도 나왔을 것으로 여겨집니다.

그런데 이러한 육관제의 하나로서 발표되었지만 어떠한 사정으로 실시가 1년 늦어진 과세 대상품으로 술이 있습니다. 그런데 술에 대한 규제는 뜻하지 않게 엄청난 부산물을 가져오게 되었다고 말해집니다.

'바다로 들어간'
여모(呂母)들

천봉(天鳳) 4(17)년 낭야군(琅邪郡) 해곡현(海曲縣, 현재 산동성 일조시(日照市))에서 반란이 일어나 현령(縣令)이 살해되었습니다. 반란군의 리더는 여모(呂母)라고 불린 여성으로 현재(縣宰, 한나라의 현령, 왕망은 다양한 관직명과 지명을 자신의 이념에 따라 차례로 변경함)의 목을 자기 아들의 묘에 바치고 제를 지냈다고 합니다.

여모의 아들은 본래 해곡현의 하급 관리였지만, 현령 때문에 억울한 죄로 죽임을 당했습니다. 이것에 노하고 분개한 여모는 집안 재산을 끌어모아 무기를 구입하는 한편 술을 팔며 가난하여 먹고살 길이 없는 '소년'에게 가만히 여러 가지로 극진히 보살펴주며 백 명 이상의 집단을 만들어 이 반란을 준비했던 것입니다. 일조시 동항구(東港區)의 경제개발구 규산가도(奎山街道, 옛 오련현(五蓮縣) 규산향(奎山鄉)) 고하애촌(崮河崖村)에는 여모가 거병에 즈음하여 이끄는 남자들에게 호령을 내리기 위해 올랐다는 바위-여모고(呂母崮)-가 1960년대까지 남아있었다고 합니다

III. 『漢書』王莽傳 下	III. 『한서』 왕망전 하
… 琅邪女子呂母亦起. 初, 呂母子 爲縣吏, 爲宰所冤殺. 母散家財, 以 酤酒買兵弩, 陰厚貧窮少年, 得百 餘人, 遂攻海曲縣, 殺其宰以祭子 墓. 引兵入海, 其衆浸多, 後皆萬 數. 莽遣使者卽赦盜賊, 還言「盜賊 解, 輒復合. 問其故, 皆曰, 愁法禁 煩苛, 不得擧手. 力作所得, 不足以 給貢稅. 閉門自守, 又坐鄰伍鑄錢 挾銅, 姦吏因以愁民. 民窮, 悉起爲 盜賊」. 莽大怒, 免之.	… 낭야의 여자 여모 또한 들고 일어났다. 처음에 여모의 아들은 현리가 되었는데, 현령[현재]에게 원통하게 살해당했다. 여모는 집안의 재산을 흩어 술을 팔아 병기와 쇠뇌를 사고 은밀히 빈궁한 소년들을 후히 대접하여 백여 명을 얻었다. 마침내 해곡현을 공격하여 그 현재를 죽여 아들의 묘에 제사 지냈다. 병사를 이끌고 바다로 들어갔는데, 그 무리에 가담하는 일이 많아 이후 모두 만여 명을 헤아렸다. 왕망이 사자를 보내 즉 도적을 사면하였다. 돌아와 말하기를 "도적을 풀어주면 금세 다시 합칩니다. 그 이유를 물으니 모두 말하기를, 법이 금하는 것이 번거롭고 가혹한 것을 우려해 자신들은 손을 가지고 아무것도 할 수 없고, 열심히 힘써 농사 지어도 세금을 납부하기에 족하지 않습니다. 문을 닫고 스스로를 지켜도 이웃인 인오(鄰伍)가 몰래 돈을 만들고 구리를 보유한 것에 연좌되고 간사한 관리들이 백성을 근심스럽게 합니다. 백성들은 궁핍해지니 모두 일어나 도적이 되는 것입니다"라고 하였다. 왕망이 크게 노하여 이들을 면직했다.

(경지조성으로 인해 파헤쳐졌는데, 지금은 그 바위가 있던 장소가 거대한 패인 웅덩이가 되어 남아있고 밭이 되었음. 근년에는 역사적 유산으로서 이 바위의 흔적을 보존하기 위해 옆을 흐르는 고자하(崮子河)의 물길 개수 때에 20미터나 물길을 완만한 곡선으로 만들었으며, 이. 주변에도 큰 바위가 여러 개 존재함. 사진 참조). 명령에 따라 해당 관청을 공격하고, 원하는 대로 현령을 제물로 바쳤다는 이야기였습

니다.

　　주목하고 싶은 점은 그 뒤
의 동정입니다. 숙원이었던 사업
을 완수하자 이들은 '바다로 들어
갔다'라는 것입니다. 물론 용궁으
로 간 것도 잠수함이 있었던 것도
아닙니다. 그럼에도 불구하고 '그
무리에 가담하는 일이 많다'라는
것은(일반적으로는 '점차'라고 이해되
고 있으나), 중앙의 규제가 미치기
어려운 바다에 연한 벽지나 도서
부에서 약탈 등을 일삼는 한편,
연해나 섬에서는 영향을 받아 한
패가 된 사람도 많았다는 의미일

위: 여모고(呂母崮)를 파내 움푹하게 패어 웅
덩이가 된 땅
아래: 여모고 유적 보존을 위해 물이 흐르는
길을 완만한 곡선으로 한 고자하(崮子河)

것입니다(이와 관련하여 해곡현은 산동반도의 서남부에 위치하여 황해에 면하고 있
으나, 작은 곶마다 여러 개의 만으로 나뉘어 만의 안팎으로 많은 섬이 여기저기 흩어져
있음). 그리고 그 결과 수만 명이나 되는 대집단으로 불어났다는 것입니
다. 여모는 거병한 다음 해(천봉 5년)에 병으로 사망하지만, 남은 집단은
해곡현 인근 거현(莒縣, 현재 일조시 거현)에서 일어난 번숭(樊崇)의 반란에
참가한 것 같습니다. 이것이 후에 적미(赤眉)의 난으로 불리는 왕망 정권
을 멸망시킨 대반란의 서막이었습니다.

　　여모의 난과 뒤를 이어 발생하는 적미와 녹림(綠林)의 난에 관해서는 이미 여러 연구가 있습니다. 많은 분들이 여모의 집은 원래 술의 양조가 가업이었던 것은 아닌지 추정하고 계십니다. 그리고 아들이 뒤집어쓴 것도 육관제의 일부로 실시된 술의 판매규제와 관계되어 있었던 것으로 추정되고 있습니다. 그것은 분명히 충분히 있을 수 있는 일이고 아마도 그것이 맞을 거에요. 또한 이러한 반란에 관해, 당시 왕망의 등장으로 혼란한 정치정세 아래 지방의 행정조직이 느슨해지고 농민이 피폐해져 집을 떠나 유민이 되는 경우가 많아 그들이 중심이 된 '농민반란'이라는 이해도 보급되어 있습니다. 이것도 대강은 그러한 경향을 인정할 수 있을지도 모릅니다.

여모가 거병한 낭야군 해곡현의 서쪽 인근 현성(縣城)까지는 약 100킬로미터 정도 떨어진 동해군(東海郡), 지금의 강소성 연운항시(連雲港市) 하동해현(下東海縣) 온천진(溫泉鎭) 윤만촌(尹灣村)에서 1993년 6기의 한묘(漢墓)가 발견되고 발굴되었습니다. 그중 한나라 성제(成帝) 원연(元延) 3(기원전 10)년 이후 매장된 것으로 보이는 6호 묘(M6)에서는 2, 3매의 목간이 출토되어, 일반적으로 '윤만한묘출토목독(尹灣漢墓出土木牘)'이라 부르고 있습니다. 그중 하나인 '집부(集簿)'에 '口百卅九萬七千三百卌三, 其四萬二千七百五十二, 獲流(총인구는 1,397,343명이며, 그중 42,752명은 유민을 사로잡은 것임)'이라는 글자를 볼 수 있는데, 당시 관청이 실제로 '유민' 인구 파악에 힘써 이들 비정주민을 정주화시키 위해 고심하고 있던 것은 확인할 수 있습니다.

하지만 이들 '유민'이 과연 농업에서 탈락한 인구인지의 여부는 단언할 수 없을 것 같습니다.

환경으로 보는 고대 중국

이 무렵 역사서에는 예년처럼 지진·일식·유성 등이 기재된 것을 볼 수 있고, 사회불안을 부채질하던 모습을 엿볼 수 있습니다. 건시(建始) 4(기원전 29)년에는 가을에 비가 많이와 물이 크게 불어나 황하는 동군(東郡)의 금제(金隄)에서 붕괴됩니다. 이후 3년 홍수가 반복되어 대재해가 되었고, 많은 유민이 발생하였습니다. 관중에서도 자주 홍수가 발생하고 있습니다. 또한 양삭(陽朔) 3(기원전 22)년 여름 영천(潁川)의 철관(鐵官, 국영 철공소)에서 무리가 반란을 일으켜 주변 9개 군을 휩쓸기도 했습니다. 철관에서의 반란은 기원전 14년에도 산양군(山陽郡)에서 일어났고, 동해군에서도 철관이 설치되어 있었으므로 어떠한 영향이 미쳤는지도 모릅니다. 전한 말에는 사회 전체의 추세로서 자연재해에 대한 기록이 많이 남아있습니다. 확실히 '유민'의 발생 원인으로는 부족함이 없었다고도 말할 수 있겠지요.

다만 여모의 반란만이 아니라 왕망 시기에 일어난 반란 중에는 그 밖에도 여성을 리더로 하는 것이 있으며, 사회불안의 도래를 외치는 여자가 나타난 것을 '광녀(狂女)'가 나왔다고 기록을 남긴 사례도 몇 가지 볼 수 있습니다. 그렇게 되면 갑자기 세금을 내게 된 의료품 생산에 전적으로 종사해온 여성들이 일어났을 가능성은 없을까요. '광녀'는 '무녀(巫女, 주술사의 부류)'가 아닐까 하는 지적도 있습니다.

그렇지만 여모의 경우 무엇보다도 장소가 해곡현으로 '바다로 들어가는' 것을 통해 폭발적으로 무리가 증가하였고 사람들을 조직할 수 있었다는 것을 중시해야 할 것입니다.

'해변'의 이모저모

전국시대 제나라의 영역이었던 지역은 한대 이후로도 비농경민의 존재가 두드러지는 지역입니다.

선제(宣帝) 시대 순리(循吏, 유학의 덕목에 합치하는 활동을 한 관리로 반고가 뽑은 사람들)로서 이름을 날린 일흔 살이나 된 공수(龔遂)라는 인물이 있었습니다. 발해군(渤海郡) 주변에서 도적이 빈발하는 상황 속에서, 도적진압을 주목적으로 하는 장관으로 삼는다면 적임자라고 승상(丞相)과 어사(御史)에게 추천되었습니다. 그래서 황제가 직접 발해태수(渤海太守)로 부임할 것을 명했던 것입니다. 『한서』 순리전(循吏傳)에 의하면 그가 발해에서 행한 사적은 최종적으로는 권농책(勸農策)이지만, 시작은 민중의 무장해제였습니다. 발해군에 도착하자마자 "괭이 같은 농기구를 가지고 있으면 양민으로 인정하고, 관리는 일절 책망하지 말라. 무기를 가지고 있는 자는 모두 도적으로 간주한다"라는 포고를 냈던 것입니다. 이로써 '도적' 문제는 진정되었다고 합니다. 그리고 '말기(末技)를 좋아하는

환경으로 보는 고대 중국

(농경을 좋아하지 않는다는 의미) 제나라의 백성'에게 도검(刀劍)을 팔아 소나 송아지를 사게 합니다. 그리고 1인당 느릅나무 한 그루와 마늘이나 파·부추 농사를 의무화합니다. 이것으로 농업 생산이 활발해지고 발해군 내부는 풍족하게 되어 소송 사건까지 사라졌다고 기록은 전합니다.

발해군의 관청이 있는 위치는 산동반도보다 조금 북쪽이지만 역시 바다-이쪽은 발해만인데-에 가까운 곳입니다. 농기구를 가지고 있지 않은 사람이 그만큼 많았다는 것은 황하 하류에 안정적인 경지가 부족했기 때문일지도 모르겠지만, 바다에 의지해 사는 생활이 가능했기 때문은 아닐까 생각합니다. 일부러 '도적'이 되기 위해 무기를 입수한 사람만 있는 게 아니라, 본래 농기구를 가지지 않고 수렵이나 어로로 살아가던 사람이 많았던 것은 아니었을까요. 그들에게 활과 화살이나 도끼, 작살 등은 생산용구·생활필수품이었을 것입니다. 이제 중원에서는 줄어든 수렵 채집민이나 전국시대 연나라·제나라 이래의 전통적 철공업에 종사하는 사람들(바다에 가까우면 제8화에서 본 것과 같은 '감자' 산지는 아니더라도 먹을 것은 입수할 수 있으므로 광산업에도 적합함), 한 왕조를 따르지 않으려는 사람들의 행동이 '도적'으로 간주된 것은 아닌가 생각됩니다. 그래서 공수가 장려한 작물도 모래땅에서 자라는 마늘, 보살핌이 필요 없는 부추였던 것이겠지요. 가다랑어 등 생선에 곁들일 야채로서도 더할 나위 없네요. 그릇에 보기 좋게 담긴 조주(潮州, 중국 광동성 동부에 있는 도시-역자)요리를 떠올려 보세요. 느릅나무의 꽃과 어린잎은 달걀을 풀어 걸쭉하게 덮으면 매우 맛있습니다. 해변의 식수(植樹)가 연해 어업에 중요한 것은 오늘날 생태학의 상식이지만, 『관자』에도 이미 언급이 있으므로 느릅나무를 심

돌과 바위가 많은 일조시 해안

는 것은 '말기(末技)를 좋아하는 백성'에게도 받아들이기 쉬웠을지도 모릅니다. 공수는 곡물 생산의 노고를 견딜 수 없다고 생각하는 사람들에게 정착 농경으로의 길을 걷게 하는 계기로서는 꽤나 고민한 정책을 실시한 것이라고 생각할 수 있습니다.

　여모를 따른 사람들, 즉 '소년'들도 대부분 공수가 부임하기 전 발해군에 있던 그런 '바다 사나이'들이었던 것은 아니었을까요.

　다만 발해군과 해곡현(현재의 일조시)의 차이점은 바다 그 자체에 있다고 생각됩니다. 발해군의 해변은 많은 지점에서 황하를 비롯한 기타 하천이 운반해 온 토사가 쌓여 형성된 충적지(沖積地)입니다.

　이에 비해 해곡현은 산동반도의 골격을 이루는 석탄암과 화강암·편마암 등의 암체(岩体)가 직접 바다에 접하고 있는 장소입니다. 그래서 해변은 돌과 바위, 내지는 해곡현의 동쪽 청도시(青島市)의 해수욕장까지 점점이 이어지는 백사장이 되고, 일조시의 유가만(劉家灣) 등은 개펄조개잡이로 붐빕니다. 현재 일조시의 경지면적은 총면적의 3할 정도이지만 벼·밀·땅콩 등을 얻을 수 있고, 그 외에도 화북 최대의 녹차 산지로 대나무숲도 있는 과일의 산지입니다(그래서 술 재료에는 부족함이 없음). 무엇보다 암반 산에는 바위틈에 뿌리를 내리는 수목이 무성하고, 중국 유수의 맛있는 미네랄워터의 산지 노산(勞山)을 대표격으로 바위틈에서 깨

환경으로 보는 고대 중국

끗한 물이 솟아나고 있습니다.
앞에서 언급한 섬들 중 관광지
가 된 도화도(桃花島)라는 바닷
속 섬에서조차 신수천(神水泉)
이라는 담수의 샘이 솟아나는
것입니다. 맛있는 술은 확실히
그 지방의 것으로 만들어졌겠

서시설(앞쪽)

지요. 그런 산의 맑은 물을 수원으로 하는 깨끗한 소하천의 유입이 해곡
현의 연안 일대를 기수(気水, 해수와 담수가 혼합되어 있는 곳의 물로 민물보다는
염분이 높고 해수보다는 염분이 적은 물-역자) 구역을 포함해 산소가 풍부하고
투명한 바다로 만들고 있습니다.

　돌과 바위가 많은 해안의 수확은 풍부하여 오늘날에도 각종 어류
및 오징어·문어·새우·게 이외에도 전복, 소라, 맛조개와 '서시설(西施
舌)'이라는 정말 요염한 이름으로 불리는 조개류가 특산품으로 유명합니
다. 총인구 280만 중 어업 인구가 11만 5천이라고 하네요. 현재 행정구
역으로 일조시의 역내에 들어가는 섬과 암초는 33개이고, 그중 큰 것은
평산도(平山島)·달산도(達山島)·동우산도(東牛山島) 등 3개입니다.

　하지만 육로로 100킬로미터 정도 떨어진 청도시의 구역에는 더욱
많은 섬이 있음은 물론입니다. 이들 섬 주변에도 암초가 펼쳐져 있는데,
예를 들어 도화도와 육지 사이의 얕은 여울은 새우 양식장입니다. 즉 해
곡현의 바다는 잠수어업을 영위할 수 있는 바다인 것입니다.

여모의 출신

그렇다면 여모에 대해서도 술집 여주인이 되기 이전의 생활이 궁금하지 않으신가요.

다음은 완전히 상상이지만(자료적 근거가 없으므로) 여모가 술집 혹은 양조업도 운영하는 지주나 호족 집안의 딸이었다고는 생각되지 않습니다.

전근대 사회적 활동에서 여성이 중심이 되는 사례는 비교적 기록이 적고, 그 소수의 예는 여러 번 앞에서 언급한 여성의 샤먼적·무녀적 성격으로 귀결되어 해석됩니다.

그러나 활동적인 생산 현장에서 압도적으로 여성이 우위를 점하는 일, 그것은 해녀의 일입니다. 남성에 비해 여성 쪽이 길게 숨을 참을 수 있고 지구력이 많다고 합니다만, 맨몸으로 깊은 바다에서 전복이나 대하를 손으로 잡아 오는 해녀의 일은 대단한 기술입니다. 개인차도 물론 있을 것이고 남이 모르는 좋은 장소를 기억하는 숙련·경험도 필요하겠지요. 이에 비해 해녀의 남편은 밧줄을 쥐고 배 위에서 멍하게 있을 뿐입니

환경으로 보는 고대 중국

다. 수입은 해녀의 기량에 의해 좌우되는 것이죠. 그래서 일본의 경우 해녀가 있는 어촌에서는 여성의 발언권은 전근대 사회 중에서는 돌출되어 있었습니다. 다만 오늘날 일조시의 조개류를 잡는 방법은 그물을 치던지 배 위에서 작살로 찌르는 것이 주류인 것 같지만요.

제5화에서 말씀드렸는데, 산동은 반고가 지적하듯이 원래 여성이 생산활동에 종사하고 존중받는 경향이 있었던 지역인 것 같긴 합니다. 그렇지만 큰 바위 위에 결연하게 서서 백여 명의 '소년'에게 목숨을 건 반체제 행동을 결의시키는 연설을 할 수 있었던 여모는 이런 어촌의 해녀 출신으로 남자들에게 지시하는 것에 뛰어났던 것은 아니었을까요. 그런 해녀였던 여모가 인연이 닿아 술집 혹은 양조업을 운영하는 호족에게 시집을 가서 비극의 그 아들을 낳고 절망적인 싸움에 나선 것은 아니었을까 하는 생각이 듭니다.

참고문헌

加藤繁,『支那経済史考証』上下 (東洋文庫, 1952-53)

山田勝芳,『秦漢財政収入の研究』(汲古書院, 1993)

東晋次,『王莽―儒家の理想に憑かれた男』(白帝社, 2003)

환경으로 보는 고대 중국

제12화

전국시대 남자의 꿈 실현(?!)

— 한대 실크로드를 지탱한 '내조의 공' —

맹자의 이상 사회

성공을 이루고 명성을 얻은 분의 축하 파티 같은 곳에서 "이것도 오로지 아내의 내조의 공이 있었기 때문에 가능하지 않았나 생각합니다 …"라고 붙임성 있게 인사하는 사람이 있지요. '내조의 공'이라는 말은 예전에 비하면 자주 들리지 않게 되었다고는 해도 아직 '사어(死語)'는 아닌 것 같습니다.

'남자는 일, 여자는 살림'이라는 가정 내 분업을 '일본 고래의 전통'이라고 말씀하시는 분도 간혹 있는 듯하지만 정말로 그럴까요.

남녀별 역할 분담을 제창한 문헌은 중국 고전에도 많이 있지만, 가장 오래된 것 중 하나가 자료 코너에 제시한 『맹자』의 한 구절일 것입니다. 『맹자』에서 노인을 어떻게 부양할 것인지에 대해 말하는 동교이곡(同巧異曲, 재주나 솜씨는 같아도 표현하는 형식은 각각 다름을 이르는 말-역자)의 일화는 두 군데 있는데, 여기서는 남녀를 구분해서 언급하고 있는 '진심 상'의 내용을 인용해보겠습니다.

환경으로 보는 고대 중국

I.『孟子』盡心·上	I.『맹자』진심·상
五畝之宅, 樹牆下以桑, 匹婦蠶之, 則老者足以衣帛矣. 五母雞, 二母彘, 無失其時, 老者足以無失肉矣. 百畝之田, 匹夫耕之, 八口之家足以無飢矣. 所謂西伯善養老者, 制其田里, 教之樹畜, 導其妻子, 使養其老. 五十非帛不煖, 七十非肉不飽. 不煖不飽, 謂之凍餒. 文王之民, 無凍餒之老者, 此之謂也.	5무(畝)의 집 담장 아래 뽕나무를 심고 필부(匹婦)가 누에를 치면 곧 노인이 비단옷을 입기에 족하다. 다섯 마리의 암탉과 두 마리의 암퇘지가 그(번식의-역자) 때를 놓치지 않는다면 노인이 고기를 먹지 못하는 일은 없다. 100무의 밭을 필부(匹夫)가 경작하면 여덟 식구의 집이 굶주리지 않을 수 있다. 소위 서백(西伯)이 노인을 잘 봉양했다는 것은, 밭과 마을을 만들고 그들에게 수축(樹畜)을 가르쳐 그 아내와 자식을 이끌고 그 노인을 봉양하도록 한 것이다. 오십에 비단옷이 아니면 따뜻하지 않고, 칠십이 되면 고기가 아니면 배부르지 않다. 따뜻하지 않고 배부르지 않은 것을 동뇌(凍餒, 헐벗고 굶주림-역자)라고 한다. 문왕의 백성 중에 동뇌의 노인이 없었다는 것은 이것을 말하는 것이다.

대강의 의미는 다음과 같습니다.

5무 정도의 작은 집에서 담장 아래에 뽕나무를 심고 여성 한 명이 거기서 누에를 치도록 하면 나이 든 사람은 비단옷을 입을 수 있을 것이다. 다섯 마리의 암탉과 두 마리 암퇘지를 길러 번식할 때를 놓치지 않도록 하면 나이든 이가 고기를 먹지 못하는 일은 없을 것이다. 100무의 경지가 있어 남성 한 명이 이것을 경작하면 8인 가족의 집에서 굶주리는 일은 없을 것이다.

이른바 서백(西伯, 주나라 문왕)이 노인에게 잘했다는 것은 (사람들에게) 토지와 주거를 정비하고 수(樹, 곡물이나 수목을 심는 것)와 축(畜, 가축을 사육하는 것)을 가르쳐 처자를 이끌고 노인을 봉양시킨 것이다. 50세가 된 사람은 비단옷이 아니면 따뜻하지 않고, 70세가 된 사람은 고기가 아니면 배가 부르지 않는다. 따뜻하지 않고 배가 부르지 않는 것을 동뇌(凍餒)라고 말한다. 문왕의 백성으로 동뇌의 노인이 없었다는 것은 이러한 것을 이르는 것이다.

여기에 기록되어 있는 것은 주나라 문왕의 정치가 이러했다는 전국 시대 인물의 '역사 이야기'입니다. 전설에 따르면 주나라 무왕이 은(殷)나라를 멸망시킬 수 있었던 것은 그의 아버지 문왕이 '덕(德)'을 쌓았기 때문이라고 하는데, 여러 가지 일화도 있습니다만 이 '진심 상'편의 기재가 역사적 사실이라는 증거는 없습니다. 전국 시기에 각지의 제후에게 유세를 벌였던 사람들, 이른바 제자백가는 자신들이 이상으로 여긴 정책을 설명하면서 그 정책의 권위를 높이고자 문왕이나 주공(周公) 혹은 그 이전의 요순(堯舜)과 같은 전설상의 제왕이 채용한 정책이었다고 빙자하는 경향이 있었습니다. 그래서 이 이야기도 오히려 현실에서는 굶주려 얼어 죽는 노인이 넘치는 상황을 눈앞에서 본 맹가(孟軻)가 그것을 해결할 방법으로 옛이야기를 구실 삼아 가정 내의 분업을 고안하고 주장했을 가능성이 높은 것입니다. 그래서 이『맹자』의 기록을 당시의 사회 실태에 대한 기록으로 이해하는 것은 꼭 정확하지만은 않습니다.

제5화에서도 약간 언급했듯이『맹자』의 주인공인 맹가는 추(鄒, 지금의 산동성. 노(魯)나라의 수도였던 곡부(曲阜)의 남쪽)나라에서 태어났으며, 기원전 340년경부터 300년경까지 양(梁, 위(魏)나라의 별칭. 맹가가 방문했을 무렵은 현재의 하남성 개봉(開封) 부근에 있던 대량(大梁)이 수도였다고 함), 제(齊),

환경으로 보는 고대 중국

Ⅱ. 『漢書』食貨志·盡地力之教

是時, 李悝為魏文侯作盡地力之教. 以為地方百里, 提封九萬頃. 除山澤邑居參分去一, 為田六百萬畝. 治田勤謹則畝益三升, 不勤則損亦如之. … 今一夫挾五口, 治田百畝, 歲收畝一石半, 為粟百五十石. 除十一之稅十五石, 餘百三十五石. 食, 人月一石半, 五人終歲為粟九十石, 餘有四十五石. 石三十, 為錢千三百五十. 除社閭嘗新春秋之祠用錢三百, 餘千五十. 衣, 人率用錢三百, 五人終歲用千五百, 不足四百五十. 不幸疾病死喪之費, 及上賦斂, 又未與此.

Ⅱ. 『한서』 식화지·진지력지교

이때 이회는 위나라 문후를 위해 지력을 최대한 활용할 수 있는 교시를 제시했다. 생각건대 땅은 사방 백 리이고, 봉토가 9만 경이다. 산과 연못, 마을 3분의 1을 제외하면 밭은 6백만 무가 된다. 밭을 부지런히 관리하면, 무마다 3승을 더 얻을 것이고, 근면하지 않으면 줄어드는 것 또한 이와 같다. … 지금 장정 하나가 다섯 사람을 품고 밭을 관리하는 것이 백 무, 해마다 거두는 세금은 1무당 1석 반, 조 150석이 된다. 10분의 1의 세금 15석을 제외하면 내 몫은 135석이다. 먹을 것은 사람당 한 달에 1석 반, 5명이면 1년에 조 90석이 되니, 내 몫은 45석이 남는다. 1석당 30(전)이면 1350전이 되어 사여(社閭), 신상(新嘗), 춘추(春秋) 제사에 쓸 300전을 제하면 내게 남는 것은 1050전이다. 옷은 사람마다 대략 300전을 사용하면 5명은 한해 1500전을 사용하니 부족한 것이 450전이다. 불행하게 질병이나 상이 있을 경우의 비용과 위에서 걷는 세금은 아직 여기에 넣지 않았다.

등(滕), 노(魯)나라 등을 순방하여 정책을 설파한 것 같습니다. 그가 양(위)나라를 방문하기 백 년 정도 전 문후(文侯, 재위: 기원전 424-387년경)의 시대, 위나라에는 부국강병을 목표로 국정 개혁에 몰두한 이회(李悝)라는 인물이 있었는데, 그의 주장이라고 전해지는 '진지력지교(盡地力之敎)'라는 정책 계획(자료 Ⅱ)이 『한서』 식화지에 남아있습니다. 거기서는 남성 한 명이 경작할 곡물 생산지를 『맹자』와 마찬가지로 백 무(畝)로 가정하고 있습니다. 그런데 농민의 표준적인 가족을 5인으로 설정하고, 연간 곡물 소비량 등 가계지출을 계산할 때 의류는 구입하는 물건으로 생각하고 있습니다.

이에 비해 『맹자』에서는 8인 가족-아마 부부 두 사람에 그 양친, 남편이나 아내의 형제자매 중 한두 사람, 그리고 자녀 두세 명이겠지요-의 3대 동거를 구상하고, 견직물의 가내 공급을 제창하고 있습니다. 이러한 구상을 『맹자』에서 볼 수 있는 것은 제5화에서도 언급했듯이 제나라 등에서는 씨족적 생활 속에서 기술전달도 하면서 의복 생산이 이루어지고 있었고, 게다가 곡물을 생산하는 농민이 설령 결혼했다고 해도 부부 둘의 곡물 생산으로는 이회의 말처럼 겨우 먹고살 수 있는 현실이었음을 직시한 것이었다고 생각됩니다.

하지만 이런 주장이 제나라에서 등용될 리가 없어, 맹가는 등나라와 노나라 등 중원의 작은 나라들의 관료를 찾아가 유세를 벌입니다. 이미 많은 유세가가 주장하고 있는 부국강병책으로서의 결혼 장려책에 독자적인 색을 더하는 소재로서 일반적으로는 구입하는 물자였던 의류 생산에 착목해 "결혼하는 남녀가 늘어나면 의류 생산을 그 아내에게 맡긴다"라고 구상하고 제언했던 것이지요.

1인용 직기(織機)(왕정의 『농서(農書)』에서)

환경으로 보는 고대 중국

이것은 당시로서는 꿈같은 이야기였습니다. 무엇보다 가난한 사람들에게는 우선 결혼하는 것 자체가 큰 문제였기 때문입니다.

진한시대 남성의
가사 능력

다음으로 진시황제 시대의 법률(수호지진률(睡虎地秦律))에 국가에 예속되어 강제노동을 당하는 사람들에 대한 의복 지급 규정이 있습니다. 원칙적으로 계절마다 각 사람에게 상하 1벌 정도입니다(대금은 물론 노역의 대가에서 공제하여 계산함). 그런데 예외로서 아내가 있는 자에게는 지급하지 않는다고 되어 있습니다. 노역 등이 부과된 사람들 대부분은 아내가 없었으므로 이러한 규정이 있었다고 생각할 수 있습니다.

하지만 그뿐만이 아닙니다. 이 수호지진률이 출토된 고분군(호북성 운몽현 수호지에 있으며 진나라 시대에는 안륙(安陸)이라는 거리에 접하는 지점임)의 제4호 묘에서 출토된 나무판(목독(木牘))에는 편지가 쓰여 있었는데, 이것은 경(驚)이라는 이름의 병사가 어머니에게 보낸 편지였습니다. 필시 이 묘에 매장된 사람과 혈연관계에 있는 젊은이가 쓴 것으로 생각됩니다. 경은 아마 형제였을 흑부(黑夫)라는 인물과 함께 반성(反城)이라는 곳을 공격하는 진영에 있었습니다.

환경으로 보는 고대 중국

경은 여름을 맞이하는 계절에 전쟁터에서 여름용 의복이 필요하다고 어머니에게 호소합니다. 그래서 그것을 어머니가 만들어준다면 돈과 함께 보내줬으면 좋겠다고 적고 있습니다. 그러나 옷을 짓기 위한 실과 직물(삼베)의 가격이 안륙에서 비싸면 보내지 말고 돈만 보내면 되며, 그 이유는 전쟁터에서 구입해 흑부가 옷을 만들기 때문이라고도 쓰고 있습니다. 이로부터 병사이므로 당연히 남성일 터인 흑부에게 의복을 봉제할 능력이 있었다고 볼 수 있습니다. 아무리 얇고 한 겹의 여름용 옷이라고는 해도 셔츠와 바지에 상당하는 의복을 남성이 제작할 수 있었다니 오늘날에 비해 놀랄만한 가사 능력이 아닐까요.

그리고 만들기 위한 재료는 어머니가 만드는 경우라도 시장에서 구입했다는 것도 알 수 있는 것입니다. 편지 속에는 여러 혈연관계에 있는 사람들의 안부를 묻는 말이 있고, 그중에는 동년배 남성으로 여겨지는 사람, 어머니보다 젊은 여성으로 볼 수 있는 사람 등 여러 입장의 사람들의 이름이 거론됩니다. 아마도 어머니는 혼자 살지 않았겠지요. 그럼에도 불구하고 어머니는 의복 재료를 구입하러 가야만 한 것이 현실이었던 것입니다.

하지만 이후 한나라 초기, 전란이 수습되고 사회가 안정되면서 인구도 증가하고 기혼자가 증가하였습니다. 그 무렵 유가 사상이 정치사상으로서 세력을 펼치기 시작하자 맹가의 꿈은 점차 현실화될 수 있는 조건이 정비되기 시작합니다. 남성 대부분이 곡물 생산에 종사하게 되었고, 제9화에서 말했듯이 소와 쟁기를 이용한 경작이 보급되었습니다. 그러자 단위면적당 수확량이 증가하고, 농민의 아내가 의료품(衣料品)을 집에서 만들 수 있는 여지가 생긴 것입니다. 그것을 노린 정부에 의한 견직물의 징수도 시작되었습니다.

환경으로 보는 고대 중국

상홍양(桑弘羊)의
경제정책

『사기』「평준서」에 따르면 하남(河南)에서 양의 사육에 노력을 거듭한 결과, 부유하게 된 복식(卜式)이라는 인물이 있었습니다. 흉노와의 전쟁으로 궁핍해진 국고에 기부를 신청하는 등 경제 대책에 독자적인 계획을 가진 불가사의한 인물입니다. 무제는 원정(元鼎) 6(기원전 111)년 복식을 어사대부(御史大夫)로 임명했지만, 오래지 않아 염철(塩鉄) 전매·균수(均輸)·평준(平準) 등의 유통정책을 추진하려는 상인 출신 관료 상홍양(桑弘羊)과 노선이 대립하면서 좌천됩니다. 전매정책 등이 진행되고 재정 상황이 어느 정도 호전되어 상홍양이 작위를 받았을 무렵 소규모의 가뭄 피해가 발생하자 복식은 "상홍양을 팽형(烹刑, 가마솥에 삶아 죽이는 형벌-역자)에 처하면 비가 내릴 것입니다"라는 말을 뱉어버렸다고 합니다. 복식과 상홍양의 의견대립에 관해서는 가게야마 쓰요시(影山剛)의 책에서 상세하게 다루고 있는데, 그 정도로 미움을 받았던 상홍양의 방침이란 어떠한 것이었을까요.

III. 『史記』平準書	III. 『사기』 평준서
弘羊又請令吏得入粟補官, 及罪人贖罪. 令民能入粟甘泉各有差, 以復終身, 不告緡. 他郡各輸急處, 而諸農各致粟, 山東漕益歲六百萬石. 一歲之中, 太倉、甘泉倉滿. 邊餘穀諸物均輸帛五百萬匹. 民不益賦而天下用饒. 於是弘羊賜爵左庶長, 黃金再百斤焉.	홍양은 다시 주청하기를 관리들이 조정에 양식을 바치면 관직을 승진시키고, 죄인들이 양식을 납부하면 속죄가 될 수 있도록 했다. 백성들 중 정해진 수량에 따라 감천에 양식을 헌납하는 자는 각기 차등을 두어 종신토록 요역을 면제해주었고, 또한 이러한 사람에게는 고민(告緡)령을 적용하지 않았다. 그리고 기타 각 군도 긴급히 필요한 곳에 양식을 보내주었고, 여러 농가도 수확한 양식을 헌납하니, 산동으로 실어나르는 것이 매년 증가해 6백만 석에 이르렀다. 이렇게 한 결과 1년 내내 태창과 감천창은 양식으로 가득 찼고, 변경에도 양식이 여유가 있었다. 각지의 화물은 균수법을 통해 일괄적으로 운반해 파니, 비단 5백만 필의 이익을 챙길 수 있었다. 이렇게 되니 백성이 더 이상의 부가세를 내지 않아도 국가의 재정은 충분했다. 그리하여 홍양은 좌서장의 작위를 받았고, 두 차례에 걸쳐 황금을 1백 근씩 받았다.

자료 III은 그 일부를 보여주는 것인데, 간단히 정리하면 대흉노 전쟁의 전비를 조달하기 위해 곡물을 대량으로 납입한 관리와 백성에게 관직의 승급이나 임관, 혹은 평생 노역 면제, 재산세의 비과세와 같은 특전을 주고, 이에 따라 각지에서의 곡물 납입액이 격증했다는 것입니다. 산동에서 운반되는 곡물은 연간 6백만 석(石, 여기서는 중량인 것 같음)이나 증가하였고, 1년 만에 태창(太倉)과 감천궁(甘泉宮)의 창고는 가득 차게

되었습니다. 지방에서의 곡물 잉여분은 유명한 균수정책(일반적으로는 각 지의 특산품을 바치게 한 것이라는 설이 유력합니다만)에 따라 갹출·징수된 비단-무늬가 없는 흰 명주-이 5백만 필이나 되었다는 것입니다. 이로써 민중들로부터 군사 임시세를 증액하지 않고 국가의 필요경비가 충족되었으므로, 그 공적에 따라 상홍양의 작위는 제2등 좌서장(左庶長)에까지 오르고 재차 황금 백 근을 하사받았다는 의미입니다.

　　1년에 5백만 필이란 어마어마한 숫자입니다. 그중에는 본래 제나라였던 지역 등에서 전국시대 이래 대직물업자로 많은 노비를 거느리고 혼자서 백 필, 2백 필을 납입한 사람도 있었을지도 모릅니다. 그렇지만 그것은 제한적이겠지요. 『한서』 「지리지 하」편에 남아있는 평제(平帝) 원시(元始) 2(2)년의 호구 통계에서는 전국의 인구를 59,594,978명으로, 호수(戶數)를 12,233,062호라고 보고 있습니다. 이는 전한에서 가장 왕성한 기세를 보였던 시점의 기록이라고 반고가 적고 있다는 점에서, 백 년 이상 전으로 거슬러 올라가는 무제 시기의 호수는 당연히 그 이하였다고 생각됩니다. 가령 단수(端數)를 잘라버리고 대략 5천만 명·천 만호로 보아도 한 호가 비단 1필을 납입하였고, 1인당 생산할 수 있는 명주 중에 가정에서 쓸 것을 제외한 잉여가 평균 연간 1필이었다고 하면 전 가정의 절반이 비단을 바치고 갓난아기부터 노인에 이르기까지 전 인구의 10명 중 1명이 견직물 생산기술을 가지고 있었다는 이야기가 됩니다. 이회의 시절과 비교하면 '농민 가정의 전업주부'가 격증한 것이 되는 것은 아닐까요.

　　무제 시기에는 이 이전에도 전쟁 비용을 조달하기 위해 일종의 재산세(산민전(算緡錢)이라고 부름)를 부과했습니다. 게다가 탈세를 도모한 자를 밀고하는 것을 장려했기 때문에, 한나라 초기 이래로 점차 성장해온 광역유통업자 등의 대상인은 큰 타격을 입었다고 여겨집니다. 그래서 이번에는 재원으로서 하급 관리와 백성으로부터 조달을 시도한 것인데, 승진하고 싶은 욕구 혹은 노역을 피하고 싶은 바람, 재산세는 싫다고 생각하는 마음이 어지간히 강했던지, 또는 의외로 농민 가정 일반에 전업주부에 가까운 잉여 노동력을 공출할 수 있는 입장의 사람이 증가했기 때문인지 정부로서도 뜻밖의 증수였던 것 같습니다. 무제가 크게 기뻐하며 상홍양에게 포상을 내린 이유입니다.

이 수치를 신용할 수 있는 방증으로서, 마찬가지로 무제가 오르도스 부근에서 산동의 태산·해변까지 각지를 순행했을 때의 기록에 순행 도중 경유했던 지역에 대한 하사품으로 비단은 백여만 필, 막대한 금전이 사용되었다는 이야기가 있습니다. 황제가 사용하는 쪽도 화려했다는 점에서 이 정도의 수입은 필요했던 것은 아니었을까요.

하지만 황제가 매년 순행하는 것은 아닙니다. 흉노를 시작으로 대외전쟁에 막대한 비용이 들었다고는 해도 이후 매년 5백만 필의 견직물 수입이 얻어졌다면, 한대 실크로드 교역의 원자(原資)가 될 수 있는 견직물이 정부에 모이는 구조는 이렇게 출현했다고 말할 수 있겠죠.

환경으로 보는 고대 중국

정경세작(精耕細作)과
의사(擬似) 삼림

그런데 여기서 이 정책의 시행 대상이었던 농민 측에서 생각해봅시다.

제9화에서도 언급했듯이 정경세작 방식의 곡물 중심 경작은 많은 노동을 필요로 합니다. 육체뿐만 아니라 세심한 주의를 기울이는 것이 필요한 두둑짓기 농법 같은 것이라면 일에 종사하는 사람은 정신도 몹시 지쳐 녹초가 되고 맙니다. 따라서 그의 노동력 재생산을 담당하는 아내라는 존재는 필수적이겠지요. 일부일처제가 농민에게도 보급되었고 경작기술이 발달한 사회상황을 확인하였기 때문에 '아내'에 대해서도 국가로부터의 요구가 시작될 수 있었던 것 같습니다. 전국시대에도 국가에 의해 직물이 징수되는 사례가 있었던 것은 '포루(布縷, 국가에 바치는 베와 실-역자)의 세금'과 같은 말로 남아는 있는데, 꼭 모든 나라에서 실시되었던 것은 아닌 듯합니다.

남편이나 자녀에 대한 애정에서 제작하는 의료품 일부를 부지런히 모아, 남편이 노역에 끌려가지 않도록 균수의 비단으로 바쳤던 아내의 심리에서 보면 실크로드 교역 등은 여성의 애정에 대한 '착취'로 생각되었을지도 모릅니다.

　무제의 '윤대(輪臺)의 조칙'으로 상징되는 이러한 '농본(農本)'주의의 성립은 남녀의 역할을 고정화하는 방향으로 작용했습니다. 곡물 생산에 필요한 경작 노동에서는 근력이 더 나은 남자의 우위는 분명했기 때문입니다. '박사제자(博士弟子)'라는 관직의 설치가 암시하는 유학적 가치관의 확대가 이를 가속화 했다고 생각됩니다. 또한 방직이 특수기술이 아니게 되고 농민 가정에서 부업으로 영위할 수 있게 된 것도 가미되면서, 그 산물을 세금으로 내는 명의는 호적에 호주(戶主)로 등록된 남자였으므로(징병의 필요성이 있기 때문에 남녀의 구별·연령 등은 확실히 기록되어 있음), 여자에게는 매일 먹는 식품을 남자에게 받고 있다는 의식을 심어주게 됩니다. 그래서 동아시아 고유의 남존여비 사상이 경제적 뒷받침을 통해 보급되었다고 말할 수 있겠지요.

　이러한 구조의 사회는 분명히 전근대 아시아의 역사적 사실로서 존재하고 있었고, 거기서 생겨난 사상·습속은 물론 오늘날 부정적인 유산으로 보아야 할 것입니다.

　하지만 실은 이 시스템 속에도 환경사적으로는 중국의 사막화를 막은 메커니즘이 숨겨져 있었습니다. 그것은 견직물 생산의 보편화에 따른 뽕나무 재배의 보급입니다. 곡물 밭으로만 되어가는 토지가 확대되는 가운데 논두렁길이든 가옥의 주위든 뽕나무가 심어져 있으면 맨땅은 없어지게 됩니다. 이것이 표층 토양의 흩날림을 막았습니다. 그리고 제10화에서도 언급했듯이 양잠(養蠶) 산업의 폐기물, 이른바 잠시(蠶矢)를 경지

　　　　　　　　　　　　　환경으로 보는 고대 중국

로 투하하는 것은 곡물 생산에 따른 지력의 감퇴로부터 그럭저럭 화북의 대지를 구했던 것입니다.

비단은 말할 필요 없이 전근대 굴지의 '세계상품'이었지만, 중국에서 수출되는 견직물 생산이야말로 중국의 대지를 사막화로부터 보호했다고 할 수 있습니다.

이러한 구조는 부유층의 의식에도 영향을 미쳐 큰 탄압을 받았던 상업 경영에 비하면 농업투자가 가장 안전한 경영이라는 생각이 상식화되면서, 종종 '토지 겸병'을 비난받는 '호족(豪族)'이 보편적 존재가 되어 갔습니다. 기술적으로도 철제농기구, 양잠 기술이나 농경 폐기물·잉여로 사육 가능한 돼지와 닭의 사육 등이 보급되면서(즉 초원이 필요한 소와 양의 사육은 그만두고), '농본'주의가 단순한 이상이 아니라 실제 정책으로 현실화될 수 있는 기반이 마련되었습니다. 맹가의 꿈은 실현되었던 셈입니다.

견직물 생산 보급의
여파

호족 경영은 점차 확대된 장원 내에 곡물 생산지와 뽕밭, 양어지(養魚池),
돼지우리 등을 모아 일찍이 산림과 초목이 우거진 큰 늪의 산물-자연 자
원으로부터 채집한 경제 산물-이었던 필요물자를 장원 내에서 조달할
수 있는 순환형 생산의 방향을 취하게 됩니다. 그래서 광역 유통의 필요
성은 희박해졌습니다. 이러한 호족 경영은 표면상 곡물 생산지를 큰 면
적으로 경영하는 것이 그 본질인 것처럼 여겨집니다. 그렇지만 후한에
서 성립된 『사민월령(四民月令)』이라는 농서 등을 단서로 호족 경영을 성
립시킨 메커니즘을 에콜로지컬한 측면에서 탐색해보면, 실은 그 핵심 부
분을 차지한 것은 호족의 부녀자뿐만 아니라 노비에게도 종사하도록 한
견직물 생산이었다고 생각할 수 있는 것입니다. 전한 시대에 비해 구입
비료로서의 잠시에 대한 기록이 적어지고 있습니다. 장원 내에서 비료를
조달할 수 있었던 것이겠죠.

또한 특별히 사상에서 나온 현실의 정책이 역으로 사상을 강화해

나갔다는 측면도 간과할 수 없습니다. 그것은 이러한 생산시스템의 산물인 '곡물과 비단'에 '중화(中華)'를 상징하는 생활양식으로서의 가치를 부여하는 의식이 출현한 점입니다. 즉 이것을 생산하지 않는 사람들을 이적과 야만으로 간주하고 모멸하는 의식이 생겼고, '화이사상(華夷思想)'의 내실이 점차 커져갔습니다. 이것은 목축과 농경의 지역적 구분을 주장하는 논거가 되기도 했고, 비농경민에 대한 적극적 공략을 주장하는 자들이 이용했기 때문에 역대 서역(西域) = 실크로드 방면으로의 군사적 확대를 목표로 하는 논자들의 논거가 되기도 했습니다. 견직물 생산과 곡물 생산을 알지 못하는 '빈곤한' 자들에게 이것을 가르치는 것이 중화의 덕이라는 의식입니다.

농민 가정에서 맹가가 이상으로 삼은 '내조의 공'이 현실화되고, 그것이 실크로드를 가는 교역품을 낳았으므로 한대 실크로드 교역은 전국시대에 맹가가 본 꿈에 의해 이루어졌다고 말할 수 있지 않을까요.

긴 안목으로 볼 때 그것이 좋았는지 또는 문제를 남겼는지 재고의 여지가 있을지도 모릅니다.

참고문헌

影山剛, 『中国古代の商工業と専売制』(東京大学出版会, 1984)

重近啓樹, 『秦漢税役体系の研究』(汲古書院, 1999)

佐藤武敏, 『中国古代書簡集』(講談社学術文庫, 2006)

제13화

조조도 어찌지 못한 황하의 동결

— 위진남북조 시기의 기온 변화와 전법 —

『삼국지』의 무대는
추웠다

중국사라고 하면 『삼국지(三国志)』를 떠올리는 팬들도 많을 것이라고 생각합니다. 이 책에서는 피 튀기고 살벌한 전투의 묘사 등을 할 수 없어서 죄송스럽지만, 실은 삼국 군웅할거의 형세가 이루어지는 데 있어서도 환경변화와 밀접하게 관련된 전법의 변화를 알아차릴 수 있습니다.

전한 무제 시기 무렵부터 조금씩 한랭화 경향을 보이기 시작한 화북의 기후는 후한이 되면 그 정도가 더욱 심해졌고, 삼국시대 무렵이 전후의 시대 중에서는 상대적으로 가장 연평균 기온이 낮았던 것으로 추정됩니다. 아시아 전체의 동향에 대해 보면 이것이 북방 유목민에게 목축 생산의 생산력 저하를 초래했고, 속속 동사(凍死) 및 아사(餓死)하는 가축을 견디지 못해 목초를 찾아서 혹은 목축 그 자체를 포기하고 남하하는 사람들의 무리를 낳은 셈입니다. 그리고 그에 따라 공백이 된 목축민의 지배지역을 매우듯이 더 북방에 있던 사람들이 이동하는 경향을 야기한 것인데, 정주 사회였던 화북에서도 여러 생활기술에 기후변동에

환경으로 보는 고대 중국

대한 대응을 요청하게 되었습니다.

Ⅰ.『三國志』魏書 帝紀 建安十年 十年春正月, 攻譚, 破之, 斬譚. 誅其妻子, 冀州平. … 初討譚時, 民亡椎冰, 令不得降. 頃之, 亡民有詣門首者, 公謂曰:「聽汝則違令, 殺汝則誅首. 歸深自藏, 無爲吏所獲.」民垂泣而去. 後竟捕得.	Ⅰ.『삼국지』위서 무제기 건안 10년 10년 봄 정월에 담(譚)을 공격하여 패배시키고 목을 베었다. 그 처자를 주살하고 기주를 평정하였다. … 당초 담을 토벌할 때, 백성이 얼음을 깨는 일에서 도망쳐 명령해도 항복하지 않았다. 이윽고 도망친 백성 중에 문 앞에 나타나 자수하는 자들이 있었는데, 공이 일러 말하였다. "너를 용서하게 되면 명령에 위배된다. 너를 죽이게 되면 자수한 자도 죽인 것이 된다. 돌아가 깊이 자신을 숨기고 관리에게 체포되지 않도록 하라." 백성들이 울면서 떠났다. 후일 마침내 체포되었다.

조조의 세력 확립

후한 말기 조정에서는 외척과 환관의 항쟁이 반복되고 있었습니다. 중평(中平) 6(189)년 영제(靈帝)가 사망하자 열네 살의 황태자가 즉위하는데 (소제(少帝)), 이 혼란을 틈타 외척 하진(何進)은 환관 일소를 시도했습니다. 그리고 군사력의 후원을 확보하기 위해 병주목(幷州牧, 산서 방면의 군정 민정장관과 같은 관직)이었던 동탁(董卓)에게 낙양으로 올 것을 명합니다. 그런데 이것이 환관들에게 알려져 하진이 살해되었으므로, 이에 대항하여 금위군(禁衛軍)을 이끌던 원소(袁紹) 등이 환관 세력을 몰살하였고 혼란을 두려워한 소제와 그의 동생인 아홉 살의 진류왕(陳留王)은 궁전에서 도망칩니다. 그 직후 도착한 동탁은 군사력으로 낙양을 제압하고 울고만 있는 소제에 비해 사건의 전말을 동탁에게 잘 설명한 진류왕을 옹립하려고 시도합니다. 그것을 알게 된 원소 등은 동쪽 지역 기주(冀州)로 달아났고, 머지않아 발해에 도착했습니다. 동탁은 그를 회유하고자 발해태수로 임명했는데, 그때 효기교위(驍騎校尉)에 임명된 이가 잘 알려진

환경으로 보는 고대 중국

조조입니다. 하지만 다음 해 초평(初平) 원(190)년 반동탁군이 황건 반란군 대책을 위해 조직하기 시작한 자위적 군단을 중심으로 원소를 맹주로 삼아 각지에서 일어났고, 그중에는 동탁에 대해 가망이 없다고 판단한 조조의 군단도 있었습니다. 동탁은

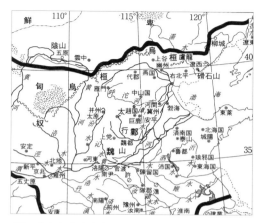

삼국 시기의 대략적인 형세(점선은 현재의 해안선)

이듬해 헌제(獻帝, 진류왕) 등을 이끌고 장안으로 이동하지만, 192년 이전부터 원망을 품고 있던 부하 여포(呂布)에게 살해됩니다. 그 후 여포는 원소의 종형제 원술(袁術)에게 투신하지만, 이후 흉노 세력과 황건군에서 투항한 이들 등도 각 군단이 흡수하는 한편 여러 방면에서 황건군과의 전투도 계속되어 각각 동맹과 이반(離反)을 되풀이하는 혼란 상태에 들어갑니다. 그러한 중앙정치 동향이 진전되던 단계에서 현재의 북경 주변에는 이미 오환(烏桓)과 선비(鮮卑)가 거주하였고 군(郡)과 현(縣)의 이동, 관할범위 축소도 진행되고 있었습니다.

195년 헌제는 흉노족과 강족으로 넘쳐나는 장안에서 탈출하고, 허(許)나라에 있던 조조가 이를 맞이합니다. 한나라 황제의 비호라는 대의명분을 얻은 조조는 건안(建安) 5(200)년 이 또한 잘 알려진 관도대전(官渡大戰)에서 원소를 격파했습니다. 낙담한 원소가 건안 7년 5월 피를 토

하고 병사하자 원소의 아들들을 중심으로 하는 그 잔존세력의 일소에 착수합니다. 이윽고 원소 사후 한때는 자신의 딸을 시집보내 회유를 도모하기도 했던 원소의 아들 원담(袁譚)을 궁지에 몰아넣는 싸움이 시작되었습니다.

환경으로 보는 고대 중국

황하 동결

건안 9(204)년 겨울 10월 조조는 업(鄴) 땅에 있던 원담을 포위해 전투를 벌이고 도망간 원담을 쫓아 황하로 향합니다. 하지만 이때 황하는 얼어붙어 배를 움직일 수 없었습니다. 아마도 현지에서 징발했을 것이겠지만, 백성에게 '추빙(椎氷, 황하의 얼음 깨기)'이라는 노역을 부과하려고 합니다. 그런데 징발된 백성은 극한의 강에 들어가 얼음을 깨는 추빙의 일을 하게 된 것을 꺼려 도망가버렸고, 명령은 실행되지 못했습니다. 당분간 선 채로 꼼짝할 수밖에 없습니다. 그런데 며칠이 지나자 도망친 백성 중에 진영의 문 앞을 서성거리는 자가 있습니다. 조조는 "너를 용서하면 그것은 군령위반이 된다. 하지만 죽이면 자수한 자까지도 벌하는 셈이 된다. 어서 집에 돌아가 가만히 숨어 있도록 하라. 관리에게 체포되지 않도록 조심하라"라고 말했습니다. 백성은 감격하여 울면서 돌아갔습니다. 나중에 결국 체포된 것 같습니다만. 이윽고 건안 10(205)년 봄 원담은 멸망했고 아내와 자식도 죽임을 당했습니다.

이 일화는 어쩌면 조조의 '인정에 후한 인품'을 찬양하기 위해 채용된 것은 아닐까 생각됩니다만, 다른 관점에서는 하천의 동결이라는 자연환경에 조조가 익숙하지 않았다는 점을 추정하게 해줍니다. 한대까지 황하가 동결했다는 기록은 눈에 띄지 않습니다. 그래서 조조도 동결같은 것은 상상도 하지 않고 겨울철의 진군에서도 강은 배로 건너면 된다고 생각한 것이겠지요.

이러한 추정은 12년에 원씨(袁氏) 일족과 결탁한 동북쪽의 오환 세력을 토벌하려고 발해만을 따라 진군했을 때의 일화에서도 확인할 수 있습니다. 발해군에서부터 어양군(漁陽郡) 우북평(右北平, 지금의 북경 근처)에 걸쳐 황하 이북의 연해부는 장수(漳水)를 비롯해 호타하(滹沱河)·창수(滄水)·대요수(大遼水) 등의 큰 하천과 그 지류 하구(河口)가 밀집해 있고 당시는 습지가 많은 곳이었습니다. 이 때문에 조조는 일부러 평로거(平虜渠)와 천주거(泉州渠) 두 수로를 굴착하여 수송경로를 확보했을 정도입니다. 여기서도 습지의 진군은 배라는 의식이 작동하고 있습니다. 다른 한편 남쪽에서는 유비(劉備) 세력이 허나라를 공격해 들어가려고 준비하고 있었습니다. 장기간 본거지인 허를 비워둘 수 없다는 진언을 듣고, 일부러 중장비를 두고 오환 공략전은 시작되었습니다. 토지의 사정에 밝은 자로서 전주(田疇)라는 인물과도 의기투합해 막하(幕下)로 오게 합니다. 전주는 원래 우북평의 관리로 한나라에 충의를 다했고, 요동반도의 거괴(巨魁) 공손도(公孫度) 집단에도 가담하지 않았으며, 또한 원소의 초빙에도 응하지 않고 산속에 틀어박혀 자립적인 공동체를 만들어 살고 있었습니다. 그래서 조조는 만반의 태세를 취했을 것으로 보입니다.

그런데 여름은 비가 내리는 계절입니다. 해안가의 길은 어느 곳이나 엄청나게 질퍽거려 지나갈 수 없습니다. 간신히 지나갈 수 있을 법한 길의 요충지는 이미 오환이나 흉노의 감시가 엄중합니다. 전주가 진언하기를 "이 길은 여름부터 가을에 걸쳐 반드시 물에 잠기는데 얕아도 거마(車馬)는 지날 수 없고, 깊어도 배를 띄울 수 없습니다. 예전 북평군(北平郡) 관청이 평강(平岡)에 있던 때의 도로는 노룡(盧龍)에서 유성(柳城)으로 빠져나가는 것이었습니다. 일단 노령까지 돌아가 광무제(光武帝) 시기 이래 오랫동안 사용되지 않은 산속의 옛길로 가는 편이 좋겠습니다"라고 말한 것입니다. 결국 조금 되돌아가서 전주 휘하의 일꾼들을 동원하여 산을 깎고 골짜기를 메우는 대공사를 하여 서무산(徐無山)에서 백랑산(白狼山)으로 향하는 산길을 만들어 진군하는데, 해안가 길에서 되돌아올 때 큰 나무를 간판으로 세워 "지금은 여름이므로 더위 때문에 도로가 통하지 않는다. 가을과 겨울을 기다렸다가 다시 오자!"라고 쓰도록 하였다고 합니다.

이 점에서 오환 등 북쪽 지역의 사람들은 동결된 길이나 평원을 지나는 것이 일반적이었던 것은 아닐까 생각됩니다. 지구 전체가 온난기에 있어도 겨울철에는 빙원(氷原)을 넘어 나아가야 하는 상황을 자주 만나는 지역의 사람들에게는 얼음 위를 말로 달리는 것도 평범하게 배워 익혔던 기술이지 않았을까요. 이것을 전주와 같은 북방의 습속에 밝은 사람들로부터 듣고, 그들을 위압하고자 혹은 공격 시기를 늦게 추정하게 하려고 이러한 팻말을 남긴 것으로 보입니다. 그렇기는 하지만 현실적으로 당시 조조 등의 병법에서는 대군의 이동에 수레나 군선(軍船)을 이용하지 않고 기마로 행군하는 것은 생각조차 할 수 없었겠지요.

날씨가 추워져
이동한 사람들

그러므로 팬이 많은 『삼국지연의(三國志演義)』에 묘사된 '삼국정립'의 상황에서 조조가 최종적으로 빠져나간 것으로 보이는 것도 실은 조조의 군단에는 '추위에 익숙한 사람들'이 많이 참가한 것이 핵심이었다고 생각됩니다.

제10화에서 보았듯이 남흉노(南匈奴) 중에는 후한의 지배영역으로 이주해온 사람도 많았고, 후한 말 오르도스 부근은 거의 독립국의 양상을 보이고 있었던 것 같습니다. 후한 왕조는 그들에게도 황건의 반란에 대응할 수 있도록 구원을 요청했습니다. 그러나 산서(山西)에 자리 잡은 흉노에게 이미 옛날의 용맹함은 없었고 선우(單于)의 권위도 축소된 것으로 보이는데, 머지않아 조조는 그들을 5부(部)로 나누어 병주자사(幷州刺史) 겸 사흉노중랑장(使匈奴中郎將)의 감독하에 두고 자기의 군단으로 편입하였습니다.

선우의 아들이었던 유표(劉豹)는 좌부수(左部帥)가 되었는데, 조조

환경으로 보는 고대 중국

사후 조비(曹丕)가 후한의 황제에게 '선양극(禪讓劇)'을 연출시켜가며 건국한 위(魏)나라가 사마씨의 진(晉)나라에 찬탈당하자 유표의 아들 유연(劉淵)은 진나라의 도읍 낙양(洛陽)에서 인질과 다름없는 감시하에 놓였습니다. 그렇지만 머지않아 일어난 8왕의 난을 틈타 성도왕(成都王)의 관리를 벗어났고, 대선우(大單于)의 자리에 올라 '한(漢)'나라를 세웠습니다. 이른바 '5호 16국 시대'의 개막이었습니다.

유연이 '유씨(劉氏)'인 것은, 선우의 아내는 한나라 초 이래 한나라 황제의 친족으로 중국식으로 말하면 '유씨'라는 자각 때문입니다. 유연이 '한'나라를 세운 것도 후한 멸망 이후 정립된 삼국의 지배자 조조·손권·유비보다도, 더구나 그 위나라를 찬탈한 사마씨보다도 선우로서 한나라 공주의 아들인 자신이야말로 본래 '한'나라의 후계자라고 생각했기 때문이라고 가와카츠 요시오(川勝義雄)와 스기야마 마사아키(杉山正明)는 말하고 있습니다. 유연이 성도왕으로부터 벗어날 수 있었던 것은 한족의 실력자 왕준(王俊)이 선비족과 연합하여 진나라에 반기를 들었기 때문으로, 이전에는 흉노의 지배 아래 있던 선비족을 "흉노군을 거느리면 제압할 수 있다"라고 성도왕을 설득했기 때문이라고 합니다.

이와 같이 삼국정립 시대는 물론 그 뒤의 진나라 시대도 여러 비정착 농경민은 각 시대의 정치 동향과 관련되어 있었고, 그들이 자립할 가능성 역시 항상 잠재하고 있었다고 보아야 하겠지요.

한대에 이른바 '농본'주의가 채용됨에 (제12화 참조) 따라 원래 화북의 거주민이었던 목축민과 수렵·채집민, 투항한 흉노 등 상당수는 농경민이 되었다고 (제10화 참조) 생각됩니다. 조조의 경제정책으로서는 오(吳)나라와의 경계 부근을 중심으로 설치했다는 둔전책(屯田策)이 유명한데, 이 것도 일반적으로 간주되는 황건군 잔당 등 토지를 잃은 '농민'에 대한 대책이라는 측면 외에도 날씨가 추워져 남하해 온 원래 '농업'이 주산업이 아니었던 사람들을 군단에 편입한 것에 대한 대응이라는 측면도 고려할 수 있는 것은 아닐까 싶습니다. 그러나 농경이 계속될 수 있는 조건이 한 층 더 심한 한랭화에 의해 없어지면, 재차 이농(離農)하는 일도 충분히 있을 수 있습니다. 아니, 전국시대 이후의 화북에서 합리적이던 '곡물과 견직물'을 기본으로 하는 생활양식 자체가 화북의 많은 지역에서 지속되기 곤란한 상황에 빠진 측면도 간과할 수 없습니다.

기온 변화가 바꾼
생활

중국에서는 『범승지서』 이후로도 여러 차례 훌륭한 농서(農書)가 나왔습니다. 북위(北魏, 선비족 지배하)의 『제민요술』이나 원대(元代, 몽골족 지배하) 왕정의 『농서』 등입니다. 제10화에서도 언급한 『제민요술』은 그 이전에 집필된 많은 농서를 인용하고 있으므로 그 내용을 비교 검토하면 기후변동에 대응한 사람들의 생활 변화를 살펴보는 것도 가능합니다. 곡물 생산은 기온 변화에 따라 적합한 작물이 변하는 경우도 있는데, 인류는 꽤 우수하게 변화에 대응한 품종개량 등도 진행한 것 같습니다. 『제민요술』에서 볼 수 있는 조나 벼의 많은 품종명들이 이를 보여줍니다.

　　하지만 '견직물'의 경우는 역시 엄동설한에 적합한 것은 아니었을지 모릅니다.

　　『제민요술』에 인용된 이전 시대의 농서 중 하나로 후한의 최식(崔寔)이 지은 『사민월령』(제12화 참조)도 있습니다. 최식은 오르도스에 위치하는 지금의 내몽고자치구(섬서성의 북쪽에 영하회족(寧夏回族) 자치구가 있고 그보다 더 북쪽) 중부의 오원태수(五原太守)로 부임한 적이 있었는데, 그때 실시한 정책으로서 친히 직기(織機)를 제작하고 직물 생산의 보급에 노력했다고 『후한서』에 기록되어 있습니다. 오원(五原)은 마(麻) 종류에 적합한 땅인데 백성이 직물 생산을 알지 못했기 때문이라는 것입니다. 그런데 엄동설한의 오원에서 마(麻)로는 견직물 등을 보조적으로 두껍게 사용했더라도 추위에 견딜 수 없고, 여름은 의류가 불필요했으므로 겨울용의 모피만 있으면 충분한 상황이었을지도 모릅니다. 마 재배의 장려는 달갑지 않은 친절이었을 가능성도 있는 것이지요. 낙양에서 자란 최식의 감각이나 가치관을 바탕으로 직물 생산의 보급을 목표로 했지만 무리이지 않았을까요.

물론 더위와 추위는 생활의 다양한 측면에 영향을 미치는데, 눈으로 볼 수 있는 형태로 그것이 드러나기 쉬운 것은 일정한 기온 조건이 필요한 발효식품 등의 제조겠지요.

장(醬)은 된장과 마찬가지로 여러 종류의 단백질을 발효시킨 것으로 『논어』에도 등장하는 중국 고래의 식품입니다. 그대로 간소한 식사의 반찬이 되거나 다소 품이 들어간 요리의 조미료로 식탁에서도 사용되는 매우 인기 있는 식품입니다. 그런데 이것을 만드는 시기에 관해서 두 농서 간에 차이를 볼 수 있습니다.

2세기의 『사민월령』과 6세기의 『제민요술』이 각각 언제쯤을 장 담그기의 적기로 했는지를 표로 정리했습니다.

발효식품을 잘 만들기 위해서는 한편으로 효모가 활동할 수 있는 온도를 확보하고, 그렇다고 부패균이 활동을 시작하는 온도로는 하지 않

환경으로 보는 고대 중국

장의 종류	『사민월령』	『제민요술』
육장(肉醬)	정월	12월
청장(淸醬, 콩으로만)	정월	12월·정월 : 상위기(上位期) 2월 : 중위기(中位期) 3월 : 하위기(下位期)
동어장(鮦魚醬)	4월 입하(立夏) 후	12월
어장(魚醬)	6, 7월이 바뀔 무렵	12월

〈표〉 장 담기 월 대조표

는다는 미묘한 경계를 유지해야만 합니다. 소재에 따라 그 적합한 온도는 달라지는 듯합니다. 그리고 『제민요술』에서는 제조는 가능하나 만든 것이 여름을 넘길 수 있을지 아닐지에 따라 한층 엄격하게 시기 설정을 하고 있습니다. 고기나 생선으로 만드는 장은 만드는 것 자체는 12월 이외의 달도 가능하지만 그러면 벌레가 들끓어 여름을 넘길 수 없다는 것입니다.

그런데 『사민월령』에서는 동어(鮦魚, 예어(鱧魚)·흑어(黑魚) 등으로도 표기되는 듯하며 잉어류라는 설이 있음)는 음력 4월 입하(立夏) 이후, 일반적인 어장의 경우는 음력 6월에서 7월에 걸친 무렵, 즉 지금의 태양력으로는 9월 초순 경을 제조 적기로 하고 있습니다. 이른바 여름에 만드는 식품이라는 이야기입니다. 『사민월령』의 내용은 대체로 낙양 부근에서 경영하던 그의 가문 장원(莊園)에서의 생활에 기반한 것으로 보입니다. 이에 비해 『제민요술』은 산동 고양군(高陽郡)에서의 영농이 저술의 기본을 이루었고, 이곳이 낙양에 비해서는 다소 습윤했으므로 습도의 차이도 관계가 있을지도 모릅니다. 그러나 기온이 높으면 틀림없이 장은 부패합니다.

따라서 후한의 낙양은 북위 말기 산동보다 분명히 춥고, 한겨울에 어장(魚醬)을 담가서는 발효가 되지 않으므로 여름이 적기로 여겨졌을 것으로 생각됩니다.

선비족과 흉노의
동결 대응

Ⅱ.『魏書』序記

(建國)二十一年, (匈奴)闊頭部民多叛, 懼而東走, 渡河半濟而冰陷. 後眾盡歸闊頭兄子悉勿祈.

(建國)三十年冬十月, 帝征衛辰. 時河冰未成, 帝乃以葦絙約漸, 俄然冰合, 猶未能堅. 乃散葦於上, 冰草相結, 如浮橋焉. 眾軍利涉, 出其不意, 衛辰與宗族西走, 收其部落而還, 俘獲生口及馬牛羊數十萬頭.

Ⅱ.『위서』서기(『자치통감』은 358년 겨울 10월 항에 기록)

(건국) 21년 (흉노) 알두의 부락 백성 대다수가 배반하고 두려워하며 동쪽으로 달아나 황하를 건너는 도중 빙판에 빠졌다. 나중에 무리 대다수가 그 형의 아들인 실물기에게 귀순하였다.

(건국) 30년 겨울 10월, 황제가 위진을 정벌하였다. 당시 황하의 얼음이 아직 얼지 않아서 황제는 이에 갈대를 이용해 얼음을 노끈으로 엮었다. 갑작스레 얼음을 붙였지만, 여전히 아직 견고하지 못했다. 이에 갈대를 위에 흩뿌리니 얼음과 풀이 서로 얽히어 부교와 같았다. 군사들이 건너는데 이로웠고, 뜻밖의 일이 벌어지자 위진과 종족은 서쪽으로 달아났다. 그 부락을 거두어 돌아오니 포로로 잡은 사람과 말, 소, 양을 노획한 것이 수십만이었다.

북위 말(엄밀하게는 북위 멸망 후의 혼란기에 단기간 성립한 후위(後魏) 시대)에 완성된 책인 『제민요술』이 보여주듯이 5호16국 시대 후반은 점차 온난화로 향하고 있었다고 생각됩니다.

조조가 황하 동결로 꼼짝 못 했던 그 일로부터 약 150년 뒤의 일입니다.

실력을 갖추고 선비족을 통일하고 있던 탁발부(拓拔部)의 십익건(什翼犍)은 당시 대왕(代王, 산서 북부의 장관)에 임명되었습니다. 오랫동안 반목 중이었던 철불흉노(鐵弗匈奴)의 수장이 탁발부로 도망쳐 들어왔을 때 기회가 도래했다는 듯이 수장의 아들에게 자신의 딸을 시집보내려 하였습니다. 하지만 철불부 전체를 장악하는 일은 상당히 곤란했던 것으로 보입니다. 358년 겨울 10월, 수장의 또 다른 아들 알두(閼頭)를 따르던 사람들은 십익건 집단에서 이탈하고자 했습니다. 그러나 도주 도중 당도한 황하의 얼음은 충분히 얼어있지 않았습니다. 강폭의 중간 지점에서 얼음이 무너져 내려 많은 사람이 물에 빠졌다고 합니다.

이에 대해 건국(建國) 30(367)년 십익건이 직접 또 다른 흉노인 위진(衛辰)을 토벌하러 갈 때의 일화는 꽤 흥미롭습니다. 황하의 얼음이 겨울 10월임에도 아직(완전하게는) 얼어있지 않았습니다. 십익건은 갈대를 묶어 유빙(流氷)을 한데 모아 합치자(흐름이 느려져 수온이 내려가고, 또한 아마도 갈대에 함유된 염분이 빙점을 높여서) 갑자기 얼음이 꽁꽁 얼어붙었습니다. 하지만 아직 단단하지 않았기 때문에 갈대를 살얼음 위에 흩뿌리자 얼음과 풀이 서로 붙어 부교처럼 되었으므로 군대가 건너기 쉽게 되었다는 것입니다. 허를 찔린 위진과 종족이 서쪽으로 옮겨간 뒤에 십익건은 남

환경으로 보는 고대 중국

은 부락을 수중에 넣어 돌아왔으며, 노예와 말·소·양 수십만 마리를 획득했다고 기록되어 있습니다.

즉 흉노와 선비족은 강에 얼음이 얼면 그곳을 건너는 기술을 당연하게도 가지고 있던 셈이지요. 그래서 하천이 얼어야 할 계절에 아직 충분히 얼음이 얼지 않으면 물에 빠지고 말았습니다. 저들 유목민에게 가축의 번식기가 아닌 겨울이야말로 '전쟁의 계절'이었는지도 모릅니다.

다만 아이러니하게도 빙판을 질주할 수 있는 기술보다도 식물을 유효하게 이용할 수 있는 기술 쪽이 우위를 점할 수 있는 시대는 곧 다시 찾아오려고 하고 있었습니다.

참고문헌

東晋次,『後漢時代の政治と社会』(名古屋大学出版会, 1995)

川勝義雄,『魏晋南北朝』(講談社, 1974)

渡邉義浩,『図解雑学·諸葛孔明』(ナツメ社, 2002)

渡邉義浩,『三国政権の構造と「名士」』(汲古書院, 2004)

窪添慶文,『魏晋南北朝官僚制研究』(汲古書院, 2005)

堀敏一,『世界の歴史4　古代の中国』(講談社, 1977)

三崎良章,『五胡十六国』(東方書店, 2002)

환경으로 보는 고대 중국

제14화

균전제, 또 다른 면모

— 호(胡)에서 당송 시기의 수목관 —

토지를 '지급'하는
법령의 내용은?

북위(北魏)에서 시작되었다고 여겨지는 균전·조용조 제도는 일본의 다이카 개신(大化改新)에서 반포된 반전수수법(班田收授法) 등에도 영향을 준 것으로 잘 알려져 있습니다. 일반적으로 토지를 가지고 있지 않은 사람들에게도 경지나 택지를 '지급'한 규정으로 해석되는데, 식량 생산의 기반이 되는 토지가 각 시대의 위정자에게 어떻게 다루어졌는지는 당시의 사회체제 전체를 평가하는 지표가 되는 사항이므로 다양한 각도에서 검토가 이루어지고 있습니다. 일본에서는 물론 중국에서도 엄청난 연구 성과가 축적되었으며, 호리 도시카즈(堀敏一)의 『균전제 연구』를 비롯한 뛰어난 연구서도 많고, 특히 그 실효성·실시 상황·지역 등에 관한 논의는 활발합니다.

　다만 일본이 도입한 것은 당대(唐代)의 것을 모범으로 한 듯한데, 북위의 균전제와 당나라나 일본의 그것과는 사료의 문자에 의존해 살펴보는 한 다소 의의가 다른 것 같기도 합니다. 여기서 특히 언급하고 싶은 것

　환경으로 보는 고대 중국

은 북위의 균전제 기록으로 보이는 수목을 심는 의무에 관한 것입니다.

Ⅰ. 『魏書』食貨志	Ⅰ. 『위서』 식화지
九年, 下詔均給天下民田. 諸男夫十五以上, 受露田四十畝, 婦人二十畝, 奴婢依良. …… 諸桑田不在還受之限, 但通入倍田分. 於分雖盈, 沒則還田, 不得以充露田之數. 不足者以露田充倍. 諸初受田者, 男夫一人給田二十畝, 課蒔餘, 種桑五十樹, 棗五株, 楡三根. 非桑之土, 夫給一畝, 依法課蒔楡、棗. 奴各依良. 限三年種畢, 不畢, 奪其不畢之地. 於桑楡地分雜蒔餘果及多種桑楡者不禁. 諸應還之田, 不得種桑楡棗果, 種者以違令論, 地入還分. 諸桑田皆為世業, …… 諸麻布之土, 男夫及課, 別給麻田十畝, 婦人五畝, 奴婢依良. 皆從還受之法.	9년, 천하에 고르게 민전을 지급하라는 조칙이 있었다. 15세 이상의 모든 남성은 노전(露田) 40무, 부인은 20무를 받고 노비도 양인에 의거한다. … 모든 상전(桑田)은 환수의 제한이 없고, 다만 통틀어서 배전(倍田)으로 한다. 이것이 충분하더라도 죽으면 환전(還田)하며 그것으로 노전의 수로 충당할 수 없다. 부족한 경우는 노전을 가지고 배전에 충당한다. 처음으로 밭을 받는 모든 자는 남성 한 명에게 20무를 주고, 종자를 부과하여 뽕나무 50수, 대추나무 5주, 느릅나무 3근을 심게 한다. 뽕나무에 적합하지 않은 땅은 장정에게 1무를 지급하고, 법에 따라 대추나무와 느릅나무를 심도록 한다. 노비도 각각 양인의 기준에 따른다. 3년을 기한으로 심기를 마쳐야 하고, 마치지 못하면 그 땅은 빼앗는다. 뽕나무와 느릅나무를 심어야 할 땅에서 다른 종자 및 많은 수의 뽕나무와 느릅나무를 섞어서 심는 것은 금하지 않는다. 모든 환수해야 하는 밭은 뽕나무, 느릅나무, 대추 과실을 심을 수 없고, 심는 자는 법을 어긴 것으로 하여 땅은 환수해야 할 토지에 넣는다. 뽕나무밭은 모두 가업으로 하며, … 모든 삼베를 심는 땅은 남성에게 부과한 것 외에 별도로 마(麻) 밭 10무를 공급하고, 부인에게는 5무, 노비도 양인에 의거한다. 모두 환수의 법을 따른다.

북위 균전제의
특질

일반적으로 북위의 균전제와 당나라의 그것의 차이에 관해서는 북위에
서는 노비나 우마(牛馬)에게도 토지를 지급하는 규정이 있다는 점이나
남편의 유무와 관계없이 여성에게도 지급되는 점 등이 자주 지적됩니다.
우마나 노비를 많이 소유하고 있다면 '지급'되어야 하는 토지도 많아지
게 되므로, 결국 원래 부유한 자가 보다 넓은 토지를 경영할 수 있게 되
며 대토지를 보유했던 '귀족'에게 유리한 제도였다고 생각하시는 것 같
습니다. 법령의 진짜 목적도 곡물 생산에 사용하는 토지를 지급한다기보
다 목축지의 보유를 제한하는 측면이 있었지도 모르겠습니다. 그러나 이
러한 문제에 관해서는 이 이상 들어가지 않으려고 합니다.

　　주목하고 싶은 점은 자료 Ⅰ에 보이는 기술입니다. 양민이건 노예
이건 남성 한 사람당 20무의 토지를 주므로 곡물 생산을 하며 남는 시간
에 뽕나무 50그루, 대추나무 5그루, 느릅나무 3그루를 심으세요. 뽕나무
재배에 적합하지 않은 토지에서는 1무를 지급하므로 느릅나무와 대추나

　　　　　　　　　　　　　환경으로 보는 고대 중국

무만은 심으세요. 3년이 지나도 식수(植樹)가 끝나지 않으면 토지를 몰수합니다. 뽕나무와 느릅나무 이외의 나무를 섞어 심거나 규정 이상으로 많은 나무를 심는 것은 상관없다고 지시하고 있네요. 나라 안의 성인 남자 모두가 60그루에 가까운 수목을 심는다니 현대 중국의 '퇴경환림환초(退耕還林還草)' 정책(경사지에서는 곡물 생산 등을 중지하고 삼림이나 초원으로 되돌리는 정책. 2000년에 시작되었음)을 아득히 능가하는 일대 식목사업이 아닐까요.

뽕나무·느릅나무·대추나무는 모두 낙엽활엽수입니다. 이는 비교적 한랭한 지역의 느릅나무, 비교적 영양분이 많은 토지의 대추나무라는 인상이 있고, 뽕나무가 가장 적응성이 좋은 것으로 보입니다만 일부러 뽕나무에 적합하지 않은 토지의 사례를 상정하고 있는 것은 이 규정이 생기기 이전 '이 땅에서는 뽕나무 재배가 불가능합니다'라는 보고가 올라온 경우가 있었기 때문이지 않을까 생각됩니다. 이것은 물론 뽕나무 재배가 가능한 토지라고 관리가 인정하면 견직물의 공납이 부과되었기 때문이겠지요. 뽕나무는 근본적으로 견직물 생산재료로 간주되고 있었으며, 여러 가지 사정으로 견직물 과세를 피하고자 한 지역의 경우 '뽕나무를 재배할 수 없다'라고 상부에 보고하는 것이 무난한 상투적인 수단이었다고 생각됩니다.

이에 비해 느릅나무와 대추나무의 식수를 장려한 것은 어느 쪽도 구황작물로서의 기능을 가지기 때문일 것입니다. 대추가 과일로서 식용되고 약효도 있는 동시에 말린 과일로서 보존 가능한 것은 오늘날도 마찬가지입니다. 느릅나무의 경우는 의아스럽게 생각할 수 있는 면도 있을

당느릅나무(사진출처 : amanaimages)

텐데, 당느릅나무의 꽃이나 어린잎으로 만든 나물무침은 꽤 맛있는 음식이고, 참느릅나무의 열매를 먹을 수 있다는 점은 일본의 연희식(延喜式, 헤이안(平安) 시대에 편찬된 율령 시행 세칙을 집대성한 법전-역자)에도 기록되어 있습니다. 제13화에서도 언급한 『사민월령』이나 『제민요술』에는 '유장(榆醬)', 곧 '느릅나무 열매 된장'까지 기록되어 있습니다. 딱딱한 나무줄기는 오늘날 용재(用材)로 이용되는데, 나무껍질에는 약효가 있고 칠기 생산에도 사용된 것 같습니다. 또한 뽕나무도 양잠에 이용할 뿐만 아니라 뽕나무의 열매인 오디가 가을 작물을 전부 먹어 치우고 아직 보리류가 여물지 않은 3-4월의 '봄 기근'을 구하는 것으로서 귀중하게 여겨진 점을 『사민월령』도 기록하고 있습니다. 즉 북위가 장려한 세 종류의 수목은 민중의 생활에 있어 어느 것이나 다 매우 이용도가 높은 것이었습니다.

그러므로 뽕나무를 심지 않는 토지에서도 느릅나무와 대추나무는 무조건 심도록 한 것이지요.

이에 비해 자료 Ⅱ에 제시한 『신당서』가 기록한 당나라의 규정은 식수에 충당할 토지로서 영업전(永業田)을 정해두고는 있지만, 실제 식림(植林)의 지표가 될 만한 기준은 꽤 엉성합니다. 『구당서』는 이것보다 더 애매한 것밖에 적혀있지 않습니다. 어쨌든 나무를 심을 토지가 확보되

환경으로 보는 고대 중국

어 있으면 좋을 것 같습니다. 또한 일본의 규정이라면, 예를 들어 양로령(養老令, 757년 시행된 일본의 고대 율령-역자) 중 전령(田令)에 기록된 '원지(園地)' 부분에서는 뽕나무와 옻나무 식수가 지시되고 있습니다. 이것은 더 분명하게 수목이 공예품 생산의 재료가 되는 점을 존중하고 있는 것으로 이른바 경제작물의 재배지 확보라는 성격이 됩니다.

자료 코너

II.『唐書』卷51 食貨1	II.『당서』권51 식화1
授田之制, 丁及男年十八以上者, 人一頃, 其八十畝為口分, 二十畝為永業, 老及篤疾, 廢疾者, 人四十畝, 寡妻妾三十畝, 當戶者增二十畝, 皆以二十畝為永業, 其餘為口分. 永業之田, 樹以榆、棗、桑及所宜之木, 皆有數.	수전(授田)의 제도는 장정과 18세 이상인 남성에게 사람마다 1경을 주고, 그중 80무는 구분전으로 하고, 20무는 영업전으로 한다. 늙거나 병이 심하거나 고칠 수 없는 병에 걸린 자는 사람마다 40무를 주며, 과부가 된 처첩은 30무, 호주에게는 20무를 더 주고, 모두 20무를 영업전으로 삼고 그 나머지는 구분전으로 삼는다. 영업전은 느릅나무, 대추나무, 뽕나무 및 적당한 나무를 심는 것이 모두 가능하다.

이와 관련해 일본과 마찬가지로 중국 율령제의 영향을 받았다고 할 수 있는 한반도의 왕조에서는, 예를 들면 고려 왕조의 '전시과(田柴科)'라고 불리는 관료에 대한 토지지급제도에서 그 명칭에서 알 수 있듯이 곡물 생산지와 함께 연료 공급지로서 잡목림의 할당이 있었던 것 같은데 어쩐지 대조적인 느낌이 듭니다.

식수(植樹)의 전통

제11화에서 소개했듯이 전한 후기 발해군에서는 공수가 느릅나무의 식수를 권장했습니다. 또한 동해군의 '집부(集簿)'에도 식수한 토지의 증감이 기록되어 있습니다. 그러므로 전술한 것처럼 민중의 생활물자 보조로서의 역할, 혹은 연료 확보를 위한 식수가 각각의 지역에서 지방관의 개별적인 지령을 통해 실행된 사례가 있었다고 간주해야 하겠지요.

다만 중앙에서 식수 명령이 나온 사례는 한대(漢代)에 관한 한 사료를 찾을 수 없습니다.

그런데 5호 시대가 되면 이것을 확인할 수 있습니다. 전술한 퇴경환림환초 정책에도 필적할 만한 이러한 방침이 어째서 비정착 농경민으로부터 나왔는지는 검토할 가치가 있습니다.

자료 Ⅲ은 저족(氐族) 출신으로 보이는 전진(前秦)의 부견(符堅)이 357년 무렵부터의 통치 기간에 실행했다고 여겨지는 사적입니다.

가뭄이 들어 수확 부족이 예측된다고 들으면 민중에게 제10화에서

Ⅲ.『晉書』載記 符堅	Ⅲ.『진서』 재기 부견
堅以境內旱, 課百姓區種. 懼歲不登, 省節穀帛之費, 大官, 後宮減常度二等, 百寮之秩以次降之. …… 關隴清晏, 百姓豐樂. 自長安至于諸州, 皆夾路樹槐柳, 二十里一亭, 四十里一驛, 旅行者取給於途, 工商貿販於道. 百姓歌之曰, 「長安大街, 夾樹楊槐. 下走朱輪, 上有鸞栖. 英彦雲集, 誨我萌黎」.	견은 경내의 가뭄이 들자 백성에게 구종을 하도록 하였다. 연말에 수확이 없을 것을 걱정하여 곡식과 비단에 드는 비용을 줄이고, 태관과 후궁은 평상시보다 2등급 줄이고 모든 관료의 녹봉도 순서에 따라 낮추었다. … 관농은 평화롭고 안정되어 백성들은 풍요롭고 즐거워하였다. 장안에서 여러 주에 이르는 모든 도로를 끼고서 회화나무와 버드나무를 심고, 20리에 정 하나, 40리에 역참 하나를 두어서 여행자가 도중에 충분히 공급을 받고, 공상(工商)은 길에서 물건을 판매하였다. 백성들이 노래하며 말하기를 "장안 거리에는 버드나무와 회화나무가 심어져 있다. 아래로는 붉은 수레가 달리고, 위로는 난새가 둥지를 틀었다. 뛰어난 인재들이 운집하여 우리 백성들을 가르치네" 라고 하였다.

언급한 『범승지서』의 구종법을 실행하게 하거나(가축은 지배자 집단이 저족이었기 때문에 당연히 많이 있었을 것이므로 실행할 수 있었음), 종교 관련 시설이나 후궁의 일상생활을 절약하거나 관료의 봉급을 감액하거나 했습니다.

관중이 평온하여 백성들이 풍요롭게 되고 나서 시작한 것이 식수사업입니다. 장안에서 여러 주(州)에 이르는 코스 전체에서 도로를 사이에 두고 회화나무와 버드(포플러)나무를 심고, 20리마다 정을, 40리마다 역참을 설치했다고 합니다. 이를 통해 여행자는 도중에 필요한 물품을 보급받을 수 있었고 수공업자나 상인이 도로변에서 장사를 할 수 있게 되었습니다. 사람들이 이것을 "장안으로 통하는 길은 큰 가도이고, 이것을

호양(胡楊, 어린나무는 긴 타원형, 다 자란 나무는 하트형으로 자라는 단계마다 잎 모양이 변하는 수목. 멸종위기종). 거얼무시(Golmud, 格爾木市)에서.

사이에 두고 늘어선 것은 버드나무와 회화나무. 나무 아래는 붉은 바퀴가 달린 수레가 달리고, 나무 위에는 난새가 집을 짓는다. 훌륭한 분들이 모여서 우리 민초를 가르쳐주신다"라고 노래했다고 합니다.

이러한 사업은 가로수 길의 효용을 숙지하고 있었기 때문에야말로 계획한 것은 아니었을까요. 전국 시기의 법가사상처럼 잡초 제거는 물론 경지 내의 수목, 도로 옆의 수목, 나아가 궁중의 수목까지, 그것은 일을 하지 않고 사람들이 나무 아래에서 한가로이 수다를 떨기 때문에 벌채를 지시하는 사고방식과는 정반대입니다. 이 사업이 상징하는 유통의 번영에는 교통망의 정비가 필요하며, 가로수는 쾌적한 도로 확보에 불가결하다는 발상이 부견의 정책 속에 확립되어 있었던 것은 아마 실크로드 교역을 담당해왔던 소그드인(중앙아시아 자라프샨 강 유역에 살았던 이란계 민족-역자) 등 서역 사람들과 저족이 밀접하게 교류해왔기 때문이고, 물론 자신들도 항상 이동하는 생활 형태를 유지해왔기 때문일 것입니다. 멀리 실크로드를 이용하는 사람들의 노고를 이해할 수 있는 자라면 도로변 가로수의 고마움도 실감할 수 있지 않았을까요. 뜨거운 사막에서 오아시스 지대에 들어가 호양(胡楊, 서역 건조지대의 고유한 수목. 사진 참조)림을 보는 기쁨을 유목민계의 사람들은

환경으로 보는 고대 중국

체감하고 있었던 것이지요. 더욱이 나무 아래에서 사람들이 활발하게 이야기하는 모습을 바람직한 것으로 간주할 수 있는 자유로운 감각은 5호 중에서도 걸출한 명군이라고 후세의 한인 학자들에게도 평가된 부견의 자질을 잘 나타내고 있는 것 같습니다.

또한 자료 Ⅳ는 후에 북주(北周, 556-581)의 기초를 쌓은 선비족(원래는 흉노계라고도 함) 우문태(宇文泰)가 업 지방에서 장안의 자기 밑으로 탈출해 온 북위 효무제를 옹립하고, 후에 북제(北齊, 550-577)를 세우는 고환(高歡)과 대립하고 있던 시점의 기록입니다. 고환을 쫓아내고 전투에서 승리한 후 아마도 형세를 바라보다가 늦게 참전한 군대를 포함해 병사들에게 승리의 기념물로서 나무를 심게 하여 버드나무 7,000그루가 심어졌습니다.

이러한 수목의 사용법도 중원의 사상에서는 그다지 볼 수 없는 것 같습니다. 아무래도 목축민을 비롯한 비농경민 쪽이 식수에는 열심이었던 것으로 보입니다. 목축민이 가장 고생하는 것은 연료인 것 같고, 일반적으로는 가축 배설물을 연료로 합니다. 태양 에너지가 기른 초목을 직

자료 코너

Ⅳ. 『北史』周本紀 太祖文帝 宇文泰 時所徵諸州兵始至. 乃於戰所, 準當時兵, 人種樹一株, 栽柳七千根, 以旌武功.	Ⅳ. 『북사』주본기 태조문제 우문태 이때 징발한 여러 주의 병사들이 비로소 도착했다. 이내 전장에서 당시 병사를 기준으로 한 사람당 나무 한 그루를 심도록 하였고 7천 그루의 버드나무를 심어 이로써 무공을 나타냈다.

접 불태워버리는 것이 아니라, 일단 가축이 섭취해 유용한 양분을 흡수하고 섭취할 수 없는 딱딱한 섬유질 등이 배설되면 그것을 인간이 연료로 이용하는 순환방식은 비교적 합리적인 방법이라고 말할 수 있겠지요. 다른 한편으로 방목지 주변의 삼림은 목축만으로는 부족한 자원의 수렵·채집의 장소로서도 보호하는 습관이 있었던 것 같습니다. 농민과 달리 곡물 줄기와 같은 연료를 얻을 수 없는 생산을 일상적으로 행하므로 목초의 생육을 순조롭게 하기 위해서라도 수분 함양 기능을 가진 자연림의 보호에 눈을 돌리게 된 것으로 보입니다.

이러한 목축민의 생활양식이 영향을 주고 있었던 것인지, 전술한 『제민요술』에는 40여 종의 수목을 경지(!)에 물과 비료를 주어(물론 그중에는 비료는 필요 없다고 적혀있는 식목도 있습니다만) 재배하는 기술을 상세하게 설명하고 있습니다. 게다가 각각의 수목에 관해서 얼마만큼의 투자(못자리라든가 인건비와 비료 대금 등)를 하면 몇 년 후에 어느 정도의 이익을 거둘 수 있는지와 같은 계산까지 제시되고 있습니다. 자연 삼림에 둘러싸여 오랜 기간을 살아온 지역에서는 상상도 할 수 없는 일이 아닐까요.

머지않아 온난기를 맞이한 환경조건 아래에서 당대(唐代)의 국제교역, 곧 실크로드 교역은 왕성하게 이루어지게 되었습니다. 중앙아시아 오아시스 지대로 눈이 녹아 흐르는 물의 유입량이 온난화에 따라 증가한 것으로 보이며, 오아시스 도시를 연결하는 대상(隊商)의 이동도 활발해졌다고 생각할 수 있습니다. 하지만 당시 세계 최대도시 장안의 봄을 장식하는 정연한 가로수의 모습은 이러한 과거의 실천이 축적되어 출현했다고 말할 수 있을 것입니다.

환경으로 보는 고대 중국

당송 수목관
'변혁'기(?!)

V.『人面桃花』

博陵崔護, 資質甚美, 而孤潔寡合. 舉進士下第, 清明日, 獨游都城南, 得居人莊. 一畝之宮, 而花木叢萃, 寂若無人. 扣門久之, 有女子. 自門隙窺之, 問曰, 誰耶. 以姓字對曰, 尋春獨行, 酒渴求飲. 女入以杯水至, 開門設牀命坐, 獨倚小桃斜柯佇立, 而意屬殊厚. 妖姿媚態, 綽有餘妍. 崔以言挑之, 不對. 目注者久之. 崔辭去, 送至門, 如不勝情而入.

V.『인면도화』

박릉의 최호는 자질이 매우 뛰어났지만, 성격이 고결(孤潔)하여 다른 사람과 잘 맞지 않았다. 청명한 어느 날, 진사 시험에 낙방하고 홀로 도성 남쪽을 주유하다가 집 한 채를 발견하였다. 한 이랑 정도의 집으로, 꽃과 나무가 만발하며 고요하여 사람이 없는 듯했다. 문을 두들기고 한참 지나니 한 여인이 나타났다. 문틈으로 사람을 부르니 여인이 묻기를 "뉘시오"라고 하였다. 이름을 대며 답하길, "봄에 취하여 홀로 걷다 보니 목이 말라서 마실 것을 청하고자 하였소"라고 하였다. 여인이 들어가 물잔을 가지고 나와 문을 열고 평상을 깔고는 앉기를 청하고는 홀로 작은 복숭아나무에 비스듬히 기대어 우두커니 서서 마음을 쓰는 기색이 두터웠다. 상냥하고 품위 있는 모습이 단아하고 우아하여 아름다웠다. 최호는 말을 걸어 보았으나 대답하지 않았다. 잠시 바라보다가 최호가 떠난다고 하자, 문까지 따라 나와 배웅하며, 감정을 이기지 못하는 듯하다가 문으로 들어갔다.

이백(李白)과 백낙천(白樂天)의 시 혹은 자료 V의 '인면도화'의 이야기 등을 읽으면 장안 교외에 복숭아나 자두 과수원이 펼쳐져 있었던 것은 상상할 수 있습니다. 여기서 인용한 것은 과거(科擧) 수험생인 최호(崔護)가 장안 교외를 산책하다가 목이 말라 어느 시골집에 이르렀는데 물을 마시게 해준 젊은 여성의 아름다움에 매료된다는 이야기의 앞부분입니다. 1무(畝, 당대는 한대에 비해 5할 정도 넓어져 거의 5-600 평방미터에 육박하는 것으로 알려짐) 정도의 공간에 꽃과 수목이 울창하게 우거져 있어 인기척도 느껴지지 않을 정도로 조용하고 소박한 집의 문 옆에 좀 작은 복숭아꽃이 피어 있었다는 것을 알 수 있습니다. 날씨가 따뜻해져서 대나무숲도 부활한 듯합니다. 자료 Ⅱ의 당대 균전제 사료가 수목재배에 관해 엉성한 것은 이러한 당나라 초의 축복받은 환경의 산물이었을지도 모릅니다.

다만 인간의 활동은 자연환경 만에 의해서 결정되는 것은 아닙니다. 날씨가 따뜻해지면서 관중에서 벼농사는 물론 가능해졌고 사실 논에 대한 기록도 있는데 당대의 관중 분지에 펼쳐져 있던 것은 밀밭이었던 것 같습니다. 이에 관해서는 일찍이 니시지마 사다오(西嶋定生)가 뛰어난 고증을 한 바

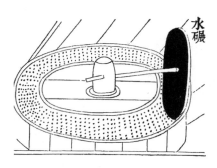

水碾

수연(水碾, 수차를 이용한 밀 제분용 맷돌, 『농정전서』에서)

환경으로 보는 고대 중국

있습니다. 소맥을 제분하기 위한 물방앗간 건설(황제의 딸을 비롯한 귀족이 경영 주체였던 경우가 많으나)을 통해 농지 관개에 물 부족을 가져왔다는(밀은 일본에서는 밭작물로서 비교적 건조한 토지에 재배하는데 중국에서는 습지의 작물, 관개가 바람직한 작물로서 취급되는 경우가 많음) 기록이 있으며, 이것을 분석한 논문입니다. 이러한 현상은 기후조건의 직접적 영향이라기보다 당나라 장안에 살았던 사람들의 기호가 밀을 선택한 결과라고 보아야 하겠지요. 즉 오늘날 우리가 인도 요리로 친숙한 난과 비슷한 소맥분으로 만든 식품의 유행입니다. 와인의 유행에 관해서는 이백이나 백낙천의 시를 보면 알 수 있으므로 아시는 분도 많은 것 같은데 서쪽에서 유입된 식문화는 주류(酒類)에만 머무르지 않았고, 아니 난을 좋아하는 사람들이 다수 거주하고 있었다고 보아야 하는지도 모릅니다.

하지만 당나라 중엽 이후 화북은 다시 한랭해져 갔습니다.

국제도시 장안을 북적거리게 한 여러 민족 중에는 자립의 의욕을 느낀 사람도 있었겠지요. 또한 한랭화는 다시 초원에서의 유목 생활에 한계를 주기 시작했습니다. 그래서 소금 상인이었던 황소(黃巢)의 반란을 계기로 5대 10국의 분열 시대가 열렸습니다. 화북에서 연운16주(燕雲十六州)는 자립한 거란(契丹)이 세운 요(遼)나라의 지배하에 들어갔는데, 간신히 그 이외의 지역을 통합한 자는 960년 송나라를 건국한 조광윤(趙匡胤)이었습니다.

그는 5대의 후주(後周) 공종(恭宗)으로부터 선양의 형태로 송을 건국하는데, 공종의 아버지였던 세종(世宗) 시영(柴榮)이 현덕(顯德) 3(956)년에 내린 명령을 답습하여 백성에게 식수의 의무를 부과했습니다. 백성을 다섯 단계로 나누어 제1등인 자에는 100그루의 식수를 뽕나무와 대추나무 반반으로 하도록 명하였고, 1등급마다 20그루씩 줄여도 된다고 되어 있습니다. 매년 봄과 가을에 순찰해서 성과를 점검하고 널리 뽕나무나 대추나무를 식수하거나 황폐한 땅을 개간한 사람은 기존의 조세를 면제하도록 했습니다. 주목하고 싶은 것은 뽕나무나 대추나무를 베어 땔나무로 사용한 자에 대한 벌칙 규정입니다. 특히 뽕나무에 대해서는 베어 쓰러뜨리지 않았더라도 표면의 나무껍질을 세 곳 이상 벗긴 자의 주모자(主謀者)는 사형, 종범자(從犯者)는 3천 리(三千里) 유죄(流罪)에 처했고, 이보다 소량이라면 금고형을 내려 노역에 종사하게 하였습니다.

이때의 조칙에는 채소 재배의 장려는 보이지만 곡물 생산지에 대한 언급은 없습니다. 아마도 당나라 중엽의 양세법(兩稅法) 시행 이후 호등제(戶等制)가 널리 시행되었고(이 조칙에서도 5등급으로 구분되어 있음), 백성(물론 대지주도 포함됨)의 빈부의 격차를 정부가 승인함과 동시에 곡물 생산지에 대해 자주적 경영의 폭이 넓어진 것과 관련이 있다고 생각됩니다. 이에 따라 협소한 토지밖에 경영할 수 없었던 사람들은 식량 부족으로 겨울철에 배고픔을 느낄 수밖에 없겠지요. 다만 이것은 품팔이 일이라도 하면 시장에서 적은 식량을 구입할 수 있었을지 모릅니다. 그러나 경영면적이 작아 곡물 줄기도 부족했을 터이므로 어쨌든 연료가 부족했을 것으로 보입니다. 땔나무는 사마천 이래로 무거운데다가 이익 폭이 적기 때문에 원격지 교역을 하지 않는 첫 번째 물품에 등극합니다. 하지만 전란으로 다소 남아있던 잡목림이나 강가의 나무도 소실되었을지도 모릅니다.

환경으로 보는 고대 중국

이러한 규정의 출현은(아마 후주(後周, 951-960) 이후겠지만) 이제는 수목이 구황식품이나 생활 용구의 재료 혹은 휴식처의 제공과 같은 기능에서 돌출하여 연료원으로서 주목받게 되었다는 점을 추정할 수 있게 합니다.

추워지면 따뜻하게 하고 싶은 것은 당연한 이치이고, 철기나 제염(이것은 당나라 이후 정부의 중요한 재원이 되었음), 일상의 취사에 필요한 땔나무의 절대량도 증가했을 것입니다. 근현대에 이르러 화북의 삼림을 보호하기 어려운 상황이 발생한 것은 농민이 연료로서 나무를 베어 쓰러뜨린 것이 커다란 원인입니다. 당나라 말 이래의 혼란 가운데 한랭화가 진행된다면 모피를 입는 습관·자원·기술이 부족한 중원 사람들의 연료에 대한 요구는 더더욱 증가했겠지요.

이처럼 보면 북위 균전제 규정에 보이는 수목재배 지시는 균전제가 곡물 생산에 사용되는 토지의 지급 내지는 제한이라는 성질 외에 역대 왕조의 수목관 나아가 민생에 대한 관심의 치밀함·신중함의 차이도 도드라지게 하는 재료로서 재검토할만한 측면을 가지고 있다는 것을 시사하고 있는지 모릅니다.

참고문헌

西嶋定生, 『中国経済史研究』(東京大学出版会, 1966)

布目潮渢, 『隋唐帝国』(講談社, 1974)

堀敏一, 『中国と古代東アジア世界』(岩波書店, 1993)

金子修一, 『古代中国と皇帝祭祀』(汲古書院, 2001)

환경으로 보는 고대 중국

제15화

'빈곤한 황토고원'은 왜 생겼나

─ 명청·중화 제국의 빛과 그림자 ─

화북지역 수목 소실의
경위

지금까지 이 책에서 소개한 에피소드에 관한 한 시대의 변천에 따라 다소 증감은 있긴 하지만 이전에 화북지역에는 풍요로운 삼림이 있었다는 측면만 느껴졌을지도 모릅니다.

그렇다면 오늘날 황사를 발생시키는 몽골고원이나 생활용수도 부족한 민둥산뿐인 빈약한 황토고원은 왜 생겨난 것인지 의아한 생각이 드시는 분도 많을 것입니다.

이 문제는 대단히 복잡하여 다양한 관점에서의 검토가 필요하므로 이 책의 범위에서 답을 드릴 수는 없습니다. 하지만 예를 들어 쓰니엔하이(史念海)가 제언한 '황토고원, 즉 섬서·산서의 삼림소실은 아마도 명대에 시작되었을 것이다'라는 견해는 탁월하다고 생각합니다.

마지막으로 이러한 전망을 뒷받침할 수 있을 것 같은 가설을 제시해보도록 하겠습니다.

환경으로 보는 고대 중국

하라호토의 비극

2005년 여름 내몽고자치구 액제납기(額濟納旗)를 방문할 기회가 있었습니다. 주목적은 이 땅이 한대(漢代) 거연성(居延城)으로 당대(唐代)에는 도호부(都護府)가 설치된 곳이었으므로 그것을 지탱했다고 전해지는 거연택(居延澤)의 실태를 알아보는 것이었습니다. 이에 대해서도 많은 성과를 얻었지만 가장 마음에 걸렸던 점은 서하(西夏)의 흑성(黑城), 즉 몽골의 하라호토 방문 때 알게 된 사정이었습니다.

　지금도 거연택에는 지하수가 샘솟고 있습니다. 기련산(祁連山)의 눈이 녹아 흐르는 물을 수원으로 하는 약수(弱水) 지하수로입니다. 흑성(하라호토)은 이 지하수맥으로부터 끌어오던 거수(渠水)의 물길이 막히면서 멸망한 것입니다. 서하를 무너뜨린 몽골 병사에 의해서가 아닙니다. 원왕조는 서하의 통치자는 죽였지만 흑성의 도시기능은 유지하고 더욱 도시를 확대하여 하라호토로서 번영시켰습니다. 그것을 괴멸로 이끈 자는 명나라의 장군 풍승(馮勝)입니다. 지하수맥이 끊기고 사람과 가축 모두

하라호토 유적 부근의 정주 목축민 자택의 우물. 사막지대에 있음

불타버린 하라호토는 액제납기에서도 차로 반나절 걸려 가야 하는 거리에 있기 때문에 사람이나 가축이 폐허로 변한 이곳에 찾아오는 경우도 드물게 되었습니다. 풍승은 회족(回族)이었던 것 같습니다만 명나라 초 구'색목인' 탄압책에는 약간 상도를 벗어난 감이 많으므로, 그가 이러한 행동을 취한 배경을 가볍게는 단정할 수 없습니다. 그렇다 하더라도 눈부신 전과를 거둘 필요가 있었는지도 모릅니다. 그러나 이유가 무엇이든 푸르른 도시를 폐허로 만들면서까지 몽골인이 근거지로 할 수 있는 지점을 파멸시킨 것은 사실입니다. 토지의 향토사적 사료에는 현재 해당 지역 주민의 대부분을 점하는 몽골족의 입장에서 이것을 비난하는 언사를 종종 볼 수 있습니다.

동시에 현재도 여전히 재생 알칼리화(제9화 참조)를 초래하는 비과학적인 수박 재배가 퇴경환림환초 정책에 따라 목축에서 농업으로 전향한 사람들에 의해 행해지고 있는(그러므로 이것은 그 농가를 비난해야 할 것이 아니라, 정부의 기술 지도의 문제라고 생각됩니다만) 것을 직접 확인하고 사막화가 진행 중이라는 것을 통감할 수 있었습니다. 사막화는 다양한 환경문제의 상징처럼 다뤄지고 있고, 오늘날 그것은 확실히 대규모의 대책을

환경으로 보는 고대 중국

필요로 하는 것이기는 합니다만 그와 같은 사막을 만들어 버린 인위적인 문제에 대해서 생각해봅시다.

오늘날 흑성 성 밖에 펼쳐져 있는(사진 참조) '사막(砂漠)', 즉 정말로 모래만으로 되어있는 토지는 실은 그 정도로 광대하지는 않습니다. 현재 화북 등에서 문제가 되는 것은 '사(沙)'자로 표현하는 '사막(沙漠)', 곧 수분이 적고 자갈과 단립구조를 잃고 딱딱하게 된 땅이 서로 섞여 식물이 자라기 어렵게 된 토지에 대해서입니다. 액제납기에서도 현재 그 일대 대부분의 토지는 사막(沙漠)입니다. 사막(砂漠)은 어지간히 사업을 일으키지 않으면 개량할 수 없는데, 사막(沙漠)의 경우는 어느 정도 개선이 가능합니다. 그래서 이것이 오히려 문제인데 안이하게 관개를 하거나 하면 알칼리화가 발생하여 머지않아 정말로 '사막(砂漠)'이 돼버리고 말기 때문입니다.

완전한 사막이 된 하라호토 바로 근처에서 지금도 어쨌든 작은 도시인 액제납기가 존재하고 사람들이 살아갈 수 있는 것은 명청 교체기 몽골 왕족 중에 재빨리 청왕조에 귀순한 사람들의 왕부(王府)가 이곳에 설치되었기 때문인데, 그것을 가능하게 한 것은 거연택에 흐르는 지하수와 유목을 기본 생산으로 삼은 청대의 토지 이용법이 적합했기 때문이라고 생

하라호토 성 밖의 사막

각됩니다. 사막(沙漠)은 제9화에서 소개한 적관법(滴灌法) 등 높은 비용이 드는 초현대적인 과학적 관개를 할 수 없다면 오히려 무리하게 관개하지 말고 염분을 좋아하는 타마리스크(tamarisk)와 같은 식물이 자연스럽게 자라도록 내버려 두며, 가끔 그 주변의 호염성(好鹽性) 풀 종류를 양이 먹는 정도의 이용에 그친다면 이따금 내리는 비라도(우리가 체류할 때도 두 차례의 장대비가 내렸는데, 아마 지표에서 증발한 수분이 만든 구름으로 인한 것이었음), 머지않아 유기질이 토지에 공급되면 서서히 회복을 기대할 수 있습니다.

　제7화에서 언급했듯이 토양을 '생명체'로 만들어주는 부식산(腐植酸)의 작용에 대해서는 아직 그다지 연구가 진행되지 않았는데, 수분 유지를 좋게 하기 위해서도 유기질의 공급은 사막화를 막는 열쇠인 것입니다.

환경으로 보는 고대 중국

산서·태원 부근의
양잠 쇠퇴

화북지역의 토지에 유기질, 다시 말해 곡물 생산의 영양이 되는 성분을 공급해온 것이 견직물 산업의 폐기물, 즉 잠시(蠶矢)라는 것은 여러 차례 말했습니다. 그런데 명청 시대 이것이 위기를 맞이했습니다.

청나라 도광(道光) 연간, 19세기 전반의 산서·태원 부근의 농업 사정을 기록한 기준조(祁寯藻)의 『마수농언(馬首農言)』이라는 농서가 있습니다. 자료 I 은 '직사(織事)'라는 장입니다.

> 최근 수양(壽陽) 부근에서는 누에를 치지 않는데, 태원과 이남에서는 양잠을 하고 있으며, 기록에는 예전부터 계속 물산으로서 뽕나무나 비단을 언급한다. 나의 대백부의 아내 장씨는 건륭 연간에 늘 양잠을 하고 비단을 짰다. 최근 수십 년간 그 풍습은 끊어졌다. 토지 사정 때문이 아니다.(대강의 뜻 번역. 이하의 자료도 동일함)

Ⅰ. 祁寯藻, 『馬首農言』織事	Ⅰ. 기준조, 『마수농언』 직사
邑不飼蠶, 不種稻. 地氣晚寒, 或非所宜. 然唐·魏風凡三言「桑」. …… 今太原迤南郡縣多稻, 且有蠶織者. 邑之南鄕, 近亦有水田, 可種稻. 志載物産有桑, 有絲絹, 由來已久. 乾隆中, 余家從伯父樹桓妻張氏, 嘗飼蠶, 手織繭紬. 數十年來, 此風寂然. 十畝之外, 閑閑泄泄, 豈盡關地氣耶.	읍에서 누에를 치지 않고, 벼를 심지 않는다. 지기(地氣, 땅의 기운)를 식히는 중이거나 혹은 마땅하지 않아서인가. 그렇지만 당나라와 위나라의 풍습에서 모두 세 번 '상(桑)'을 말하였다. … 지금 태원과 이남의 군현 대부분 벼농사를 하고, 또 잠직(蠶織)하는 경우도 있다. 읍의 남향에도 가까이 또한 수전이 있어서 벼를 심을 수 있다. 식화지에 기재된 물산에도 상(桑)이 있고 사견(紗絹)이 있는 것은 그 유래가 이미 오래되었다. 건륭기에 우리 가문 종백부 수환(樹桓)의 아내 장씨는 일찍이 누에를 쳐서 손수 잠견(蠶絹)을 짰다. 수십 년 이래로 이러한 풍속은 없어졌다. 10무 외에 한한설설(閑閑泄泄)한 것이 어찌 모두 지기와 관계가 있겠는가.

라고 되어있습니다. 또한 별도로 역시 견직물 생산쇠퇴 사정에 관한 기술이 있습니다. 자료 코너 Ⅱ에서 제시한 『빈풍광의(豳風廣義)』라는 책으로 이것은 수양에서는 아직 견직물을 생산하고 있던 건륭 연간(1736-95)에 근처 섬서성 흥평(興平) 사람인 양신(楊屾)이 기록한 것입니다.

이 글에서는,

진나라(섬서성)의 인간은 오해하여 풍토가 부적합하다고 생각하고, 오곡 이외에 어떤 것도 생산하지 않기 때문에 언제나 굶주리고 또한 춥다. 옷과 신발은 모두 외부의 성에서 들어오는데 곡물을 멀리 내다 파는 것은 곡물을

환경으로 보는 고대 중국

Ⅱ. 楊屾, 『豳風廣義』	Ⅱ. 양신, 『빈풍광의』
獨是秦人, 自誤於風土不宜之說, 知農而不知桑, 是有食而無衣. 二者缺一, 則民失一倍之資. 至木棉麻苧, 又非秦地所宜. 絲帛布葛, 通省無出. 雖厥土黃壤, 厥田上上, 自桑蠶一廢, 五穀之外, 百無所生. 究不能全獲地利, 常有飢寒之患. …… 是以秦人歲歲衣被冠履, 皆取給於外省矣, 而賣穀以易之. 穀賣之於遠方, 是穀輪於外省矣. 絲帛木棉之屬, 買之於江浙兩廣四川河南, 是銀又輪於外省矣.	오로지 이 진나라 사람만이 스스로 풍토가 마땅하지 않다는 주장을 오해하여 농사는 알아도 양잠을 알지 못했고, 그리하여 먹을 것은 있었지만 입을 것은 없었다. 두 가지 중 하나가 없으면 곧 백성들은 갑절로 재산을 잃는다. 목면마저(木棉麻苧)와 같은 것은 또한 진나라 땅에 잘 맞지 않는다. 사백포갈(絲帛布葛)은 성(省) 전체에서 나는 것이 아니다. 그 토지가 비옥하고 밭은 상등급이라고 해도 상잠(桑蠶)은 일단 그만두고부터 오곡 외에 아무것도 자라는 것이 없다. 결국 땅의 이익을 온전히 취하지 못하고, 항상 기근과 추위의 우려가 있다. … 이로부터 진나라 사람은 매해 의피관리(衣被冠履)를 모두 외부의 성에서 공급받고, 대신 곡식을 팔아 그것으로 바꿨다. 곡식을 먼 곳에 내다 팔면, 이것은 곡식을 바깥으로 내보내는 것이다. 사백목면(絲帛木棉)과 같은 것들은 강소, 절강, 광동, 광서, 사천, 하남에서 사면, 이는 은(銀) 또한 바깥으로 나가는 것이다.

외부의 성으로 나르는 것이 된다. 의료품 재료는 강소·절강·광서·광동·사천·하남에서 사고 있는데, 이 또한 은을 외부의 성으로 나르는 것이 된다.

라고 자연환경 조건이 원인이 아니라 양잠 쇠퇴의 실정을 묘사하고 있습니다. 그리고 "매년 반드시 식량을 팔아서 의복을 사므로 의료비 지출 때문에 식량은 반감한다. 식량이 부족한 사람조차 적지 않으므로 의복이 곤란한 사람은 당연히 많다"라고 탄식합니다. 이 글은 이러한 상황을 거울삼아 다시 양잠을 활발하게 하자는 의미로 집필되었습니다.

나아가 더 거슬러 올라가 명말 저명한 농무 관료 서광계(徐光啟, 1562-1633)는 『농정전서(農政全書)』에서,

> 지금 천하의 양잠업은 여기저기에 제각기 펼쳐져 있는데, 동남의 견직물업은 강소·절강·복건·광서·광동에 집중되어 있으나 이곳은 호남·호북에서 누에고치를 들여오고, 서북 견직물업의 경우는 산서에 수준 높은 기술이 있으나 이곳은 사천에서 누에고치를 가져온다.

라고 말하며, 제품 완성지와 원료 산지가 동떨어진 것을 탄식하고 있습니다. 즉 16세기 후반부터 17세기에 걸쳐 산서에는 아직 뛰어난 견직물 생산기술이 잔존하고 있었습니다. 하지만 견직물 공업의 중심은 이미 연해부로 이동했고, 머지않아 면직물업과 함께 공업화 직전 중국의 상당히

환경으로 보는 고대 중국

진보한 경영·생산 형태(이러한 평가에 관해서는 다양한 논의가 있음)를 취해 나갑니다.

또한 명청 시대의 산서에 관해서는 산서상인의 연구와 같은 양잠·견직물업과는 약간 시각을 달리하는 방향에서의 연구는 풍부하지만, 산업이 옮겨진 쪽, 중심지가 아니게 된 곳에서의 그 후의 삶이라는 측면에 대해서는 종래 그다지 주목되지 않았던 것으로 보입니다.

하지만 개인적인 견해로는 양잠·견직물업의 쇠퇴는 단순히 수공업 생산지의 이동이라는 의미만이 아니라 널리 그 땅의 환경에 영향을 미쳤다고 생각합니다. 잠시(蠶矢), 즉 견직물업의 폐기물인 누에의 배설물·빈 껍질, 먹고 남은 뽕나무 잎과 가지, 누에를 친 후의 대나무돗자리 등이 경지에 투하되지 않게 되었고, 토양 비옥도의 감퇴에 박차를 가했다고 생각되기 때문입니다. 일본 농업에서 구입 비료-말린 정어리 등의 금비(金肥)-의 보급은 에도 시대 이후인 것 같습니다만, 중국의 잠시 매매는 제10화에서 언급했듯이 한대의 『범승지서』에도 명기되어 있습니다. 또한 뽕나무밭의 존재는 오랫동안 자란 수목을 경지 주변에 남기게 되어 표토(表土) 비산(飛散)을 막는 효과도 있었습니다. 곡물 생산의 확대에 반비례하여 사라져간 화북의 삼림을 대신해 이른바 의사(擬似) 삼림의 역할도 수행했다고 말할 수 있습니다. 양잠·견직물업의 쇠퇴는 이것들도 사라지게 한 셈입니다.

그런데 애당초 서광계가 본 시점에서 왜 산서의 기술이 높다고 평가되고 있었을까요.

전국 진한 시기에 견직물이나 마직물을 불문하고 의료품 생산의 중심지는 한 왕조의 관영 피복 제작공장까지 설치되었던 산동에 있었고, 당시의 산서는 사마천 『사기』 화식열전(기원전 2세기)에 따르면 목재 산지로 여겨지고 있었습니다. 이윽고 무제 시기 이후 제12화에서 언급했듯이 점차 뽕나무 재배·견직물업은 전국화되었는데, 제14화에서 소개한 북위의 조용조 제도를 전하는 사료의 세부 규정에서는 태원 이남의 산서와 관중은 비단의 생산지로 여겨지고 있으나 안문(雁門) 등 산서 북부, 섬서에서도 황토고원 이북은 아직 비단이 아니라 삼베를 바치는 토지로 기재되어 있습니다.

그러므로 이 산서·섬서가 서광계의 평가처럼 뛰어난 직물생산기술의 집적(集積)으로 알려지게 되는 것은 당대(唐代) 실크로드에 직결하는 국제무역상품·비단의 원산지로서의 역할이 컸다는 의미가 되겠지요. 명대 이후에 중요한 수출품이 되는 도자기와 달리 견직물은 가볍고 운송 비용도 저렴했을 것인데, 그럼에도 산동에서 장안까지 운송한 뒤 다시 소그드인 등의 서역 상인에게 건네는 것보다는 보다 가까운 황토고원 각지의 산의 표면을 이용해 뽕나무를 재배하여 제작하는 비단 쪽이 상품으로서는 팔기 쉬웠던 것은 아니었을까 싶습니다.

송나라 이후 거란, 탕구트에 점령당한 시기도 포함해 몽골 시대 말까지 산서·섬서에서 정치·군사적 지배자는 바뀌었더라도 실크로드 교역이 유효한 한 산업 입지의 측면에서 그 기술 수준은 유지되었을 것입니다. 몽골족이나 다른 서북 여러 민족 세력에 있어서도 교역품으로서의 비단 생산과 유통은 이익의 원천이었을 것이기 때문입니다.

그러나 명왕조 성립(1368년) 후 그 서북쪽에서는 몽골 세력과의 항

환경으로 보는 고대 중국

쟁이 계속되었고, 하라호토의 비극으로 상징되는 명나라의 서역 공략책은 결코 군사적으로 뒤떨어지지 않았던 몽골족에 의해 저지되었습니다. 명나라는 실크로드를 제압하지 못했던 것입니다. 그래서 영락제(재위 1402-1424)의 해금(解禁)에도 불구하고 명나라의 국제교역은 해로(海路) 이용으로 전환되어 활발해졌습니다. 적출항(積出港) 근처에 산지를 확보하는 방향으로 견직물업이 이루어졌던 것은 어쩔 수 없었던 것으로 보입니다. 육로 실크로드 쇠퇴에 따라 섬서·산서의 견직물 생산은 불리해지기 시작하지만, 그래도 700여 년의 기술 축적은 무시할 수 없었고 원료인 누에고치는 사천으로부터의 이입에 의존하면서(따라서 이 단계에서 전술한 양잠·견직물업의 환경 유지기능은 소실로 향했을 것으로 생각됨) 직물 생산만이 계속되었을 것으로 추정됩니다. 서광계의 서술은 이러한 이행기의 상황을 반영하고 있습니다.

그렇지만 역시 산서에서 제작된 비단을 연해부까지 운반한 뒤 수출하는 산업배치에는 무리가 있습니다. 원래 연해부는 춘추시대 오나라 이래로 견직물 생산기술을 가지고 있었고, 수요만 있다면 그것들의 보급은 쉬웠을 것입니다.

그래서 청대, 전술한 『마수농언』, 『빈풍광의』의 서술은 산서·섬서의 견직물업이 쇠퇴해 간 모습을 보여주고 있는 것입니다. 한편 교역로 쪽을 장악한 몽골족이나 위구르족은 견직물 생산의 기술, 혹은 서방용 상품제공에 대한 대응에 문제가 있었을 것으로 생각됩니다(더욱이 16세기 이후 서구에서도 비단 생산이 보급되기 시작하여 꼭 중국에서의 수입품을 필요로 하지 않게 된 점도 있음).

명대 수공업과 연해부 국제교역의 발전이 중국에 가져다준 부는 엄청난 것이었고, 지구 전체에서 보아도 돌출된 경제발전지역이었다고 여겨집니다. 그러한 화려한 측면에 대해서는 근년 기시모토 미오(岸本美緒) 등에 의한 대단히 고도로 정치(精緻)한 연구 성과도 있어, 당시 사회 전체의 귀추를 결정지은 것이 연해부의 경제였다는 점은 확실합니다. 하지만 그 배후에서는 기준조나 양신이 한탄했듯이 경제적 마이너스에 머무르지 않는, 비료 부족에 의한 지력 쇠퇴라는 환경 변화도 발생하고 있었던 것은 아닐까요. 주위에 뽕나무가 없는 경사지의 밭은 표토 비산·수토 유실로 이어집니다. 이윽고 이자성의 난(1631-1645)에 이르는 화북의 황폐는 단순히 향신(鄕紳) 지주에 의한 착취, 왕조의 실책과 같은 요인뿐만 아니라 이러한 본질적인 환경 악화가 야기한 측면도 간과할 수 없다고 생각합니다.

중국의 환경 추이의
흐름

명청 시대의 중요한 환경문제로는 귀주·운남, 또는 섬서 남부 등의 삼림 파괴 문제 등이 있으며 이미 우에다 마코토(上田信)나 다케우치 후사지(武內房司)에 의해 귀중한 연구 성과가 축적되었으므로 그것들을 참조해 주시기 바랍니다. 다만 이렇게 장강 이남 지역이 문제가 된 것은 명청 두 왕조 모두 자연 자원의 공급지로서 그만큼 남방에 의존하는 정도가 높아지고 있었기 때문이겠지요.

이 책에서 살펴본 은대(殷代) 이후 환경변화의 추세를 보면 원래 자신들의 거주 구역 주변에서 이루어지던 수렵 채집 경제의 존재 가능지인 자연 자원의 공급지를 점점 원격지에서 찾는 경향을 볼 수 있습니다. 그리고 더욱이 그 장소가 점차 북방에서 남방으로 이동해갔다고 볼 수 있겠지요. 그러한 움직임이 각각의 시대에 여전히 수렵 채집 경제를 영위하던 사람들과 곡물 생산을 주산업으로 한 사람들 사이에 마찰을 빚은 사례를 확인할 수 있습니다. 송대에는 장강 하류 유역에서, 명청대가 되면 더욱 남쪽의 귀주나 운남에서도 자연을 변화시켜 개발을 시도하는 사람들과 종래의 생활 기반을 지키려는 사람들 간의 마찰이 발생하고 있습니다. 그것은 결국 전근대의 기술 수준에서는 농업으로부터 생활물자 전부를 얻는 것은 곤란하므로 채집에 의존하는 부분이 남았다는 것을 의미할 것입니다(일본열도에서 바다와 사토야마(里山, 마을 가까이에 있어 생활과 밀접한 산-역자)에 의존해온 부분임).

그리고 각 시대에 새롭게 '중국'에 편입된 지역에서는 그 장소에 이전부터 살았던 사람들을 농경민으로 바꾸려는 압력이 유형무형으로 작동했다고 생각됩니다. 정치사상으로서의 '화이사상'도 그 일익을 담당한 것이겠지요. 하지만 실제로는 '중화'가 아니라 '이적' 대책이야말로 중국 환경보전의 지혜가 발휘된 경우가 있었던 점, 혹은 '이적' 취급을 받았던 사람들 쪽이 환경보전에 유의한 경우가 있었다는 점도 이 책에서 언급했습니다.

예를 들어 농업기술은 인구증가에 대응하기 위해 추세로서는 부단히 발전해왔고 『범승지서』에서 시도된 것과 같은 소박하고 직접적인 기술지도로부터 점차 체계적이고 학술적인 농서로 변모해 간 것 같은데, 뛰어난 농서가 나타난 시대는 요컨대 농민화해야 할 인간집단이 다수 존재했던 시대라고 말할 수 있지 않을까요. 자연의 삼림·초원이 사라져도 어떻게든 필요한 최소한의 생활물자를 입수해서 생활할 수 있도록 농민화의 길을 제시하였으므로, 농서는 이른바 자연환경의 상실과 표리일체로 성립한 것입니다. 그리고 그 과정에서 종래 채집하던 다양한 물자를 '농작물화'하는 것도 진전되었습니다. 『범승지서』에는 표주박의 예가, 『제민요술』에서는 수목을 경지에서 재배해 매각하여 이익을 얻는 방도가 기록되어 있는 것처럼 말입니다. 이윽고 명대에 이르러 곡물·의료품 생산과 더불어 사사(舍飼) 방식의 작은 가축이나 양어지(養魚池) 경영, 나무숲, 수변(水邊) 식물 재배 등을 조합한 실험적 농원을 지주층이 경영하였고, 그러한 기술은 현대의 비오톱(biotope)에 필적하는 순환형 농원을 출현시키는 기반이 되었습니다. 이와 같은 현대에도 통하는 환경대응책의 세부적인 측면에 대해서는 추후 다른 기회에 말씀드리고 싶습니다.

일부 한정된 전적(典籍)밖에 다루지 못했지만, 환경사에 관계된 사료 중 가능한 한 많은 분이 예비지식을 가지고 계신 재료나 잘 알려진 내용과 관련된 원전을 다루려고 노력했습니다. 그리고 그것들에 대해서 기존에 해석되어온 '정통파' 유학에 뿌리를 둔 읽기나, 이른바 생산력 발전론을 기축으로 한 사회경제사의 소재로서 취급하는 방식과는 다소 다른 시점을 도입해보았습니다. 일반적으로 이해되는 '농본주의와 유학의 중국' 이외의 요소가 어렴풋이 보일 수 있는 읽기를 제안해 보려고 했는데, 이를 통해 중국의 인위(人爲)와 환경의 변화를 대략적으로나마 짚어볼 수 있으셨는지 모르겠습니다.

중국 대륙의 대지는 유구해도 각 시대의 기후조건이나 인간의 존재방식은 변천해 왔습니다. 자연환경에 대응할 뿐만 아니라 그것을 개조하려는 노력이 있었고 그 개조에는 곡물 생산 중시정책과 같은 성공 사례도, 적지적작(適地適作)주의를 이용한 화폐·유통 조작과 같은 다른 지역에서는 응용하기 어려운 실패 사례도 있었습니다. 또한 목축을 배제하는 화이사상이나 가정 내 남녀분업과 같이 대응책 자체가 가지고 있는 부정적 측면이 후세의 사회에 영향을 미친 경우도 있습니다. 그중 대응책의 정보가 기록된 경우 2천 년 이상 지속된 한자 문화를 가진 중국에서는 건지(乾地)농법 기술이나 유용수목식수정책처럼 정보를 축적하여 사회 공통의 지혜로 만드는 경우도 나타났지만, 기록자 측이 정확한 정보를 파악할 수 없었던 경우 밭농사 관개나 구종법처럼 실패의 반복도 발생했다고 말할 수 있겠지요.

여기서는 이 책에서 언급한 자연환경과 인위의 뒤얽힘 속에서 중국에서는 농경과 목축·임업·어업 등과의 밸런스를 어떻게 취할 것인가에 대한 고심과 고투가 어쨌든 사막화를 면하게 해준 것 같다는 말만 다시 한번 말씀드리고 마무리하고 싶습니다.

참고문헌

森安孝夫,『シルクロードと唐帝国』(講談社, 2007)

増井経夫,『中国的自由人の系譜』(朝日新聞社, 1980)

ルイーズ・リヴァシーズ(君野隆久訳),『中国が海を支配したとき─鄭和とその時代』(新書館, 1996)

岸本美緒,『世界史リブレット 東アジアの「近世」』(山川出版社, 1998)

上田信,『森と緑の中国史』(岩波書店, 1999)

上田信,『海と帝国』(講談社, 2005)

武内房司,「清代貴州東南部ミャオ族に見る「漢化」の一側面-林業経営を中心に」(竹村卓二 編,『儀礼・民族・境界─華南諸民族「漢化」の諸相』, 風響社, 1994)

후기

이 책의 표지에 사용한 사진은 모두 지난 30년 정도 사이에 제가 직접 중국 각지를 방문해 찍은 것입니다. 한마디로 '중국'이라고 말하더라도 8월에도 눈 덮인 만년설 아래쪽에 촘촘한 벌거벗은 땅이 드러나 있는 곤륜(崑崙)의 봉우리들도 있는가 하면, 아득하게 계속되는 초원에서 풀을 뜯는 양 떼나 예상외로 남아있는 활엽·침엽수가 섞여 있는 숲도 볼 수 있고, 맑고 달콤한 청수(淸水)가 솟아나는 샘도 있으면서 알칼리염이 퇴적하는 간석지(干潟地)도 확실히 존재합니다. 작열하는 사막의 폐허로부터 바다 내음이 감도는 해변까지 5킬로미터 사이에는 눈앞에 다양한 경지도 펼쳐져 있습니다.

이러한 중국의 자연환경을 접하면 접할수록 빈번하게 볼 수 있는 '중국사', '중국사회', '중국경제', '중국사상'과 같은 '중국'이라는 말을 붙이는 용어가 이 다양한 실태의 역사·사회 인식·경제 사정·사상 상황 등의 어디까지를 포괄한 것인지 궁금해집니다.

그렇다고 하더라도 저 스스로 이 책의 '들어가며' 부분에서 조금 과장해서 계획을 세운 점도 없지 않아 얼마만큼 중국대륙의 자연환경과 인위(人爲)와의 관계를 소개할 수 있었는지 아무래도 미덥지 않은 것도

환경으로 보는 고대 중국

사실입니다. 중국대륙이 인간, 그것도 엄청난 수의 사람들이 거주 가능한 환경일 수 있었던 것은 여름철 고온, 다우(多雨)한 동아시아 몬순 기후라는 환경 아래 강우량·기온 등에 적응한 곡물 재배지 중심의 산업 지리를 형성해 왔기 때문이라고 말할 수 있으며, 그러한 방침이 '국가'의 주류가 되기까지는 여러 사람들의 영위(營爲)가 있었을 것이라는 점은 꼭 전해드리고 싶었는데 성공적인지 모르겠습니다. 따라서 꼭 농업 생산의 잉여라고는 말할 수 없는 물품의 교역이 이루어졌을 가능성을 보여주는 사례나 이 같은 환경 속에서 최대한의 인구 유지라는 정치·경제적 요청을 충족시키기 위해 꽤 의도적으로 '남녀(男女)'와 '화이(華夷)'의 차이가 만들어진 경위에 관해서도 소개해 드리려고 했습니다. 그리고 이와 같은 '중국'에서 탄생한 사회 유지 구조는 그것을 '배운' 동아시아 여러 지역(물론 일본열도를 포함합니다)의 오늘날의 사회에도 다양한 그림자를 드리우고 있지요.

하지만 영웅호걸의 웅장한 활약을 전하는 데는 저 '적벽대전'에도 한참 미치지 못하고, 느긋하게 붉은 꽃과 푸른 버들의 정서를 그리려 해도 당시(唐詩) 등의 붓에 비할 바가 못 되며, 또한 현대 중국의 환경 문제 해결을 위한 제언 등도 무엇 하나 하지 못했으므로 모처럼 여기까지 읽어 주셨는데 실망하지는 않으셨는지 염려됩니다.

이런 불충분한 책입니다만 인간 존재의 계속을 최대 목표로 한 '중국'의 지혜와 사람들의 매일 매일의 고투가 그 성공과 실패를 불문하고, 21세기 중국대륙에 다양한 자연환경이 출현하는 요인이 되었다는 관점을 많은 분들이 공유해 주시는 계기가 되었으면 좋겠습니다.

이 책이 세상에 나올 수 있었던 것은 다이슈칸서점(大修館書店) 편집부 도미나가 나나세(富永七瀬) 씨의 한결같은 호의 덕분입니다. 이른바 '일반서'를 간행하라는 충고를 많은 분께 받기는 했었는데,-그리고 두세 권은 거뜬히 쓸 것 같은 소재의 준비도 일단 하고는 있었으나-좀처럼 실현에 이르지 못했습니다. 2008년 7월 어느 학회에서의 발표를 맡게 되어 변변치 않은 이야기를 한 발표장에 직접 발걸음을 해주셨던 도미나가 씨가 열심히 권해 주셔서 비로서 이 책이 실현될 수 있었습니다. 사실 2008년 12월 15일 아버지의 죽음을 포함하여 여러 가지 어려움이 지속되던 상황 속에서 집필·교정 작업 과정에서도 매우 친절하고 정중한 편집자로서 제멋대로였던 저와 교제해 주시고, '재미있다'라고 치켜 주시면서 작업을 계속할 수 있도록 지켜봐 주셨던 것에 감사의 말씀을 드립니다.

그러나 이 책이 현실적인 결과물이 되기까지는 아들과 동생 일가는 차치하고 정말로 많은 분들로부터 도움을 받았습니다. 2005년 11월 4일 어머니가 돌아가신 이후 일과 아버지의 간호라는 두 가지의 일의 양립이 필수가 된 저의 여러 가지 부주의함을 늘 너그럽게 봐주신 직장과 학계 지인은 물론입니다만, 자료정리를 도와주신 역대 조교들 무라카미 요코(村上陽子), 오카와 유코(大川裕子), 시부야 유키(渋谷由紀), 구리야마 도모유키(栗山知之), 모리 마사시(森和) 등(책임 순)의 배려가 없었다면 내 연구실에 내가 앉을 수 있는 공간은 없어졌을지도 모릅니다. 간호사 겸 케어매니저 스미요(寿美代) 씨를 비롯한 하츠이시(初石) 방문간호 스테이션 모든 분의 단지 간호 행정 일환에만 머무르지 않는 아버지에 대한 극진

환경으로 보는 고대 중국

한 간호, 친구 우다가와 마유미(宇田川真弓) 씨의 친부모에도 미치지 않을 가사에 대한 관심과 살핌이 없었다면 내가 직장에 다니기는 곤란했을 것입니다. 그리고 자혜(慈惠)의대 하루미(晴海)트리튼클리닉의 사카모토 요이치(阪本要一) 소장, 리프레슈(リフレッシュ)15 가시와점(柏店)의 가마사키 마코토(鎌崎真) 점장, 30년 동안 우리 집 한방 주치의인 아라키(荒木) 선생님과 만나지 못했다면 오늘까지 내가 살아올 수 있었는지조차 의아할 정도입니다.

이 지면을 빌어 모든 분에게 깊은 감사의 뜻을 전하는 것을 양해해 주시기 바랍니다.

생각하면 '소강삼합의 우발적 충동(小糠三合の出来心)'이라는 제목으로 시골에서 데릴사위로 들어가는 일을 앞둔 남자가 하다못해 토산물이라도 사려고, 연말에 우체국 강도를 저지른 사건을 보도하고 처음으로 편집국장상을 수상한 이후, 수많은 수상 기사를 포함해 마이크로필름 42개에 달하는 집필 기사가 모두 서민의 시점에서 나온 것이었던 아버지는 나의 논문과 저서를 항상 조용히 읽어 주셨지만, '학자 선생이란 …'이 입버릇이었으므로 실은 그다지 마음에 차지 않으셨을지도 모릅니다. '네가 쓴 것은 내용 같은 것 하나도 모르겠지만, 읽고 있으면 왠지 기분이 시원하다. 이번에는 밤에 자기 전에 읽을 수 있는 쉬운 것을 써라'라고 말해 주신 어머니가 이 책을 읽어 주셨다면 어떻게 생각하셨을까.

이제 와서 불효를 한탄할 수도 없습니다만 적어도 이 책은 돌아가신 부모님께 바치고 싶습니다.

2009년 5월

역자후기

　역자가 본서를 번역하게 된 시기는 급변하는 동아시아 정세 속에서 각 국가 간 이해의 대립과 충돌로 야기되는 동아시아 지역의 긴장 상태에서 안정과 평화 그리고 공동의 가치를 지향하고자 하는 동아시아 담론을 전개한다는 것이 사실상 쉬운 일은 아닐 것이라는 생각이 점점 더 깊어가던 시기였다. 이러한 상황에서 각국 정부가 주도하거나 후원하는 정책적·전략적 차원의 담론 진행은 현 동아시아 문제 해결에 커다란 도움을 제공하기는 어렵다는 판단을 했었다. 그렇다면 동아시아의 평화와 공존 그리고 번영을 위해 더 이상 동아시아에서의 공통된 담론은 존재할 수 없는 것인가? 존재하지 못한다면, 그 빈 공백은 자국 중심의 새로운 민족주의 이념으로 채워져 대립과 갈등으로 인한 분쟁의 첨단 지역으로 동아시아는 규정되어지는 것인가? 국가 간·지역 간 갈등을 해결할 수 있는 방안은 어떤 것이 있을까? 이와 같은 문제들은 역자가 본서를 번역하게 된 직접적인 계기가 되었다.

　더욱이 중국 고대사를 연구하는 역자로서는 이러한 문제들이 '현재'의 문제이지 이미 지나간 '과거'의 문제가 아니라고 인식한다면 사실 그다지 중요한 문제가 아닐 수도 있다. 그러나 2020년 초부터 동아시아 사회는 물론이고 전 세계는 이전에 경험하지 못한 Covid-19 팬데믹으로 엄청난 사회변화에 직면하였다. 1990년대 동아시아 담론이 탈냉전이라는 예상하지 못한 전 세계적인 사회변화의 소용돌이 속에서 '현실'을 직시하면서 새로운 대안을 탐색하는 논의였다면, Covid-19 이후의 동아시아 사회에 대한 탐색 역시 '현실'에 대한 직시와 미래사회를 조망하는 논의가 되어야 한다고 생각했다. 그렇지만 이 두 시기는 '현실'에 대한 재인식이라는 점에서는 상통하지만 구체적인 논의의 양상에는 커다란 차이가 존재한다. 즉 기존 동아시아 담론은 이념과 지역 질서의 논의를 통해 동아시아의 특성을 찾아내고자 하는 논의였다. 그러나 그 질서 속에 여전히 잔존한 냉전과 같은 넘기 어려운 커다란 장벽이 있는 한 새로운 논의를 진전시키기에는 한계가 있었다. 따라서 현재의 동아시아 연구의 한계를 극복하기 위해서는 지역 질서를 넘어서 전 세계와 교감하는 가운데 자신의 정체성과 새로운 방향을 모색할 필요가 있다. 이런 면에서 Covid-19 팬데믹은 전 세계 인류에게 자연환경의 파괴가 인류 생존과 직결된다는 종래 경험하지 못한 커다란 충격과 인식을 주기에 충분했다. Covid-19 팬데믹 시기에 인간이 경험한 가장 충격적인 사실은 눈에 보이지 않는 바이러스의 공격이 국경과 지역의 구분 없이 전 세계의 경계를 넘나들면서 인간 삶(life style)을 파괴하였고, 파괴된 생태 환경의 주범인 인간에게 그 폐해를 되돌려 주고 있다는 사실이었다.

　Covid-19 이후, 인간의 삶에 대한 논의는 종래의 동아시아 담론보다는 더 현실적이고 시의적이면서 인간 삶에 가장 커다란 영향을 미치는 문제에 관한 논의가 요청되었다. 즉 인간과 자연 생태 환경의 관계,

기후변동, 강한 자(국가)에 의해 자행되는 폭력과 불평등 등의 문제이다. 물론 자연 생태 환경, 기후변동과 인간의 삶에 관련한 논의가 이전에 없었던 것은 아니다.[1] 단지 과거의 자연환경과 생태계에 대한 논의는 인문 사회학자들에게는 '주변부'에 속하는 논의 주제였기 때문에 생태 환경에 대한 연구는 크게 주목받지 못하였다. 또한 이들의 주요 논점은 자연계와 인간계의 공존이 깨진 것은 인간의 무분별한 개발과 발전 논리에 의한 자연환경의 변화와 파괴였는데, 이러한 변화가 한 개인이 아닌 인류 전체의 삶에 어떠한 영향을 미치는가에 대한 문제의식의 공유까지는 확장되지 못하였다는 한계가 있었다.

따라서 Covid-19 팬데믹으로 인한 사회 환경의 변화는 인문학 전반에 걸친 사고가 인류가 자연환경과 더불어 살아가는 방식에 대한 전환적 고민을 하는 데 결정적 계기를 제공하였다. 인간과 자연과의 공생이라는 인식이 Covid-19 팬데믹 이후 출현한 것은 아니다. 고대부터 현재에 이르기까지 시대마다 언급되었지만 단지 인간들이 주목하지 않았을 뿐이다. 그렇다면 역사적 시기별로 출현한 관련 언급을 통해 21세기 '현재' 발생한 사회 환경의 변화를 이해하는 단초로 삼거나 혹은 지나간 '과거'에서 대처 방안에 대한 힌트를 얻을 수도 있을 것이다. 예를 들면, 중국 고대 한(漢) 왕조의 돈황(敦煌) 현천(懸泉) 유적에서 출토된 「사

---

1 이 시기 주요 관련 연구 성과의 하나는 上田 信, 『トラが語る中國史―エコロジカル―ヒストリーの可能性』, 山川出版社, 2002(→김경호 옮김, 『호랑이가 말하는 중국사』, 성균관대출판부, 2008); Mark Elvin, *The Retreat of the Elephants : An Environmental History of China*, Yale University Press, 2004(→정철웅 옮김, 『코끼리의 후퇴』, 사계절, 2011) 등을 들 수 있다.

환경으로 보는 고대 중국

자화중소독찰조서사시월令오십조(使者和中所督察詔書四時月令五十條)」[2]는 한대(漢代) 정부가 하서(河西) 지역뿐만 아니라 전국에서 환경보호를 행한 조례이다. '월령조조(月令詔條)'는 전한(前漢) 평제(平帝) 원시(元始) 5년 (A.D.5) 5월에 반포되었는데, 주요 내용은 생태자원의 보호와 생활환경 개선에 관한 규정이다. 제정된 50조의 규정들은 음양오행의 규율에 순응하면서 농민의 유민(流民)과 토지의 황폐화 등과 같은 당시의 사회 모순을 해결하기 위한 것이었다. 조칙의 제정 목적은 국가 경제를 회복시키기 위한 것이었지만, 고대 사회에서 인간의 자연 생태 보호의 단면을 엿볼 수 있는 자료이다. 이와 같이 인간과 자연의 공생이라는 현실적 질문에 대해서 과거의 역사적 경험과 실제 운영의 내용을 통해서 직면한 현실 문제의 해답을 찾을 수 있어야 한다. 현재 직면한 문제들에 대해 '현재'만을 연구하는 방법과 인식만으로 해결하기보다는 시간의 '통시성(역사성)'과 공간의 '횡단성(현재성)'이 교차하는 방법론으로 역사적 맥락의 이해와 이를 통한 현실 과제의 해결이라는 보다 실제적인 방법론이 요청된다. 이와 같은 역사적 이해 속에서 동아시아 또는 글로벌한 시각으로 Covid-19 팬데믹 이후의 인류사회를 성찰한다면 지역화와 글로벌화를 통한 인류의 미래 지향적 삶의 좌표를 상정할 수 있을 것이다.

이러한 인식하에서 본서의 번역은 역자에게는 매우 신선한 작업이었다. 왜냐하면 종래 중국 고대사 연구는 '진한제국론'의 성격 규명과 70년대 중반 이후, 본격적인 출토자료의 발굴 정리를 통해 전세문헌의

---

2 中國文物研究所編, 『敦煌懸泉月令詔條』, 中華書局出版社, 2001.

자료적 한계를 극복하면서 보다 정치, 경제, 사회, 사상 등의 분야에 대한 집중적인 연구가 진행되었으나 인간을 둘러싸고 있는 환경, 생태, 기후 등의 문제에 대해서는 그다지 주목하지 않았기 때문이다. 이런 점에서 본서는 중국 고대의 동일한 시기에 발생한 여러 상황을 환경과 생태의 관점에 주목하여 서술하고 있어 매우 흥미로웠다. 은주시대의 기후와 자연환경에서 명청시기 화북지역 황토고원의 생태 환경에 이르기까지 총 15개의 주제로 구성된 본서는 종래 연구된 동일한 주제의 내용에 대해 전혀 다른 각도에서 중국 고대사에 대한 새로운 이해를 시도하고 있다. 예를 들면 제7화 「스파이 정국(鄭國)의 운명 – 진(秦)의 중국 통일과 대규모 관개」에서는 정국거를 건설한 장소는 주대(周代)에는 울창했던 푸른 삼림·초확수였던 장소가 수목의 벌채와 공기의 건조화로 인해 '택로(澤鹵)'로 변모한 곳이라고 지적하고 있다. 이러한 해석은 종래 정국거의 개발은 진의 멸망을 획책하기 위한 정국의 음모로 잘 알려져 있던 사실에서는 쉽게 확인할 수 없는 내용이다. 또한 제9화 「공공사업은 예나 지금이나…… – 한무제 시기의 대규모 관개와 후유증 – 」의 내용을 보면 관중의 개발로 인해 원래 '하(河)'라고만 불리면서 맑은 강물이었던 황하가 특별히 '황(黃)하'로 불리게 된 것은 관중의 개발로 인해 맑은 강물의 하천이 항상 진흙으로 인해 탁한 하천으로 변화되었다고 지적하고 있다. 즉 전국시대 이전의 기록에서는 황하가 탁한 강물이었다는 사실을 확인할 수 없기 때문이다. 또한 진시황이나 한 무제가 시행한 대규모의 공공사업에 대해 문헌에서는 그 성공을 언급하면서 일반적으로 "매우 풍요로워졌다"라고 언급한 것에 비하여 대규모 공공사업이 토지를 황폐화시

환경으로 보는 고대 중국

키고 또 이를 극복하기 위한 새로운 농법(본문에서는 '대전법'을 언급함)의 개발 등 자연환경의 변화를 초래했다는 지적은 주목해야 할 부분이다.

동일한 '과거' 역사에 대해 종래 주목하지 못한 관점에서 중국 고대사를 해석한다는 것은 분명 쉽지 않지만 매우 흥미로운 작업이다. 다만 환경을 주제로 한 고대 중국의 이해를 15개의 주제로 구분하여 은주시대에서 삼국시대까지의 서술을 13개의 주제로 구분한 결과, 오호(五胡)에서 당송시기 그리고 명청과 중화제국의 시기를 각각 1장으로 서술한 부분은 번역을 마치면서도 여전히 아쉬움으로 남는다. 역자의 근거 없는 추측으로는 필자의 연구 분야와 시기적으로 약간의 차이가 있기 때문은 아닐까 생각해 본다.

본서의 번역을 마치면서 필자인 하라 모토코 선생에게서 한 통의 메일을 받았다. 역자가 번역을 한다는 소식을 듣고 본서에 대한 정오표를 만들어서 보내준다는 내용이었다. 필자의 학문에 대한 꼼꼼함을 엿볼 수 있는 단면이기도 하다. 역자는 2000년대 이후 비교적 빈번하게 필자와 여러 학회에서 만나 학문 교류를 가질 수 있는 기회가 있었다. 그중 2007년 중국 사천 성도(成都)에서 개최된 중국진한사 학술회의와 역자가 2011년 1월 동경대학에서 진행한 강연에 필자가 참석한 이후로는 아쉽게도 필자와의 학문 교류의 자리를 갖지 못하였다. 그렇지만 번역을 통해 필자의 새로운 연구 성과를 소개한다는 것은 직접 만남을 통한 학술 교류와 마찬가지로 매우 소중한 작업일 것이다. 새로운 연구 성과의 번역을 흔쾌히 허락해준 필자에게 비록 지면(紙面)이지만 감사를 표한다.

Covid-19가 무섭게 인간의 생존을 위협하던 2020년 1학기에 역자는 본서를 대학원 수업의 부교재로 채택하여 대학원생들과 함께 읽었다. 그러나 그 당시에는 다른 연구 성과와 자료를 중심으로 수업을 진행하였기 때문에 본서를 꼼꼼하게 읽기에는 시간적으로 역부족이었다. 그러나 수업을 마치고 나서 본서를 다시 읽어야겠다는 생각에 본격적으로 번역 작업을 시작하였다. 본서에 대한 번역은 필자가 일반 대중을 상대하듯이 구어체로 서술했기 때문에 가능한 필자의 의도를 분명히 드러내기 위해서 번역 역시 구어체로 작성하였다. 이 자리를 빌어 함께 번역 작업에 참여한 박은영 교수에게도 감사를 드린다. 항상 느끼는 것이지만 타국어로 쓰여진 '오리지널' 의미를 자국어로 옮겨서 표현한다는 것은 결코 쉬운 작업이 아니다. 이 과정에서 번역을 통한 '오리지널' 의미를 정확하게 표현해내지 못해 생길 수 있는 본서의 내용에 대한 '오해'는 여전히 역자의 몫일 수밖에 없다. 독자들의 질정을 구한다.

역자를 대표하여 김경호 씀

환경으로 보는 고대 중국

환경으로 보는 고대 중국

1판 1쇄 인쇄 2023년 11월 17일
1판 1쇄 발행 2023년 11월 24일

지은이   하라 모토코
옮긴이   김경호·박은영
펴낸이   유지범
책임편집   구남희
편집   신철호 · 현상철
외주디자인   심심거리프레스
마케팅   박정수 · 김지현

펴낸곳   성균관대학교 출판부
등록   1975년 5월 21일 제1975-9호
주소   03063 서울특별시 종로구 성균관로 25-2
전화   02)760-1253~4
팩스   02)760-7452
홈페이지   http://press.skku.edu/

ISBN 979-11-5550-608-0 94080
      978-89-7986-832-6(세트)

＊이 저서는 2018년 대한민국 교육부와 한국연구재단의 지원을 받아 수행된 연구임.
  (NRF-2018S1A6A3A01023515)